Todos são IMPORTANTES

Todos são IMPORTANTES

O Extraordinário Poder das Empresas que Cuidam das *PESSOAS* como *GENTE*, e não como Ativos.

BOB CHAPMAN
CEO da BARRY-WEHMILLER

RAJ SISODIA
COAUTOR do CAPITALISMO CONSCIENTE

ALTA BOOKS
EDITORA
Rio de Janeiro, 2020

Todos São Importantes
Copyright © 2020 da Starlin Alta Editora e Consultoria Eireli. ISBN: 978-85-508-1509-1

Translated from original Everybody Matters: The Extraordinary Power of Caring for Your People Like Family. Copyright 2015 © by Barry-Wehmiller Group Inc. and Raj Sisodia. ISBN 978-0-9862866-2-9. This translation is published and sold by permission of Portfolio / Penguin, an imprint of Penguin Random House LLC, the owner of all rights to publish and sell the same. PORTUGUESE language edition published by Starlin Alta Editora e Consultoria Eireli, Copyright © 2020 by Starlin Alta Editora e Consultoria Eireli.

Todos os direitos estão reservados e protegidos por Lei. Nenhuma parte deste livro, sem autorização prévia por escrito da editora, poderá ser reproduzida ou transmitida. A violação dos Direitos Autorais é crime estabelecido na Lei nº 9.610/98 e com punição de acordo com o artigo 184 do Código Penal.

A editora não se responsabiliza pelo conteúdo da obra, formulada exclusivamente pelo(s) autor(es).

Marcas Registradas: Todos os termos mencionados e reconhecidos como Marca Registrada e/ou Comercial são de responsabilidade de seus proprietários. A editora informa não estar associada a nenhum produto e/ou fornecedor apresentado no livro.

Publique seu livro com a Alta Books. Para mais informações envie um e-mail para autoria@altabooks.com.br

Obra disponível para venda corporativa e/ou personalizada. Para mais informações, fale com projetos@altabooks.com.br

---

Diretor Geral do Instituto Capitalismo Consciente Brasil: Thomas Eckschmidt

Coordenadora do Projeto: Michelle Marcelino de Souza

Tradução: Moderattus (Silvia Morita)

Revisão: Moderattus (Silvia Morita)

Capa: Ana Grazielle de Sá Almeida

Diagramação: Ana Grazielle de Sá Almeida

Instituto Capitalismo Consciente Brasil - CNPJ: 19.578.100/0001-28

Erratas e arquivos de apoio: No site da editora relatamos, com a devida correção, qualquer erro encontrado em nossos livros, bem como disponibilizamos arquivos de apoio se aplicáveis à obra em questão.

Acesse o site www.altabooks.com.br e procure pelo título do livro desejado para ter acesso às erratas, aos arquivos de apoio e/ou a outros conteúdos aplicáveis à obra.

Suporte Técnico: A obra é comercializada na forma em que está, sem direito a suporte técnico ou orientação pessoal/exclusiva ao leitor.

A editora não se responsabiliza pela manutenção, atualização e idioma dos sites referidos pelos autores nesta obra.

Dados Internacionais de Catalogação na Publicação (CIP) de acordo com ISBD

C466t	Chapman, Bob
	Todos São Importantes: o extraordinário poder das empresas que cuidam das pessoas como gente, e não como ativos / Bob Chapman, Raj Sisodia ; traduzido por Silvia Morita. - Rio de Janeiro : Alta Books, 2020.
	296 p. : il. ; 16cm x 23cm.
	Tradução de: Everybody Matters
	Inclui índice.
	ISBN: 978-85-508-1509-1
	1. Administração. 2. Gestão de pessoas. I. Sisodia, Raj. II. Morita, Silvia. III. Título.
2020-2	CDD 658.3
	CDU 658.3

Elaborado por Vagner Rodolfo da Silva - CRB-8/9410

Rua Viúva Cláudio, 291 — Bairro Industrial do Jacaré
CEP: 20.970-031 — Rio de Janeiro (RJ)
Tels.: (21) 3278-8069 / 3278-8419
www.altabooks.com.br — altabooks@altabooks.com.br
www.facebook.com/altabooks — www.instagram.com/altabooks

Depoimentos

"O que mais me sensibilizou na leitura do livro foi a genuína preocupação com a vida das pessoas demonstrada na prática por Bob Chapman; a consciência que a qualidade de vida de quem trabalha conosco depende da forma como cuidamos dos nossos colaboradores. O mais importante não é o produto, o serviço ou mesmo o lucro; isso são consequências. Pessoas não são recursos, mas fonte de saber, energia, criatividade, relacionamento. E o mais incrível é que a rentabilidade da BW na última década foi claramente acima do mercado."

— **Pedro Sirgado**, *Diretor-Executivo do Instituto EDP*

"Bob and Raj nos mostram que um ambiente de confiança onde as pessoas têm a oportunidade de expressar os seus talentos e realizar os seus sonhos, trazem resultados extraordinários. Podemos sim ter uma empresa lucrativa onde carinho e cuidado com o outro fazem parte da estratégia empresarial."

— **Marcos Antonio Ribeiro**, *CEO da Sintegra Surgical Sciencies*

"As empresas têm um potencial adormecido para desenvolver melhores pessoas para o mundo. Isto se resume em tratar o time todo com amor, ajudando as pessoas a encontrar a autorrealização que elas tanto procuram. Não há vantagem competitiva maior de longo prazo do que um ser humano empoderado e motivado. O livro "Todos são Importantes" aponta o melhor caminho para esta nova mentalidade e revela, através das aquisições realizadas pela Barry-Wehmiller, como é possível resgatar e fazer negócios prosperarem tocando o coração das pessoas. Uma leitura obrigatória para aqueles que querem fazer o bem e lucrar acima da média no longo prazo."

— **Bernardo Bonjean**, *fundador e CEO da Avante*

"Num mundo conturbado, política, econômica e socialmente, surge um Norte e uma Ancora: O PROPÓSITO individual e coletivo, como o caminho para o equilíbrio entre dar, ensinar a pescar ou ... pôr tudo a perder."

— **Daniel Feffer**, *Vice-Presidente Grupo Suzano*

Para meus pais, Bill e Marjory Chapman, pelo seu amor incondicional e confiança durante a minha jornada; para o reverendo Edward Salmon Jr., por despertar em mim um propósito maior; e para minha esposa, Cynthia, pelo seu amor incondicional e apoio à nossa dedicação de promover um mundo com mais amor.

— BOB CHAPMAN

—

Para os extraordinários arquitetos de transformação cultural da Barry-Wehmiller: Rhonda Spencer, Brian Wellinghoff, Sara Hannah, e David Vander Molen. Sua dedicação para elevar a vida de todos que vocês tocam na Barry-Wehmiller é verdadeiramente inspiradora. Sem vocês, este livro não existiria.

— RAJ SISODIA

Conteúdo

Prefácio Brasileiro		xi
Prefácio		01
Prólogo	Paixão por Pessoas	05
Parte Um	**A Jornada**	21
Capítulo 1	O Manto da Liderança	23
Capítulo 2	Iniciando a Jornada de Aquisições	41
Capítulo 3	Desenvolvendo o Lado Humano	57
Capítulo 4	Liderar é Servir	73
Capítulo 5	Blindando Nossa Cultura	91
Capítulo 6	Testando Nossa Cultura	105

Parte Dois	**Livro de Regras**	123
Capítulo 7	Antecipando um Futuro Melhor	125
Capítulo 8	Uma Nova Forma de Liderar	149
Capítulo 9	Humanizando o Processo	167
Capítulo 10	Cultivando a Liberdade Responsável	187
Capítulo 11	Reconhecimento e Celebração	203
Capítulo 12	Educando Líderes	219
Capítulo 13	Todos são Realmente Importantes	239
Epílogo	É Tudo Sobre as Pessoas	259
Agradecimentos		263
Notas		267
Índice		273

Prefácio Brasileiro

Desde que conheci a filosofia do Capitalismo Consciente nos EUA, comecei a estudar e a pesquisar a fundo o tema, e me tornei um ativista do movimento no Brasil. Afinal, o meu passado de professor permanece vivo em meu presente de consultor.

A hipótese que nasceu de minha vivência com o que lia e que verifiquei nos meus estudos de caso era simples: empresas que focam no ser humano em todas as suas relações e priorizam uma visão de *stakeholders* possuem, na média, um resultado de negócio melhor do que as que focam somente nos indicadores financeiros.

Encontrei casos e líderes empresariais muito impactantes, que a cada dia me ensinam mais como comprovar ou refutar minha hipótese. A boa notícia é que, cada vez mais, comprovo minha hipótese. Mas ainda faltam casos onde o foco no ser humano seja totalmente aplicado de forma ampla e profunda. E que o sistema de gestão construído à sua volta reflita isso, ou seja, sua estratégia, processos, políticas, indicadores de desempenho, etc. E, em meu imaginário, o ideal seria que fosse em uma empresa em um setor inesperado, fora daquilo que conhecemos hoje como negócios sociais.

O livro escrito por Bob Chapman, com o apoio e referendo do Prof. Raj Sisodia, é hoje a maior comprovação de minha hipótese. Empresas verdadeiramente gerenciadas com foco no ser humano são capazes de, ao mesmo tempo, ter sucesso financeiro e social (no sentido mais amplo da palavra). E, certamente, são muito mais perenes e sustentáveis.

Em um mundo de casos de empresas celebrados no mundo financeiro, mas muito discutíveis no mundo das pessoas comuns, este livro e o caso da Barry-Wehmiller são uma luz e inspiração incríveis. São histórias de pessoas comuns, do nível mais operacional, em um negócio comum, com relatos emocionantes de crescimento individual e de grupo. E tudo isso com resultado financeiro indiscutível.

Em uma era em que precisamos urgentemente de novos modelos de instituições capazes de equacionar o dilema crescimento, distribuição de renda e evolução moral e espiritual, temos aqui uma alternativa concreta. Que estudemos cada vez mais esses casos e que os repliquemos aos milhares. Depende só de nós. Ótima leitura e jornada!

— *Carlos Frederico Bremer*
Sócio EY & Cofundador do Instituto Capitalismo Consciente Brasil

—

No original em inglês, *Everybody Matters*, o grande escritor americano Simon Sinek (autor de *Start with Why* e *Leaders Eat Last*) escreve o prefácio, onde começa provocando que: "Todo mundo importa, afinal não é isso que todo CEO do mundo diz? Pois sem pessoas, não atingiremos nossos objetivos".

Todas as empresas são feitas de Pessoas e Processos, Processos e Pessoas. Se a sua empresa tem as Pessoas Certas, mesmo com Processos Deficientes o sucesso pode ser alcançado com esforço; se tem as Pessoas Certas e os Processos Certos, o resultado, então, é a excelência em desempenho e produtividade; mas, se tem os Processos Certos, mas as Pessoas Desmotivadas, não atingirá nenhum resultado positivo.

Peter Drucker afirmou: "Apenas três coisas acontecem naturalmente nas organizações: Fricção, Confusão e Baixa Performance. Todo resto requer liderança", mas devemos sempre lembrar que "Bons Líderes devem primeiro ser bons servidores", como também afirma Robert Greenleaf.

Ora, toda empresa tem seus *stakeholders*, sem os quais o sistema não funciona. Qual deles, então, é o mais importante? Funcionários, clientes, acionistas, fornecedores, a comunidade? A resposta é uma equidade entre eles, cada um tem seu papel para o propósito da empresa ser atingido. Mas todos têm uma coisa em comum por detrás: Pessoas.

Este livro trata das relações humanizadas que valorizam a importância de cada pessoa, cada funcionário, principalmente da Barry-Wehmiller, um conglomerado de indústrias que não lida diretamente com o consumidor final.

Na minha experiência vivida no varejo, lidamos, a cada dia, com o consumidor final e sabemos que, sem ele, nosso negócio não "fica em pé". Por isso, Jacques Deforrey, cofundador do Carrefour, dizia: "Com mais clientes progredimos, com menos clientes regredimos, sem clientes estamos mortos...". Isto é a mais pura das verdades – por isso, um mantra do varejo é: "Trate o cliente como rei, porque é ele quem paga o seu salário", mas "Trate o funcionário como cliente, pois é ele que trata o cliente". E, se isso não ocorrer, o cliente pode nos trocar pela concorrência e fechar o nosso negócio.

É por tudo isso que a leitura deste livro é tão poderosa, pois nos faz refletir sobre a importância de cada um, e que TODOS SÃO IMPORTANTES. Assim, acredite no seu pessoal, encontre os verdadeiros Líderes Conscientes, comemore as pequenas vitórias, ouça as suas necessidades e, principalmente, mostre que, DE VERDADE, CADA UM É IMPORTANTE.

*— **Hugo Bethlem***
"Believer" / "Acreditador".
Empreendedor e Cofundador do Instituto Capitalismo Consciente Brasil

Prefácio

"**N**ossas pessoas são o nosso maior ativo", é o que diz praticamente todo CEO na face do planeta. "Sem nossas pessoas", e assim segue a lógica, "nós não teríamos alcançado nossas metas".

Raros são os líderes de organizações que lhe dirão que as pessoas não são importantes. Contudo, existe uma enorme diferença entre entender o valor das pessoas em uma organização e efetivamente tomar decisões que considerem suas necessidades. É como dizer: "meus filhos são minha prioridade", mas sempre colocar o trabalho em primeiro lugar. Que tipo de dinâmica familiar ou relacionamento com nossas crianças resulta disso?

O mesmo se aplica aos negócios. Quando dizemos que nossas pessoas são importantes, mas realmente não nos preocupamos com elas, isso pode despedaçar a confiança e criar uma cultura de paranoia, cinismo e interesse próprio. Isso não é apenas uma pretensiosa teoria de gestão – é biologia. Somos animais sociais e respondemos ao ambiente no qual estamos inseridos. Pessoas boas em um ambiente ruim são capazes de fazer coisas ruins. Pessoas que possam ter feito coisas ruins, colocadas em um ambiente bom, são capazes de se tornar notáveis, dignas de confiança e valiosos membros de uma organização. É por isso que a liderança é tão importante. Líderes definem a cultura. Líderes são responsáveis por monitorar o ambiente no qual as pessoas são solicitadas a trabalhar... e as pessoas agirão de acordo com essa cultura.

Cultura é igual a valores somados a comportamentos, como dizia o meu amigo General George Flynn, aposentado da Marinha americana. Se uma organização tem uma lista de valores fortes e bem definidos e as pessoas agem de acordo com esses valores, então a cultura será forte. No entanto, se os valores forem mal definidos, mudarem constantemente, ou as pessoas não forem responsabilizadas por ou incentivadas pelos mesmos, então a cultura será fraca. Não trará nenhum benefício colocar "honestidade" ou "integridade" na parede se não estivermos dispostos a confrontar as pessoas que consistentemente falham em representar esses valores, independentemente de seus desempenhos. A falha em fazer isso manda um recado para todos na organização – "não importa se você é desonesto ou age com integridade questionável, contanto que atinja suas metas". O resultado é uma cultura de pessoas que irão em busca de resultados de curto prazo enquanto destroem sistematicamente qualquer senso de confiança e cooperação. É apenas como as pessoas reagem ao ambiente no qual estão inseridas. E, sem confiança e cooperação, inovação sofre, produtividade fica para trás, e sucesso consistente e de longo prazo nunca se materializa. Os piores cenários frequentemente terminam em crimes sendo cometidos, manipulação contábil, ou sérias violações éticas. Mas os cenários mais familiares incluem politicagem, fofoca, paranoia e estresse.

Admito que sou um idealista. Entendo que é muito mais fácil para mim dizer e escrever coisas do tipo "coloque as pessoas em primeiro lugar" do que efetivamente colocar isso em prática. Pressões financeiras, pressões de concorrentes, pressões do conselho, da mídia, de Wall Street, politicagem interna, ego... a lista vai embora... tudo colabora para que, algumas vezes, líderes bem-intencionados não cuidem (ou não possam, como dizem alguns) de suas pessoas como seres humanos, mas, em vez disso, as gerenciem como ativos.

É por isso que Bob Chapman é importante.

Se você perguntar para Bob o que a empresa dele faz, ele vai dizer: "Nós construímos excelentes pessoas que fazem coisas extraordinárias". Se você perguntar como ele mede seus resultados, ele vai dizer: "Medimos nosso sucesso pela forma que tocamos as vidas das pessoas". Tudo isso soa meio água com açúcar. Mas o fato é que ele realmente fala sério – e que funciona. Porque se você perguntar a ele o que sustenta a sua empresa, somente então ele falará sobre dados financeiros. E, nesse nível, o resultado que as empresas de Chapman são capazes de gerar fariam inveja à maioria dos CEOs.

Quando encontrei Bob pela primeira vez, ele me disse que estava construindo uma empresa que parecia com o meu discurso. Novamente, eu sou um idealista. Acredito que é importante empenhar-se pelas ideias que falo e escrevo... alcançá-las é uma coisa completamente diferente. Então, eu disse para Bob, na primeira vez que nos encontramos: "Eu quero ver". E eu realmente vi!

Cruzamos o país visitando diferentes escritórios e fábricas, e, em todos os casos, Bob me deixou andar e conversar com qualquer um que eu quisesse. Eu tinha liberdade para perguntar qualquer coisa. Ele ficou de fora de todas as conversas e não nos acompanhou quando fazíamos os tours pelas fábricas. E o que eu vi foi nada menos que surpreendente. Vi pessoas chegarem às lágrimas quando contavam o quanto amavam seus trabalhos. Escutei histórias de pessoas que odiavam ir trabalhar, que não confiavam nos gestores, que agora amavam ir trabalhar e veem seus gestores como seus parceiros.

Vi fábricas seguras e limpas, não porque os diretores impuseram programas de segurança e limpeza. As fábricas eram seguras e as máquinas bem cuidadas porque as pessoas que lá trabalhavam se importavam com o seu equipamento e umas com as outras. Eu poderia continuar sem parar... mas, provavelmente, é melhor que leiam o livro.

Desde então, levei outras pessoas para visitar as fábricas e escritórios da Barry-Wehmiller, e o resultado é sempre o mesmo. Todos ficam encantados com o que Chapman criou. E quanto a mim? Eu não posso mais ser acusado de ser um idealista se o que eu imagino existe em realidade.

Isso levanta uma questão, se o que eu falo e escrevo pode existir de verdade, se cada executivo da direção reconhece a importância e valor das pessoas, por que Bob Chapman e Barry-Wehmiller são a exceção, ao invés da regra? A resposta, uma vez mais, é a pressão. Embora quase todo CEO no planeta fale sobre a importância de definir ações para o resultado de longo prazo, um número altamente desconfortável não parece gerir as suas empresas dessa forma. Esqueça dos planos de dez ou vinte anos, o trimestre ou o ano fiscal reinam. Mesmo que um plano de cinco anos exista, são altas as chances de que ele seja alterado ou abandonado nesses cinco anos. É difícil fazer uma argumentação forte para defender a forma que tantos líderes de organizações conduzem seus negócios hoje em dia.

Apesar de muitos líderes falarem sobre o assunto, em "Todos são Importantes" você vai ver o que acontece quando realmente se faz isso. Você vai aprender o que acontece quando os líderes se importam com as vidas das pessoas da empresa como se elas fossem da sua própria família, Liderança Verdadeiramente Humanizada, como diz Bob Chapman. Você vai aprender também sobre o extraordinário poder liberado quando a liderança está alinhada com a visão de longo prazo. Essa simples habilidade é o que propicia a paciência para fazer a coisa certa. Isso, combinado com o desejo de fazer as coisas certas pelas pessoas, é o que torna uma empresa notável. E eu acredito que precisamos de mais algumas grandes empresas no mundo hoje.

— *Simon Sinek*
Otimista
Autor de "Por Quê? Como Grandes Líderes
Inspiram Ação" e "Líderes Se Servem por Último"

Prólogo

| Paixão por Pessoas |

"**F**oi definitivamente um ponto baixo na minha vida", relembra Ken Coppens. Demitido da Paper Converting Machine Company (PCMC), em Green Bay, Wisconsin, com esposa e um filho pequeno, Ken estava recorrendo a qualquer meio legal que pudesse encontrar para conseguir pagar as contas. Era dia de jogo em Lambeau Field. Lá pela metade do terceiro quarto do jogo, Ken, vestido com várias camadas de roupa, pegou dois sacos resistentes de lixo pretos e começou a caminhada de três quadras de sua casa até o estádio. Com alguma sorte, os fãs do Packers teriam deixado latinhas recicláveis suficientes para encher os dois sacos. Nos bons dias, ele conseguia coletar o suficiente para comprar fraldas para seu filho e colocar gasolina no carro.

Conforme se aproximava do estádio, Ken puxava seu boné para esconder o rosto e mantinha a cabeça baixa. Green Bay é uma cidade pequena. Ser demitido não era apenas um desastre financeiro, mas também uma desmoralização emocional. Sua autoestima despedaçada não poderia lidar com o golpe adicional de alguém reconhecê-lo.

Quando Ken foi trabalhar na fábrica da PCMC em fevereiro de 1980, imaginou que estava com a vida ganha. A empresa, que construía máquinas para os maiores fornecedores de lenços de papel, era considerada por todos em Green Bay como sendo um dos melhores lugares para se trabalhar. Para Ken, isso significava vários dólares por hora de aumento em relação ao seu salário de mecânico. De fato, nos seus primeiros anos na PCMC, ele lembra que deixava vários cheques de pagamento empilhados sobre a cômoda, para

Todos são Importantes

serem depositados quando precisasse de dinheiro. Mas era muito mais que apenas um bom salário. Ken podia ver que, em uma empresa dessa envergadura, havia muitas oportunidades para um sujeito inteligente, empreendedor e trabalhador como ele. Na função de entregador de peças, ele era um peixe pequeno na hierarquia, mas sabia que havia várias maneiras de subir. Ele estava confiante de que um emprego na PCMC significava um futuro seguro.

Um ano e meio depois, Ken foi demitido pela primeira vez. Sua esposa estava grávida e seu primeiro filho nasceria a qualquer momento. "Eu me lembro do medo que senti. Eu tinha um filho a caminho e minha esposa estava de licença do trabalho, sem remuneração, por causa do risco de parto prematuro. Nossas economias estavam praticamente esgotadas. Como eu recomporia minha renda? Como eu sustentaria meu filho? O senso de pavor e a sensação de incerteza eram horríveis". Quatro dias depois, seu filho nasceu. "Eu tinha um forte sentimento de fracasso e inadequação, com alguns períodos de depressão. Nós havíamos comprado uma casa, mas tivemos que vendê-la, perdendo todo o dinheiro da entrada. Estava realmente difícil". Por fim, Ken foi chamado de volta ao trabalho, mas outras demissões se seguiriam. De fato, nos primeiros seis anos na PCMC, ele nunca trabalhou mais de dezoito meses seguidos.

Naquela época, o negócio da PCMC estava sujeito a grande instabilidade. A empresa recebia grandes pedidos dos clientes, e depois ficava um período sem trabalho algum. Quando não havia trabalho, a empresa demitia funcionários de baixa senioridade sindical como ele, assim como engenheiros e pessoal de escritório, para cortar custos. Não era possível prever quando uma demissão ocorreria. Uma vez, Ken se viu fazendo horas extras em um sábado, só para descobrir na terça-feira que estava sendo demitido novamente.

Posições executivas nunca eram afetadas e aqueles nessas posições mal sentiam os altos e baixos do negócio. Para as pessoas como Ken, esses

Paixão por Pessoas

altos e baixos frequentemente significavam uma devastação financeira. Não havia maneira para os funcionários de pouca senioridade se planejarem para as demissões, uma vez que a empresa pouco compartilhava sobre quando isso poderia ocorrer e quanto tempo duraria. Se ele saísse da PCMC, abriria mão dos bons salários e da oportunidade de crescer em senioridade no sindicato. E ser contratado por outra empresa durante o período em que estava desempregado era praticamente impossível, já que muitos empregadores locais exigiam que o funcionário assinasse um acordo dizendo que não voltaria a trabalhar para a PCMC quando a crise acabasse. Essa situação era uma montanha-russa emocional e financeira.

O diretor da fábrica da PCMC, Gerry Hickey, estava vivendo sua própria montanha-russa emocional. Sua tendência natural era ser um líder solidário e confiante, que encorajava os membros da sua equipe e os ajudava a resolver seus problemas, mas também lhes dava bastante espaço e liberdade para realizarem suas atividades. Ele via as pessoas que liderava como amigos. Conforme a pressão na empresa crescia, havia repetidas cobranças para que ele gerenciasse detalhadamente todas as atividades, inclusive o que as pessoas faziam a cada instante. Essa exigência de microgestão o levou de volta a um ponto obscuro de sua carreira, quando em uma avaliação anual de desempenho seu chefe explicitamente lhe disse para ser mais duro com a equipe, anunciando: "Você tem que ser estúpido com eles. Você precisa mostrar para eles quem é que manda!"

Parte do trabalho de Gerry era buscar alternativas fora dos Estados Unidos para onde a empresa pudesse transferir suas instalações de produção de peças. O passaporte dele estava recheado de carimbos de países como México e Polônia à China. Em essência, seu trabalho era eliminar postos de trabalho em Green Bay e tirar as oportunidades de seus amigos. A cada viagem, Gerry ficava mais desmoralizado. Mas ele sabia que se abrisse mão desse trabalho, seu substituto não faria tudo o que ele estava tentando

Todos são Importantes

fazer pela sua equipe. Ele se sentia preso a um navio que estava afundando. A cultura da PCMC estava ficando cada vez mais tóxica. A atmosfera era de medo, insegurança e desconfiança. Ken se recorda de uma vez em que a gerência lhe pediu para monitorar uma colega, que acabara de ser demitida, enquanto ela recolhia seus pertences. Eles queriam ter certeza de que ela não roubaria nada ao sair. Isso o fez se sentir enojado. Ele, assim como todos os outros, vinha trabalhar todos os dias se perguntando se haveria mais notícias ruins. "A PCMC havia contratado uma empresa de consultoria para ajudá-los a decidir o que fazer. Eles disseram: 'Aqui estão as pessoas que vocês precisam demitir para deixar a empresa do tamanho certo (*right-size*)'. Essa era a grande expressão do momento. Eu era um supervisor de equipe naquele tempo, e alguns membros da minha equipe foram demitidos sem que eu tivesse sido avisado. Houve um dia que costumamos chamar de Sexta-Feira Negra (*Black Friday*). Eu estava passando em frente à sala de meu chefe e uma de minhas funcionárias estava lá aos prantos. Tive sentimentos de inadequação e fracasso, já que eu não havia sido comunicado de que ela seria demitida. No total, três membros da minha equipe foram demitidos naquele dia. Eu acabei tendo que acompanhá-los às suas mesas para consolá-los, ajudá-los a juntar seus pertences e levá-los até seus carros. Eu me senti absolutamente horrível".

Infelizmente, essa história sobre Ken, Gerry e a empresa para a qual eles trabalhavam segue um padrão comum. A PCMC havia sido uma líder de mercado, mas perdeu espaço para os agressivos concorrentes estrangeiros. Em seus últimos anos como uma empresa familiar, teve um prejuízo de US$ 25 milhões em uma receita de US$ 200 milhões. A empresa vivia uma grande incerteza sobre o futuro, enfrentando muitos dos mesmos desafios de várias outras fábricas radicadas nos EUA. Ela respondia aos seus desafios financeiros com ferramentas de gestão tradicionais, como reestruturações e demissões frequentes, mas tinha sucesso apenas em exacerbar

Paixão por Pessoas

seus problemas, prejudicando a cultura e destruindo o moral. O medo e a desconfiança eram desenfreados. A mentalidade corrosiva de "nós contra eles" permeava a empresa: sindicalizados contra não sindicalizados, administração contra produção, gerentes contra trabalhadores.

Ken se lembra do que aconteceu quando mudou para uma função não sindicalizada. "Recebi a oferta de uma posição na área de engenharia de produção na PCMC. Para usar a terminologia daquela época, eu estava 'pulando a cerca', deixando o sindicato. A posição oferecia um pouco mais de esperança, uma oportunidade para mais treinamento e crescimento. Mas, psicologicamente, era muito difícil porque estava perdendo alguns amigos; eles pararam de falar comigo porque eu não fazia mais parte do sindicato. Quando eu ia para a produção fazer perguntas e coletar informações, algumas pessoas se recusavam a falar comigo". Ken percebeu que muitos de seus amigos viam o sindicato como seu porto seguro, o chão em que pisavam, sua rocha. "Mas eu via o sindicato como um teto. Não havia nada que você pudesse fazer para controlar seu próprio destino; você era apenas um número. Independentemente do quanto eu trabalhasse, das melhoras que eu tentasse fazer, nunca conseguiria passar de certo nível que havia sido predefinido".

A PCMC transferiu a produção de uma linha de produtos de baixa margem para países em desenvolvimento para aproveitar os custos de produção mais baixos. Mas mesmo isso não foi suficiente para seu maior cliente, que deu um ultimato: Mude a linha de produção principal para a China nos próximos três anos ou tiraremos nossos contratos da PCMC. A família proprietária da PCMC por mais de oitenta anos não sabia como lidar com os crescentes desafios e, basicamente, desistiu. A empresa havia dado prejuízo em cinco dos últimos sete anos, e a perspectiva de futuro de centenas de funcionários era sombria.

No entanto, a solução de seus problemas não estava na China. Estava bem em frente aos seus próprios olhos. Ken recorda: "Todos nós sabíamos

Todos são Importantes

que o negócio estava fracassando. Alguns de nós sabíamos que havia coisas que poderíamos fazer para ajudar. Mas era um ambiente muito sufocante, controlador. Os líderes da empresa que detinham o controle não estavam interessados em ter outras pessoas engajadas nas decisões do negócio. Era um ambiente desesperador e incerto, cheio de tensão e medo".

—

"Todos são Importantes" é sobre o que acontece quando pessoas comuns descartam práticas de gestão tradicionalmente aceitas e começam a operar a partir de sua mais aguda percepção do que é certo, com um senso de profunda responsabilidade para com as vidas que lhes foram confiadas. Quando falamos de "práticas de gestão tradicionalmente aceitas", estamos falando de uma série de comportamentos – desde como as empresas tratam os membros de suas equipes em reuniões a como lidam com um impacto multimilionário no seu resultado – isso começa com a suposição de que as pessoas são as funções que desempenham, e que o sucesso nos negócios significa saber tomar decisões difíceis com o objetivo de alcançar os resultados. Através deste livro, iremos contar histórias de como muitas vezes a minha empresa, Barry-Wehmiller, enfrentou desafios e crises que poderiam ter sido respondidos através do sacrifício de pessoas em benefício do resultado financeiro. Em vez disso, nós nos desafiamos com a seguinte pergunta: Como podemos redefinir sucesso e medi-lo através da maneira como tocamos as vidas das nossas pessoas?

No coração dessas histórias, há uma ideia simples, poderosa, transformativa e testável: Todos os membros da sua equipe são importantes e dignos de cuidado. Cada um deles é fundamental para o futuro do seu negócio, e o seu negócio deve ser fundamental nas vidas deles.

Isso não é simplesmente idealismo, apesar de não haver nada de errado com isso. Líderes de empresas estão sempre procurando investimentos com potencial de bons resultados, mas nosso foco é criar valor para **todos** os *stakeholders* (partes interessadas). Maquinário pode aumentar a produtividade em incrementos mensuráveis, e novos processos podem criar eficiências significativas. Contudo, apenas **pessoas** podem nos surpreender com saltos quânticos. Apenas pessoas podem fazer dez vezes mais do que elas mesmas imaginavam possível. Apenas pessoas podem superar seus sonhos mais ousados, e apenas pessoas podem nos fazer sentir ótimos no final do dia. Tudo que consideramos de valor na vida e nos negócios começa e termina com pessoas.

Todos nós podemos saber disso, mas, ainda assim, a maioria de nós consegue consistentemente errar nestas situações. Nós aplicamos soluções cruéis e míopes. Nós julgamos mal os resultados. A maioria destes desafios empresariais não é o que realmente achamos ser.

—

Quando atravessamos diversas cidadezinhas nos estados americanos de Wisconsin, Ohio ou Michigan, a área rural da Pensilvânia, muitas áreas da Califórnia, ou mesmo na maior parte do país, vemos tristes e cruéis lembranças de um mundo e um estilo de vida que gradualmente deixaram de existir. Vultos decadentes de fábricas abandonadas, depósitos fechados e edifícios comerciais vazios são tudo o que restou de uma economia industrial outrora próspera, que oferecia uma vida segura, empregos bem remunerados e sustentava vidas plenas e vibrantes para milhões de pessoas.

Mesmo dentre as empresas que continuam operando, vemos muitas com orgulho de sua herança, tentando encolher seu caminho para o sucesso, rotineiramente anunciando grandes demissões e infindáveis "reestruturações" em tentativas desesperadas para sobreviver. Vemos pessoas perdendo seu

Todos são Importantes

sustento, mas também sua autoestima e a esperança no futuro. Vemos comunidades se desfazendo, escolas operando a uma fração de suas capacidades, jovens debandando em massa numa busca desesperada por mais significado e melhores oportunidades em outros lugares. Parece uma corrida para o fundo do poço; tudo que pode ser cortado é cortado, e sobra pouco valor.

A causa de tudo isso é uma mentalidade corrosiva que se enraizou no mundo dos negócios, baseada em uma estreita e cínica visão dos seres humanos. A devastação que estamos vendo hoje é o previsível ponto final de um desdobramento que se iniciou nas primeiras décadas da revolução industrial. Havia uma falha fatal no coração das empresas capitalistas que, uma vez, possibilitou o florescimento dessas comunidades: desde o princípio, as pessoas foram tratadas como funções ou recursos humanos, tão intercambiáveis quanto as peças que elas produziam. Concessões em segurança e condições mais humanas de trabalho foram relutantemente concedidas, mas apenas após demoradas batalhas entre gestores desatenciosos e militantes sindicais. Carentes de coração, paixão e alma, tais empresas acabaram se tornando presas fáceis para concorrentes ainda mais intransigentes operando com custos mais baixos e dispostos a economizar tudo o que fosse possível.

Não precisa ser dessa maneira. É possível recuperar a esperança e proporcionar futuros seguros para as pessoas que vivem e trabalham nestes tipos de comunidades. Mas, para fazer isso, primeiro precisamos mudar radicalmente a maneira como pensamos sobre o negócio, sobre pessoas e sobre liderança. Se fizermos isso, podemos criar organizações prósperas que trazem alegria e realização para todos que as servem e delas dependem.

Apesar de serem as exceções e não a regra, existem organizações hoje nas quais todos conectados a ela florescem: consumidores, empregados, fornecedores, comunidades e investidores. Empresas assim operam com um senso inato de propósito maior; têm uma determinação de criar múltiplas formas de valor para todos os seus *stakeholders*; têm líderes que se

Paixão por Pessoas

preocupam com seu propósito e suas pessoas; e culturas baseadas em confiança, autenticidade e um cuidado genuíno com os seres humanos.

A maioria destas empresas "conscientes" nasceu dessa forma, e a maioria delas opera em setores de alto crescimento. Mas existe um fenômeno menos conhecido, mas de certa forma mais persuasivo, que também é estimulante. É uma forma de ser de negócio que está lentamente criando o renascimento da manufatura americana. É uma mentalidade que está se provando efetiva em diversos lugares ao redor do mundo e que funciona igualmente bem no contexto de negócios fora do ambiente de manufatura. Na Barry-Wehmiller, evoluímos para uma elaborada filosofia de negócios que usamos para rejuvenescer e restaurar à prosperidade dezenas de empresas que estavam cambaleando, que em muitos casos estavam em seus leitos de morte, por assim dizer.

Esta é uma história sobre o poder e o impacto de uma liderança "verdadeiramente humanizada". É sobre trazer o mais profundo senso do que é certo, cuidado autêntico e ideais elevados para o mundo dos negócios. É sobre alcançar o sucesso além do sucesso, medido em florescimento de vidas humanas. É uma história de um enfoque para negócios e liderança que surgiu somente nos mais ou menos últimos vinte anos na vida de uma empresa de 130 anos, mas que já se consolidou com um histórico de grandes resultados de enriquecimento das vidas dos membros das equipes e, ao mesmo tempo, criou um extraordinário valor para os acionistas. Este é um enfoque que foi testado, refinado e que provou funcionar dezenas de vezes em meia dúzia de países muito diferentes e em inúmeras cidades nos Estados Unidos.

Em outubro de 2005, a Barry-Wehmiller comprou uma desconcertada PCMC de seus então proprietários, uma família local há muito estabe-

Todos são Importantes

lecida, liderada por um líder benevolente que se importava profundamente com a organização. Mas que também era uma organização com um enfoque hierárquico de cima para baixo, pouquíssima confiança e uma pitada de nepotismo. Ken se recorda de como ele se sentia trabalhando lá. "No período imediatamente antes da aquisição, eu costumava parar em uma loja de conveniência para um café a caminho do trabalho. Eu tinha meu crachá e meu cartão de acesso presos ao cinto. A jovem senhora na caixa registradora reparou e comentou: 'Ah, você trabalha na PCMC? Isso deve ser horrível'. Foi surreal e constrangedor para mim, porque eu pensei: 'Aqui está uma jovem senhora que trabalha por um salário mínimo, e ela tem pena de mim'."

Conforme a aquisição se concluía, as pessoas em Green Bay estavam convencidas de que mais produção seria desviada para um país com custos menores, de modo que a empresa pudesse competir melhor, o que significava que a maioria delas não teria futuro nessa empresa. Ao contrário do que se esperava, como primeiro sinal do novo enfoque de negócios, anunciamos que a linha de produção que havia sido transferida para os países de custos de mão de obra mais baixos **retornaria** a Green Bay. A notícia foi recebida com descrença: Como isso poderia ser verdade? Ken sentiu um agito de esperança. "Já nas primeiras semanas, os Princípios Orientadores da Liderança (a visão e os valores da Barry-Wehmiller) foram pendurados no corredor da área de escritórios onde eu trabalhava. Eu me lembro de parar, olhar para aquilo e sentir esperança, mas também uma pontinha de dúvida. Parecia bom demais para ser verdade, porque, em meus 25 anos, isso era o que todos nós queríamos, mas nunca vivenciamos. Eu me recordo de pensar comigo mesmo, 'Cara, se pudermos fazer dez por cento do que diz esse documento, este será um ótimo lugar para trabalhar'."

Como sempre acontece após aquisições, eu me encontrava com grupos de colaboradores que incluíam administrativos, chão de fábrica, sindicalizados e não sindicalizados. Nós dizíamos a eles que faríamos de tudo para lhes oferecer um futuro melhor e compartilhávamos a visão de "uma grande empresa de manufatura americana". Eu disse: "Nós acreditamos em vocês. Nós podemos transformar este negócio, e podemos fazer isso com as pessoas que estão aqui hoje. Nós podemos competir com equipamento produzido em qualquer parte do mundo. Vamos começar a construir algo grandioso juntos. Vamos mostrar para o mundo que podemos pagar às pessoas um salário justo, tratá-las maravilhosamente, produzir localmente e competir globalmente – bem aqui em Green Bay, Wisconsin!"

Ken se viu impressionado enquanto ouvia. A promessa de um novo enfoque de negócio era encorajadora, mas ele estava hesitante sobre mais uma estratégia de gestão. Ele lembra: "Eu não sabia o que esperar. Primeiro pensamos que não teríamos um emprego, depois ouvimos sobre esse CEO maluco que iria focar na satisfação no trabalho. Essa pessoa parecia ser de outro planeta".

Sentado ao lado de Ken, um membro claramente cético da equipe sindicalizada levantou a mão e falou: "Eu quero ouvir você falar que se importa com o nosso sindicato". Sem hesitar, eu respondi: "Eu não dou a mínima para o seu sindicato... eu me importo com **você**".

Desde então, ele viu que eu realmente estava falando sério. Acredito que se você confia nas pessoas e demonstra essa confiança, elas podem transformar as suas próprias vidas e o futuro do negócio. Ken se lembra do exato momento em que percebeu isso. "Nós estávamos todos nos perguntando quando a equipe da Barry-Wehmiller viria para resolver nossos problemas. Eu reportava para Steve Kemp, que hoje é o presidente da PCMC. Perguntei para ele quando o ônibus de St. Louis chegaria. Ele colocou a mão no meu ombro e disse: 'Kenny, não tem nenhum ônibus. Pessoas como você e eu teremos que consertar isto'. Ao contrário de me sentir desapontado, de fato me senti bem; nós sabíamos que os processos estavam

Todos são Importantes

quebrados, mas nós tínhamos ideias, nós queríamos tentar algumas coisas, e isso nos deu um sentimento de esperança e confiança. Eu senti que finalmente alguém tinha fé em nossa habilidade de melhorar as coisas".

Nós prometemos criar um futuro para centenas de colaboradores sindicalizados e não sindicalizados em Green Bay, para que Ken e muitos outros pudessem contar com a segurança de um bom emprego e um salário justo e previsível. Estávamos comprometidos em criar um modelo de negócios sustentável, um que fosse resiliente em momentos de mudança econômica.

Nossa promessa foi além de simplesmente um futuro seguro. Eu aprendi a entender que a minha responsabilidade como CEO transcende o desempenho do negócio e começa com um profundo compromisso para com as vidas daqueles aos nossos cuidados – as vidas daqueles cujo tempo e talento fazem esse negócio possível.

Nós imaginávamos um novo tipo de cultura empresarial – uma cultura que coloca as pessoas em primeiro lugar e onde o verdadeiro sucesso é medido **pela forma que tocamos as vidas das pessoas**. Eu sou completamente obcecado por criar uma cultura na qual todos os membros da equipe possam realizar seus dons, compartilhar esses dons e ir para casa realizados todos os dias. A Barry-Wehmiller já estava nessa jornada de transformação cultural, e agora a PCMC estaria também.

—

Com a nossa orientação, a PCMC imediatamente conseguiu dar uma guinada no seu negócio quebrado. Estava claro que eles precisavam rapidamente fazer mudanças para restaurar a confiança de sua equipe desiludida e com o espírito esfacelado. Como um primeiro passo, nós enviamos uma equipe da PCMC para visitar instalações da Barry-Wehmiller em Phillips, no estado de Wisconsin, e em Baltimore, no estado de

Paixão por Pessoas

Maryland. Estas eram duas fábricas que estavam enfrentando sérios problemas quando nós as adquirimos e que foram completamente transformadas, culturalmente e financeiramente. Gerry, que foi selecionado para se juntar às duas visitas, relembra sua primeira impressão: "Os colaboradores nestes dois locais eram extremamente entusiasmados e envolvidos no negócio. Fomos convidados a conversar com qualquer pessoa que quiséssemos; eles não tinham nada a esconder. Em vez de receberem ordens, as equipes de Phillips e Baltimore se sentiam engajadas em criar seu próprio futuro, um contraste extraordinário com o ambiente da PCMC, onde os supervisores microgerenciavam todas as atividades. Aquelas viagens nos deram esperança de que a mesma coisa era possível em Green Bay".

Com entusiasmo renovado, a equipe de Green Bay foi ao trabalho. A primeira prioridade clara era expandir a base de clientes da PCMC para além das poucas grandes empresas com seu ciclo imprevisível de compras. A empresa havia ficado dependente demais dessas empresas e reativa às suas necessidades.

Trazer de volta o cliente que insistia para que mudássemos nossa produção para a China para que eles pudessem reduzir o custo de aquisição de nossa tecnologia. Nossa equipe voou para a sede deles e informou que a PCMC não mudaria a produção para a China. Em vez disso, prometemos que iríamos buscar uma maneira de merecer o negócio deles operando em Green Bay. É desnecessário dizer que o cliente estava cético. Para Gerry, a notícia tirou uma enorme carga de seus ombros. Ao invés de carregar a culpa de executar um plano que eliminaria posições de trabalho, ele poderia focar agora em reconstruir a sua equipe.

Poucos meses depois, um VP sênior daquele cliente foi convidado para fazer um tour na PCMC. Nesse ínterim, a equipe tinha trabalhado duro para implementar múltiplas mudanças nos processos utilizando ferramentas de melhoria contínua. Examinando processos-chave e realizando me-

Todos são Importantes

lhorias incrementais na maneira que a PCMC executava os pedidos, eles conseguiram fabricar peças de melhor qualidade em tempo recorde. Durante a visita, o grupo do cliente caminhou pela fábrica observando as melhorias que haviam sido feitas e conversou com os colaboradores. Um VP sênior escolheu um colaborador do chão de fábrica que havia trabalhado muito tempo como membro do sindicato dos trabalhadores da PCMC e perguntou: "Todos aqui acreditam na mudança que está ocorrendo? " Espontaneamente, o colaborador da PCMC respondeu: "Não, mas estamos focando naqueles que acreditam".

Simultaneamente, fizemos ajustes operacionais. A área de serviços da PCMC foi fortalecida através da introdução de maior senso de urgência e novos indicadores de desempenho, que resultaram em melhor valor para os clientes e o negócio. Através disso tudo, a equipe trabalhou na criação de uma empolgante nova visão – um estado futuro ideal – para a PCMC. O resultado? Compromisso extraordinário de centenas de colaboradores, sindicalizados ou não – comprometidos em fazer parte da equipe que criaria um futuro melhor.

A PCMC alcançou uma reviravolta saudável no primeiro ano sob nossa administração. Em dois anos, o negócio começou a mostrar fundamentos de desempenho financeiro que mais do que validaram nossa crença no seu futuro. A notável recuperação foi ofuscada apenas pela profunda recuperação emocional dos colaboradores, que não mais deixavam suas casas a cada manhã imaginando se o dia se encerraria com mais uma rodada de demissões em massa, e não mais voltavam para suas casas esgotados e desanimados.

Em oito anos, pegamos uma empresa que perdia dinheiro, que estava próxima à falência e que tinha pouca esperança pelo seu futuro e a transformamos em uma que não teve nenhuma demissão e trouxe empregos do exterior de volta a Green Bay, está ganhando mercado, desenvolvendo novos produtos e se tornou modelo de uma liderança verdadeiramente humanizada. A transformação da PCMC transcende o que pode ser expresso em números. Foram necessárias iniciativas realmente humanas para criar uma cultura que hoje dá às pessoas otimismo para o futuro, apesar dos árduos desafios que enfrentaram. Com o tempo, nós moldamos uma organização que tem um futuro em Green Bay, com a mesma equipe que ela tinha quando estava falindo. Nosso enfoque único de liderança e estratégia criou um negócio que está prosperando!

Gerry Hickey agora diz que seu trabalho como líder é ver cada situação através dos olhos de sua equipe. Graduado em todos os cursos de liderança que a Universidade Barry-Wehmiller oferece, Gerry diz que seus maiores aprendizados foram efetivamente entender os outros, escutar intensamente e trabalhar mais duro em reconhecer e celebrar as realizações individuais. Ainda mais importante, ele diz que sua experiência melhorou o casamento de trinta e oito anos com sua esposa Wendy. "Durante os 'dias sombrios', quando lutávamos para sobreviver, Wendy me descrevia como confuso, frustrado e um tanto amargo. Era impossível não levar para casa os desafios que enfrentávamos. Agora, acho que sou um melhor ouvinte e um marido mais atencioso, e acredito que a Wendy concorda!"

Por fim, Ken Coppens deixou a sua posição na equipe de administração de vendas para liderar iniciativas de melhoria contínua em duas empresas da Barry-Wehmiller. Através dessa função, ele descobriu seu dom para inspirar e facilitar mudanças, o que o conduziu ao seu papel atual de professor na Universidade Barry-Wehmiller. Hoje, ele ministra a outros colaboradores da Barry-Wehmiller ao redor do mundo cursos que vão de Treinamento em Habilidades de Comunicação a melhoria contínua e criação de uma cultura de serviço. Seu trabalho todos os dias é inspirar a mudança nos outros, criando uma fundação sustentável para a Barry-Wehmiller e sua cultura de resistência. Isso começa permitindo que as pessoas floresçam. "Anos atrás, alguém rejeitou meu sonho de ser professor, e eu também", compartilhou Ken. "Esta organização me deu tanta oportunidade, e eu tenho uma incrível sensação de liberdade. Ela me deu uma nova vida".

—

O enfoque transformacional, rejuvenescedor e de renovado crescimento da Barry-Wehmiller provou funcionar em dezenas de empresas em diferentes setores e culturas ao redor do mundo. Independentemente da situação da indústria – em dificuldades financeiras ou vibrante, até mesmo empresas enfrentando severos desafios – nosso enfoque tem criado um tremendo valor para os *stakeholders*. Os pilares fundamentais são estabelecer uma visão compartilhada de longo prazo, fomentar uma cultura centrada nas pessoas, desenvolver líderes de dentro da organização e mandar as pessoas para casa realizadas.

No final das contas, trata-se de cuidar verdadeiramente de cada ser humano precioso cujas vidas tocamos, incluindo a todos, não apenas alguns poucos afortunados ou os excepcionalmente talentosos. Trata-se de viver com uma mentalidade de abundância: abundância de paciência, amor, esperança e oportunidade.

Todos querem contribuir. Confie neles. Líderes estão por toda parte. Encontre-os. Alguns estão em uma missão. Celebre-os. Outros gostariam que as coisas fossem diferentes. Ouça-os. Todos são importantes. Mostre a eles. Nós não precisamos apenas de um novo guia para liderar em tempos de mudança ou adversidade. Precisamos de um completo repensar, uma revolução.

Como eu sei? Porque comecei como um daqueles líderes que coloca o lucro antes das pessoas, que sempre pensou em custos, nunca em cuidar. No final, percebi que tudo se resume à liderança – mas não o tipo de liderança que aprendi na escola de negócios. E isso se provou ser mais recompensador do que qualquer número jamais poderia ser.

Parte Um

| A Jornada |

Caminhe com os sonhadores, com os devotos, com os corajosos, com os felizes, com os planejadores, com os executores, com as pessoas de sucesso com suas cabeças nas nuvens e seus pés no chão. Deixe o espírito deles acender um fogo dentro de você para deixar o mundo melhor do que quando você o encontrou.

— WILFERD PETERSON

Capítulo 1

| O Manto da Liderança |

Meus pais foram filhos da Grande Depressão – pessoas simples de Iowa que não tinham absolutamente nenhum dinheiro, de modo que suas famílias não tinham muito a perder quando tudo desmoronou. A devastação foi sentida igualmente nas fazendas e nas cidades. Minha mãe, Marjorie Estle, era uma menina de fazenda de West Branch, Iowa, que cresceu sem eletricidade ou água encanada. Frequentemente, não havia dinheiro suficiente nem para sapatos novos, muito menos para extravagâncias. Durante o ensino médio, ela vendeu tomates de porta em porta por centavos o quilo para ganhar dinheiro e poder comprar seu primeiro vestido de loja na Lerner's. Ela só conseguiu ir para a faculdade porque um banqueiro bondoso da cidade deu a seu pai US$ 500 para que ele pudesse pagar pelo ensino.

Meu pai, Bill Chapman, era uma criança da cidade de Cedar Rapids. Ele e minha mãe se conheceram enquanto trabalhavam na cozinha de um hospital na cidade de Iowa para pagarem seus estudos na Universidade de Iowa. Depois de se formaram, eles se casaram e se mudaram para Chicago, onde meu pai começou sua carreira na Arthur Andersen; eles se mudaram para St. Louis quando pediram que ele ajudasse a abrir um novo escritório para a empresa. Foi lá que eu nasci, o filho do meio de três e o único menino.

Minha infância foi comum em todos os aspectos. Cresci em uma casa de fazenda de três quartos, em um bairro de classe média de trabalhadores de colarinho branco em Ferguson, Missouri. Como meu pai trabalhava muito duro e viajava muito, não tive uma relação muito próxima com ele. Eu era muito próximo da minha mãe e do meu avô; passei a maior parte

Todos são Importantes

das minhas férias brincando e trabalhando alegremente na fazenda dele em Iowa. Fui um aluno mediano em uma escola mediana, nunca estimulado intelectualmente por minha educação de escola pública. Raramente lia algum livro que não fosse obrigatório, e não havia muitos deles. Minha maior alegria era ser o gerente de palco das peças e musicais. Eu desenhava e construía cenários e organizava equipes para construí-los no palco. Se você perguntar para meus colegas de classe hoje o que eles se lembram sobre mim, eles certamente se lembrariam da minha atitude positiva. Eu era contagiosamente otimista e o palhaço da classe.

Depois de me formar no ensino médio, fui estudar no Cornell College, em Iowa, sendo logo transferido para a bem maior Universidade de Indiana, onde continuei um aluno mediano. Foi quando vivenciei o primeiro momento de provação da minha vida: durante o segundo ano do meu curso, minha namorada de longa data e eu percebemos, chocados, que ela havia engravidado. Fomos confrontados com a possibilidade de nos tornarmos pais no momento em que completássemos vinte anos de idade.

Rapidamente planejamos um pequeno casamento em St. Louis. Eu me sentia o verdadeiro perdedor, porque havia decepcionado todo mundo. Meu pai nos ajudou a comprar uma pequena casa móvel. Enquanto todos os meus amigos viviam em alojamentos da escola ou apartamentos e aproveitavam a experiência despreocupada da faculdade, nós vivemos em um estacionamento de *trailers* até eu me formar dois anos e meio depois.

Eu tinha um profundo senso de responsabilidade pela minha esposa e filho. Quase que da noite para o dia, deixei minha irresponsabilidade e comportamento de fracassado para trás e despertei para um novo senso de propósito e foco. Eu estava determinado a não deixar esse revés definir quem eu era ou me tirar do meu caminho. Minha vida mudou dramaticamente. Eu trabalhava em vários empregos para contribuir com minhas despesas de educação e manter a minha família, e, pela primeira vez na minha vida, me tornei sério em relação ao meu lado acadêmico. Todos que me conheciam ficavam impressionados à medida que eu deixava de ser um aluno mediano e me tornava um dos melhores da minha turma. Eu me formei com honra em Contabilidade.

O que poderia ter me quebrado foi o que me construiu. Este tem sido um tema recorrente na minha vida. Tantas vezes, eu poderia ter admitido uma derrota, dobrado a minha barraca, me rendido ao destino. Mas eu nunca o fiz. Uma força de vontade indomável vinha à tona sempre; minha reação foi sempre de saltar para a ação, para enfrentar os desafios de frente, fazer o que precisasse ser feito para extrair algo de positivo de todos os reveses.

Meu pai queria que eu fosse estudar Direito e me tornasse um contador tributário, mas eu estava cada vez mais fascinado com negócios e queria aprender mais sobre o assunto. Para mim, era como se fosse um esporte, com ataque e defesa, um placar, vencedores e perdedores e todos os tipos de estratégias de "jogo". Tornei-me imensamente interessado em como empresas criam valor. Então, decidi ficar na escola e cursar um MBA pela Universidade de Michigan, uma das melhores escolas de negócios do país. Depois de me formar, aceitei outra oferta de trabalho da Price Waterhouse na área de contabilidade, o que me expôs a uma grande variedade de negócios. Eu estava interessado em modelos de negócios, e meu papel como auditor me deu uma vantagem única para entender o que faz uma empresa funcionar. Descobri em mim uma habilidade de olhar além dos números e enxergar claramente os problemas reais que as empresas enfrentam.

Não percebi na ocasião, mas reconheci muito tempo depois que minha educação em negócios havia ignorado a questão de como a minha liderança iria impactar a vida de outras pessoas; em vez disso, era principalmente sobre como usar as pessoas para alavancar meu sucesso financeiro. Fui ensinado a ver pessoas como funções e objetos que deveriam ser usados e mani-

Todos são Importantes

pulados para alcançar meus objetivos pessoais, ao invés de vê-las como seres humanos com esperanças, sonhos, medos e aspirações tão legítimas quanto as minhas próprias. Levou um longo tempo para eu abrir meus olhos e meu coração para tudo o que eu não conseguia enxergar ou sentir antes.

—

Em 1969, quando estava terminando meu segundo ano em Contabilidade Pública, meu pai me abordou e perguntou se eu consideraria me juntar à empresa que ele agora possuía, a Barry-Wehmiller. Ele havia me visto ir de um estudante mediano no ensino médio para um aluno exemplar na escola de negócios, passando no meu exame de contador na primeira tentativa e me dando bem na Price Waterhouse. Eu havia amadurecido de forma irreconhecível conforme superava meus desafios e era agora alguém com quem ele podia conversar sobre negócios. Nossa relação tinha sido completamente transformada.

A Barry-Wehmiler tem suas raízes em 1885, quando Thomas J. Barry abriu a primeira oficina mecânica em St. Louis para produzir equipamento de transporte e correias para maltarias. Em 1899, o projetista e cunhado de Barry, Alfred Wehmiller, se juntou a ele e logo inventaram uma nova e revolucionária máquina de pasteurização para a Anheuser-Busch. Essa inovação permitiu que cervejarias enviassem seus produtos para locais fora de suas cidades-sede. A Barry-Wehmiller Machinery Company expandiu rapidamente para atender a demanda da crescente indústria de cervejas e logo começou a despachar seu equipamento para todo o mundo. Alfred Wehmiller faleceu em 1917, e a empresa estagnou sem sua inovação e liderança. Os anos de proibição entre 1919-1933 decretaram um golpe quase fatal para os negócios domésticos da empresa, que conseguiu sobreviver em função das vendas internacionais. As décadas subsequentes viram a empresa lutar sob a liderança familiar, incapaz de desenvolver novos produtos ou entrar em novos mercados.

Enquanto trabalhava na Arthur Andersen como auditor público, meu pai foi designado para auditar a empresa. Fred Wehmiller, o filho de Alfred, estava liderando o negócio durante essa época e sofrendo com os contínuos desafios financeiros. Seus bancos exigiram uma auditoria para aprovar empréstimos para a empresa. Fred tinha formação em Engenharia, mas não era um tipo inovador como seu pai, e muito menos possuía as habilidades de liderança que o negócio precisava. Meu pai tinha experiência financeira e estava disposto a ajudar a empresa, e assim foi contratado como tesoureiro em 1953. Minha mãe não entendia por que ele iria deixar a segurança da Arthur Andersen para se juntar a uma empresa familiar em dificuldades.

Desafios de mercado e limitações da liderança da família resultaram em uma equipe gerencial fraca, e a responsabilidade de meu pai cresceu rapidamente. Em meados dos anos 1950, ele recebeu uma oportunidade de investir na empresa. Fez um empréstimo de US$ 30 mil e adquiriu uma pequena quantidade de ações. Em 1957, Fred Wehmiller faleceu e a família pediu para que meu pai assumisse o cargo de presidente. Eles estavam ansiosos para vender a empresa e pediram que ele encontrasse um comprador. Contudo, não havia virtualmente nenhum interesse de investidores externos. Após tentativas falhas, um credor abordou meu pai e se ofereceu para emprestar dinheiro suficiente para comprar a parte da família Wehmiller. Isso daria a meu pai o controle da empresa, com 57% das ações remanescentes. Nos 10 anos seguintes, conforme os executivos iam se aposentando, a empresa aposentava as suas ações, e a participação de nossa família gradualmente excedeu os 90%.

Isso significava que nossa família detinha quase 100% de uma empresa que valia praticamente nada. O fraco desempenho financeiro da empresa ficou ainda pior por causa do empréstimo tomado para comprar a parti-

Todos são Importantes

cipação da família Wehmiller. Meu pai fez tentativas para diversificar o negócio, mas as pequenas aquisições que ele fez apenas distraíram os gestores e aumentaram a instabilidade financeira. Em poucos anos, a empresa estava à beira da falência. Meu pai procurou um investidor estratégico para salvá-la, mas após fazer a devida diligência, o investidor declinou e previu com convicção que a empresa estaria quebrada em trinta dias. De alguma maneira, ela conseguiu sobreviver, mas a Barry-Wehmiller permaneceu perpetuamente em modo de sobrevivência, sem qualquer vitalidade ou visão de como criar um futuro melhor.

Alguém em quem meu Pai Pudesse Confiar

Dois dos executivos da empresa – os VPs de finanças e de produção, que possuíam uma pequena porcentagem de ações – tinham secretamente tentado encontrar alguém para comprá-la. Quando meu pai descobriu isso, sentiu-se profundamente traído. Sua resposta foi ir todas as manhãs à sala de correspondência, onde ele e sua secretária abriam tudo o que chegava em busca de evidências de deslealdade. Ocasionalmente, a secretária o atualizava em relação às fofocas que corriam pela empresa. Meu pai simplesmente não confiava mais em sua equipe de liderança, motivo pelo qual ele pediu que eu considerasse me juntar à empresa. Ele não tinha ideia de qual seria o meu papel na empresa além de um membro da família em quem poderia confiar.

Dado o permanente estado de crise no "negócio da família", eu nunca havia considerado seriamente a possibilidade de me juntar a ela. Mas eu estava prestes a entrar no meu terceiro ano de auditoria pública e repetir meus clientes. Estava ficando monótono trabalhar com os mesmos clientes ano após ano e, por isso, estava disposto a considerar essa mudança.

O Manto da Liderança

Minha mãe se preocupava com esse novo arranjo entre meu pai e eu, dado o nosso pobre relacionamento no passado. Para fazer isso funcionar, ele e eu desenvolvemos um entendimento de que, caso qualquer coisa incomodasse algum de nós, seríamos honestos e conversaríamos sobre o problema imediatamente. Como eu não estava substituindo ninguém e meu pai queria simplesmente alguém em quem ele pudesse confiar, entrei na Barry-Wehmiller com total flexibilidade para definir meu papel e moldar a trajetória da minha carreira.

Meu pai tinha apenas cinquenta e quatro anos quando me juntei à Barry-Wehmiller e parecia saudável, apesar de já ter sofrido dois ataques cardíacos nos seus quarenta e cinquenta. Contudo, as dificuldades da empresa e as relações com a família Wehmiller haviam lhe causado grande desgaste. Quando me juntei à empresa, ele me passou responsabilidades tão rapidamente quanto eu podia assumi-las. Ele dizia: "Bob, temos um problema no atendimento ao cliente. Você poderia ir resolver?" Outros papéis que ele me pediu para assumir foram em mediação com a engenharia, gestão das licenças internacionais, análises financeiras e me tornar o VP de finanças. Compreendi as interações entre as várias funções dentro da empresa e os desafios de cada uma. A empresa havia sido golpeada por décadas de desafios financeiros e liderança deficiente, e sofria de falta de inovação; estava desesperadamente necessitada de novas ideias. Eu apreciava cada novo desafio, e dada a situação da empresa, era relativamente fácil e muito gratificante criar novas abordagens nas áreas nas quais eu me engajava.

Minha curiosidade intelectual inata e a diversidade de experiências multifuncionais que eu estava tendo ajudaram a me desenvolver rapidamente como líder. Aprendi em primeira mão como as várias funções da empresa criavam valor e como eram interdependentes. Meu pai continuou a me dar mais responsabilidades, e eu rapidamente ganhei confiança como líder. Meu entusiasmo e realizações davam a ele o conforto e um profundo

Todos são Importantes

senso de orgulho paterno.

Um momento crucial na minha jornada de liderança veio quando meu pai me disse: "Nós temos esse negócio de ferramentas e moldes que está perdendo dinheiro. Você poderia ver se há possibilidade de reverter a situação? Você pode tentar algumas das ideias que tem compartilhado comigo". Assim, passei do trabalho em projetos para o comando de uma unidade de negócio de doze pessoas chamada Faircraft Manufacturing. Em poucos anos, consegui transformá-la em um próspero negócio de eletrônicos ao trazer para dentro de casa a parte eletrônica de uma linha de produtos de inspeção.

Uma noite, em outubro de 1975, jantei com meus pais em um restaurante local. A essa altura, meu pai e eu já estávamos trabalhando juntos por seis anos. Ele estava de bom humor e me disse ao final do jantar: "Bob, eu decidi torná-lo vice-presidente executivo. Você já está praticamente comandando a empresa, e seu título deve refletir isso".

Eu não estava surpreso ou apreensivo com a notícia. O que meu pai fez naquela noite foi reconhecer o que nós dois já sabíamos; era o próximo passo lógico. Ele estava orgulhoso de como eu havia assumido a responsabilidade e me sobressaído em todas as funções na Barry-Wehmiller. Naquele momento, eu estava me sentindo muito bem em relação ao que havia realizado nesta empresa em dificuldades.

Meus pais partiriam na manhã seguinte para visitar uma operação de *joint-venture* na Austrália. Antes de saírem para o aeroporto, minha mãe pediu que meu pai levasse algo na casa de um amigo da igreja. Mas assim que ele chegou na casa deles, teve uma parada cardíaca, caiu e faleceu. Ele tinha apenas sessenta anos de idade.

Quando recebi a ligação de que ele havia morrido, fiquei devastado. Meu pai havia se dedicado inteiramente ao negócio. Ele havia sacrificado sua saúde e paz de espírito, lidando com pressões extremas que vieram com uma empresa em dificuldades crônicas por tanto tempo. Ele havia pago o mais alto preço, falecendo tão jovem e deixando para trás uma empresa que continuava em estado precário.

Eu tinha pouco tempo para chorar; a empresa precisava da minha atenção. Eu acabara de completar trinta anos e me tornei o CEO e presidente do conselho imediatamente, e me joguei ao desafio. Felizmente, meu pai havia estabelecido uma procuração para voto e eu como seu sucessor. Isso me colocou em uma posição de votação de 90%. Este foi um grande presente dele para mim e para a família, criando um profundo senso de reponsabilidade em mim para cuidar da família como era o seu desejo. Eu estava profundamente motivado para fazer algo pela empresa, em prol de nossa família e do legado de meu pai.

Quando meu pai faleceu, a Barry-Wehmiller tinha receita de US$ 18 milhões, dois ou três milhões de dólares de dívidas e resultado financeiro negativo de US$ 477 mil. Empregávamos um pouco menos de quatrocentos colaboradores, com três sindicatos nas áreas de produção e engenharia.

Um mês mais tarde, enquanto eu ainda estava tentando me encontrar como CEO, um funcionário do banco veio e me disse: "Com o falecimento do seu pai, precisaremos que você quite o empréstimo".

O Calvário da Liderança

Eu ainda estava me recuperando do choque da morte repentina de meu pai e lutando com minhas novas responsabilidades. A notícia de que o banco estava cortando a nossa linha de crédito era como um soco na boca. Isso era uma concentração de adversidades como eu nunca tinha vivenciado antes. Mas, assim como eu havia feito quando minha namorada engravidou uma década antes, intensifiquei o meu foco em sobreviver e disse para mim mesmo: "Eu não vou cair". Agarrei a empresa com as

Todos são Importantes

duas mãos, assumi o controle das finanças, cortei custos e mobilizei uma determinação e intensidade como a empresa jamais havia experimentado.

O resultado foi que nove meses após o falecimento de meu pai – a empresa já estava no terceiro mês do novo ano fiscal – a Barry-Wehmiller registrou o melhor ano de sua história: um lucro de US$ 2,2 milhões em US$ 22 milhões de vendas. Crescemos as receitas em mais de 20% e levamos a empresa de uma situação de risco marginal de crédito a uma situação de pagamento da nossa dívida e desempenhando em um nível mais alto que jamais antes visto.

Eu estava determinado a fazer o que fosse necessário para cortar custos e chegar no orçamento. Por exemplo, fui ao supervisor de produção na fábrica e perguntei: "Quantos expedidores você tem?"

Ele respondeu: "Oito".

Eu disse: "Só podemos ter quatro".

Ele disse: "Não, você não está entendendo. Precisamos de oito".

Eu respondi: "Você não está entendendo. Eu só posso arcar com quatro. Então, nós só poderemos ter quatro". O custo humano disso foi algo em que eu simplesmente não pensei muito. Meu único foco era quitar a dívida e tornar a empresa rentável.

A boa notícia foi que a empresa pagou seu débito e alcançou o maior lucro da sua história. A má notícia foi que eu comecei a ficar presunçoso aos trinta anos de idade. O mercado estava melhorando e as vendas crescendo. Os negócios internacionais estavam ficando mais fortes, e nosso único concorrente doméstico remanescente estava em dificuldades para sobreviver. Tudo que eu tocava parecia se transformar em ouro. Com a melhora de nosso desempenho financeiro e crescimento saudável, conseguimos atrair um novo grupo de bancos para nos prover com recursos financeiros para apoiar o nosso crescimento.

Nosso crescimento era parcialmente tracionado pela dinâmica do

O Manto da Liderança

mercado, que finalmente estava mudando em nosso favor. Vários estados haviam estabelecido recentemente uma legislação para garrafas retornáveis. Nossos clientes estavam novamente interessados em equipamento para lavar as garrafas, e nós éramos os únicos fabricantes de grandes máquinas de lavagem de garrafas de vários milhões de dólares. Ao mesmo tempo, Anheuser-Busch e Miller estavam em uma disputa intensa e clássica por participação de mercado, e Pabst e Schlitz e muitos outros concorrentes menores estavam morrendo. Nós forneçíamos tanto para Anheuser-Busch como Miller. Como resultado, começamos a crescer rapidamente nosso histórico negócio, que vinha minguando há anos.

Enquanto vivíamos um crescimento sem precedentes em nossos mercados tradicionais, senti que também precisávamos investir em novas tecnologias. Contratei um engenheiro da NASA que havia utilizado energia solar para aquecer o ônibus espacial. Com sua ajuda, desenvolvemos um sistema de energia solar que poderia esquentar pasteurizadores. A Anheuser-Busch comprou o primeiro sistema para sua cervejaria de Jacksonville. Esse se tornou um projeto de grande visibilidade devido à crise energética pela qual o país estava passando.

Minha ênfase na construção de uma fundação para crescimento e no acesso de novos mercados e novas tecnologias estava se mostrando uma grande promessa. Após a lavagem, as garrafas retornáveis precisavam ser inspecionadas para assegurar que estivessem limpas e livres de defeitos. Nossos engenheiros tiveram a ideia de um novo sistema de inspeção eletrônica para substituir inspetores humanos. A Cervejaria Carlsberg, na Dinamarca, comprou um protótipo e fez planos para equipar todas as suas linhas de produção. Parecia uma enorme oportunidade de novos negócios para nós. Nós também começamos uma iniciativa com uma empresa italiana, sob um acordo de licenciamento, para produzir e vender seus enchedores, que eram desenhados para encher e selar garrafas para a indústria de bebidas.

33

Todos são Importantes

Pasteurizadores solares, lavadores de garrafas, inspeção eletrônica, enchedores – cada iniciativa parecia sustentar uma grande promessa de crescimento. Era revigorante liderar essa empresa quase centenária a um período de crescimento dinâmico em emocionantes novos mercados após décadas de estagnação. Receitas subiram abruptamente, de US$ 18 milhões quando meu pai faleceu para US$ 71 milhões cinco anos depois.

Jim William, nosso líder sênior de operações daquela época, lembra desses dias vividamente. "Nós não tínhamos muitos concorrentes. Tínhamos uma carteira de pedidos de dezoito meses. Clientes vinham a nós, querendo nossas máquinas, e nós dizíamos que eles tinham que esperar na fila. Foram simplesmente dias gloriosos para a Barry-Wehmiller. Nós pensávamos que essa curva de crescimento sairia do gráfico".

Estávamos contratando pessoas em todo o mundo e tínhamos nos tornado o assunto de St. Louis devido ao nosso crescimento fenomenal. A mídia, os clientes, até mesmo nossos bancos – parecia que todos nos amavam. Nossos banqueiros diziam: "Bob, apenas nos diga quanto dinheiro você precisa para que possamos apoiar o seu crescimento". Eles facilitaram o financiamento do nosso crescimento – numa época em que as taxas de juros estavam historicamente altas.

Eram tempos excitantes. Mas sair da estagnação e alcançar esse nível de crescimento acelerado pode ter seus desafios, de uma forma ou de outra. Nós tínhamos todas essas grandes empresas que acreditavam em nossas iniciativas e estavam aplicando seu dinheiro. Mas tínhamos uma organização que não havia crescido nada durante muitas décadas e que agora estava lidando com um crescimento extremamente rápido. Era uma mudança extraordinária, talvez uma para a qual ainda não estivéssemos bem preparados.

A Avaliação

Eu ainda estava nos meus trinta anos e havia me tornado muito conhecido no setor industrial e na comunidade por ter rejuvenescido uma empresa estagnada de 95 anos que agora vivenciava um crescimento tremendo e desenvolvia novas e excitantes tecnologias. Os bancos voluntariamente financiaram nosso crescimento. Mas enquanto nossa receita crescia, estas iniciativas requeriam um investimento significativo, e nosso lucro não se desenvolvia tão rapidamente quanto eu antecipava. Nossa dívida cresceu significativamente, embora isso não parecesse ser um problema para nossos banqueiros na época.

Se qualquer pessoa questionasse a lógica de nossas muitas iniciativas de crescimento, eu conseguia defender cada uma em seus méritos. Mas quando, de repente, se tem inúmeras plataformas de crescimento, manter seus pés no chão pode ser desafiador, e o risco acumulado pode se tornar esmagador. No auge de nosso rápido crescimento, contratei um consultor de estratégia para me ajudar a gerenciar essas plataformas e, com muita reflexão, determinar para onde poderíamos conduzir a organização. Ele me disse que estávamos indo na direção de um penhasco; contudo, eu estava tão apaixonado por cada uma das nossas iniciativas, que rejeitei aquela conclusão.

Acontece que o consultor estava certo. Em nosso negócio histórico, estávamos vendendo equipamento para as cervejarias a uma velocidade que excedia em muito o crescimento do consumo de cerveja, impulsionado pelo movimento ecológico (que aumentou muito a demanda por garrafas retornáveis e, assim, de nossas lavadoras de garrafas) e ganhos em participação de mercado por nossos maiores clientes dentro do setor à custa de empresas menores. Uma correção de demanda logo aconteceu, e as cervejarias que cresciam começaram a comprar as que estavam em declínio ao invés de novos equipamentos. Ao mesmo tempo, cada uma de nossas

Todos são Importantes

iniciativas de crescimento baseadas em tecnologia enfrentaram desafios técnicos. Os painéis de energia solar começaram a empenar um pouco. O sistema de inspeção eletrônico na Dinamarca funcionava bem, mas não conseguia pegar todos os tipos de defeito, então a Carlsberg decidiu que não poderia continuar usando. O sistema de enchimento começou a apresentar problemas de desempenho; pedidos começaram a diminuir e nossos custos de garantia e de desenvolvimento começaram a se intensificar.

Os desafios de gerir e financiar nosso tremendo crescimento rapidamente tornaram-se nosso foco diário sobre como lidar com a súbita inversão do sucesso. Tivemos que reduzir as equipes que havíamos formado para desenvolver esses mercados. Todo nosso crescimento havia sido financiado através de dívida, e nos tornamos um grande tomador de empréstimos. Passamos de zero a uma dívida de US$ 22 milhões, pela qual pagávamos 22% de juros ao ano, já que a taxa básica na época estava em exorbitantes 20%. O banco adorava e continuava dizendo: "Bob, não se esqueça de nos avisar do que você precisa, para que quando você precise possamos te ajudar". Mas a dívida estava começando a se tornar desconfortável para mim.

Tudo isso resultou em um tsunami financeiro que nos atingiu com força. Em 1983, vários fatores haviam acumulado: aumento do custo das garantias, estoques obsoletos e custos que ultrapassavam as receitas, que haviam atingido US$ 71 milhões e estavam caindo para US$ 55 milhões. Eu fui falar com os meus banqueiros em outubro de 1983 e disse: "Minha equipe financeira me disse que devido a alguns problemas que estamos tendo com custos de garantias e estoques obsoletos, vamos ter um prejuízo de US$ 3 milhões".

Eles disseram: "Bob, obrigado por nos avisar, nós agradecemos o alerta. Apenas entenda o que está acontecendo para que você possa resolver os problemas e nos ajudar a entender. Nós o consideramos um de nossos principais clientes".

Uma semana depois, nosso CFO veio até mim e disse: "A Arthur Andersen encontrou mais problemas de estoque e de numerário. Parece que a nossa perda vai ser de US$ 5 milhões em vez de US$ 3 milhões". Eu voltei aos bancos e contei esse fato para eles. O banqueiro disse: "Deixe que eu te ligo amanhã".

A mesma pessoa que uma semana antes me havia dito que eu era um de seus clientes favoritos me ligou no dia seguinte e disse: "Estamos congelando sua linha de crédito. Queremos todo nosso dinheiro de volta amanhã".

Eu me senti traído. Sou uma pessoa que comunica constantemente; quando estávamos crescendo rapidamente, nossos banqueiros estavam ao meu lado, e eu os mantive realmente informados. Eles nunca me desafiaram e sempre deixaram claro que me apoiavam completamente e encorajavam nosso crescimento.

Quando você está viciado em dinheiro fácil e, de repente, não tem mais acesso, você não está preparado. É como se alguém te viciasse em drogas e um dia dissesse: "Você não pode ter mais". Você entra em abstinência. Nós estávamos em um estado de crise, pois não sabíamos se poderíamos pagar nossos vendedores ou os salários na sexta-feira seguinte – uma perspectiva angustiante para qualquer empresa.

Líderes sempre precisam agir de forma decisiva e rápida, especialmente em tempos de crise. Quando assumi a empresa de meu pai, eu era jovem e acreditava que não sabia muito. Assim, contratei pessoas inteligentes e tentei liderar através do consenso. Mas todos os novos executivos queriam ir em direções diferentes. Quando os bancos me deixaram descobertos desta vez, eu mudei. Aprendi a ser decisivo e confiar no meu próprio julgamento, para tomar as melhores decisões que eu pudesse e, imediatamente, agir de acordo com elas.

Quando você tem que viver a cada semana com o dinheiro que recebeu, suas prioridades ficam muito simples. Você precisa assegurar que tem o suficiente para pagar os salários. Assim como um homem não pode imaginar o que é dar à luz uma criança, aqueles que não passaram por essa

Todos são Importantes

experiência não conseguem imaginar o que se sente ao não saber se vai conseguir pagar as pessoas pelos seus trabalhos. Era de virar o estômago pensar que tantas pessoas dependiam de mim e que seus sustentos estavam em risco. Quando nosso principal banco congelou nossa linha de crédito, imediatamente contatamos outro banco onde tínhamos crédito disponível de US$ 1 milhão e o mantivemos em uma conta separada, caso precisássemos para o pagamento de salários. Decidimos que não usaríamos esse dinheiro para nenhuma outra finalidade.

Vivendo um Dia após o Outro

Meu maior aprendizado dessa época foi sobre a importância crítica de se ter uma boa disciplina de dinheiro. Nós vivíamos um dia após o outro do dinheiro que recebíamos da cobrança de nossas vendas. Nossa prioridade para o pouco de dinheiro que tínhamos era primeiro pagar os salários e depois as faturas que nos permitiriam adquirir os materiais que precisávamos para a produção, de modo que pudéssemos embarcar as máquinas e receber mais dinheiro.

Por nove meses, começando em outubro de 1983, o banco basicamente mantinha uma arma contra nossa cabeça, dizendo: "Pague-nos agora". A grande publicidade que havíamos desfrutado em nossa comunidade e em nossa indústria agora trabalhava contra nós, já que todos os bancos na cidade sabiam que havíamos sido rotulados como credores de alto risco. Estávamos consideravelmente atrasados nos pagamentos de vários de nossos fornecedores. Era humilhante, principalmente depois da euforia de nossos anos de crescimento de grande visibilidade. Eu tinha reuniões frequentes durante essa época com meus advogados sobre a possibilidade de decretar falência. Nossas prioridades eram simples: De alguma forma, de alguma maneira, tínhamos que descobrir como sobreviver.

Durante este período intenso de nove meses, reuni a equipe em um sábado de manhã para tentar acalmar a todos. Muitos estavam deixando a empresa, e estávamos demitindo outras pessoas porque precisávamos reduzir a nossa estrutura de custos. A piada era que o elevador tinha apenas uma direção – para baixo. Eu disse: "Por que nós todos não pegamos uma xícara de café antes de começar?" Nosso CFO me olhou e disse: "O fornecedor acabou de confiscar a máquina de café porque não o pagávamos há mais de nove meses".

Bom, eu nunca gostei daquele café mesmo! Eu disse: "Vou dar uma saída para buscar um café e volto já".

Minha atitude positiva era fundamental para não deixar nossas circunstâncias me afundarem profissionalmente ou pessoalmente. Eu mudei para um estilo de liderança decisivo que me permitiu lidar com as crises diárias de falta de dinheiro. Minha família nunca soube da magnitude da crise porque eu não levava nada disso comigo para casa. Eu nem me lembro muito de me preocupar com o futuro, ainda que ele parecesse incerto às vezes.

Apesar de toda nossa luta, conseguimos atravessar aquele período sem nunca atrasar um salário. Todos os nossos bancos e fornecedores acabaram sendo pagos. Eu aprendi mais naquele período sem dinheiro do que na época de crédito fácil.

Após nove meses de decepções e rejeições, enquanto eu tentava substituir nossa dívida, um banco de Chicago se ofereceu para estruturar um empréstimo baseado em ativos. Eu comparei a proposta a pegar dinheiro emprestado de um desconhecido de terno escuro em um envelope em um beco. É como ter a mão de alguém em volta do seu pescoço o tempo todo. Mas era melhor do que nada. Senti uma nova esperança de que poderíamos evitar a falência e criar um futuro para a empresa.

Contudo, se eu soluçasse, o banco tomaria a empresa.

Capítulo 2

| Iniciando a Jornada de Aquisições |

Eu comecei a acreditar que a melhor estratégia de negócios é uma combinação de crescimento orgânico e aquisições estratégicas. Mas aquisições podem ser desafiadoras, e a maioria delas não sobrevive às expectativas. Fui influenciado por Chuck Knight, o CEO da Emerson Electric em St. Louis, que conseguiu crescer a empresa com sucesso em mercados maduros através de inúmeras aquisições.

Em 1984, com o frágil novo financiamento e um aguçado senso de que nossos quase cem anos de história eram praticamente irrelevantes para o nosso futuro, fui até nosso departamento financeiro e disse: "Precisamos começar a fazer aquisições para poder acessar mercados e tecnologias que nos deem um futuro melhor".

Eles me olharam de forma bastante profissional e disseram: "Bob, essa é uma excelente ideia. Nós temos apenas um problema".

Eu disse: "Qual é o problema?"

Eles disseram: "Nós não temos dinheiro. Você entende isso? Nós não temos dinheiro".

Eu olhei para eles – esse era um momento decisivo para mim – e disse: "Não me digam o que não podemos fazer. Eu não disse para vocês que precisávamos de dinheiro. Eu disse que precisamos fazer aquisições". Sem me deixar abater pelo fato de que não tínhamos dinheiro, eu saí à procura de empresas para comprar.

O que você compra sem dinheiro, sem muita experiência e pouca credibilidade? Alguma coisa que ninguém mais quer. Eu fui a feiras da indústria para pesquisar aquisições. Meu primeiro alvo foi uma empresa de inspeções eletrônicas em dificuldades em Denver, no Colorado. Nós havíamos dado uma olhada neles quando tínhamos dinheiro, mas resolvemos deixar de lado porque estava muito caro. A empresa não havia ido bem sob a gestão do novo dono sul-africano. Eu passei pelo estande e falei: "Ei, o que aconteceu com a aquisição? Eu me lembro de quando vocês estavam à venda".

Eles disseram: "Entre e venha conversar. Estamos à venda novamente".

Então, comecei a negociar a minha primeira aquisição. Fui até Denver fazer uma oferta. Felizmente para mim, Tony, o executivo da empresa da África do Sul responsável por vender o negócio, gostou de mim e achou que a minha oferta era razoável. Mas uma outra empresa já havia feito uma proposta, que a sede na África do Sul preferia. Como Tony gostou de mim, ele nos deu a oportunidade de equiparar a oferta. Conseguimos descobrir uma maneira de fazer isso enquanto obtínhamos o retorno que precisávamos para justificar a oferta. Nós compramos a empresa e a fundimos com nossa empresa de eletrônicos na Flórida. Pegamos duas empresas quebradas, cada uma com três a quatro milhões de dólares em vendas, juntamo-las e, em três anos, criamos uma empresa altamente rentável de US$ 37 milhões.

Quando levei aquela primeira aquisição para nosso Conselho, a confiança deles em mim era baixa. Apesar de controlar a maioria dos votos, eu ainda respeitava muito a opinião do Conselho. Bob Lenigan, nosso diretor sênior, era Presidente do Conselho da Owens-Illinois, a maior empresa de vidros do mundo. Ele disse: "Nossa equipe olhou para isso e acredita que esteja alinhado com vocês. Mas deixe eu te falar uma coisa, Bob. Na Owens-Illinois, nós chamamos isso de uma oportunidade "do caramba" (*you bet you ass*). Nós iremos apoiá-lo, mas se isso falhar, vai tudo para o buraco, pois não temos margem para erro".

Então, a Barry-Wehmiller começou a fazer aquisições onde o erro significava a morte. Com isso como alternativa, ficamos intensamente focados em fazer nossas aquisições funcionarem!

O Lucro Inesperado de Londres

Até 1986, havíamos realizados várias outras aquisições, a maioria na Inglaterra. Nossa intensidade operacional estava provocando melhores resultados, mas nosso negócio histórico ainda sofria, conforme a indústria cervejeira consolidava e racionalizava a capacidade. Nossos líderes ingleses, preocupados com o nosso crônico desempenho financeiro frágil, vieram com uma ideia radical. Eles viram a oportunidade de tirar US$ 35 milhões das nossas receitas, a maioria da qual vinha da Inglaterra, e lançar esse grupo de empresas no mercado secundário de Londres.

Era um desafio tremendo criar os fundamentos que fariam essa nova empresa atraente aos investidores públicos. Mas, dada a nossa experiência com bancos e as atuais dificuldades com os novos banqueiros, sentimos que a aposta valia a pena. Se funcionasse, poderíamos usar o lucro para pagar a nossa dívida e ainda ficar com US$ 2 milhões no banco. Ainda seríamos os donos da empresa em dificuldade nos Estados Unidos, que não fazia parte da oferta pública.

A perspectiva parecia o paraíso para mim. Mudei minha atenção para o processo de oferta pública. Parecia um absurdo que esses pequenos negócios em dificuldades que havíamos comprado poderiam ser vistos como algo de valor quando combinados, mas valia a tentativa. De outubro de 1986 a maio de 1987, meu principal foco foi assegurar que essa combinação de empresas nascentes e poentes, como o investidor as descreveu, estava colhendo todas as oportunidades de criar valor e melhorar a qualidade dos resultados.

A Oferta Pública Inicial (*Initial Public Offering* - IPO) ocorreu em maio de 1987. Em vez do mercado secundário, conseguimos ser listados na prin-

Todos são Importantes

cipal Bolsa de Valores de Londres. Impressionantemente, a oferta pública foi superada em trinta e cinco vezes; pessoas enviaram US$ 1,1 bilhão em dinheiro para comprar US$ 28 milhões em ações! Eu não conseguia acreditar no que estava acontecendo. Quando o Conselho viu esse sucesso fenomenal, eles disseram: "Nós nunca vimos nada assim. Você comprou empresas que ninguém queria e conscientemente colocou-as juntas; você ampliou as iniciativas para tornar a combinação atraente para o mercado e, surpreendentemente, ficou massivamente atraente para o mercado".

A Harvard Business School fez um estudo de caso da oferta pública. Meu aprendizado dessa sequência de experiências é que você consegue criar valor em mercados maduros através da combinação de intensidade e inspiração. Nós não chegamos a esse resultado pela forma tradicional de pensar; a precariedade da nossa situação financeira criou uma motivação para raciocinar de forma não convencional e nos levou a um resultado além da imaginação de qualquer um.

O que eu passei de 1975 a 1987 – a morte de meu pai; os bancos me puxando o tapete; a empresa crescendo rapidamente e depois o colapso das nossas iniciativas de crescimento; a repentina perda de confiança dos bancos; o crescimento da empresa através de aquisições e, então, a engenharia da oferta pública altamente bem-sucedida – foi uma quantidade fenomenal de experiências. Fui testado a fogo – uma montanha-russa dramática, muitas vezes de virar o estômago. Nós passamos de bancos não querendo nos emprestar absolutamente nenhum dinheiro no dia anterior à oferta pública para, de repente, US$ 28 milhões de crédito.

Era um tempo de euforia, espanto, celebração e reflexão. Eu, finalmente, tinha a oportunidade de pensar e agir fora de um ambiente de crise. Eu tinha sido moldado pelos desafios que havíamos enfrentado. Agora, a pergunta em minha cabeça era: "Como podemos usar esse dinheiro e tudo o que aprendemos sabiamente para posicionar esta empresa para um

Iniciando a Jornada de Aquisições

futuro forte e seguro?" Eu não tinha mais estômago para nenhum passeio de montanha-russa.

Enxergando o Valor que os Outros Não Viam

O curso tradicional de ação depois do sucesso de nossa oferta pública seria usar esses US$ 28 milhões de crédito que recebemos do resultado da oferta para procurar empresas com boa tecnologia em mercados melhores para apoiar o crescimento. Dada a intensidade da nossa experiência, desde 1983, de viver com dinheiro contado dia após dia e de ser visto como alto risco de crédito, decidi dar um tempo para refletir sobre essa minha jornada e experiências desde 1975, quando meu pai faleceu. Eu sabia que tínhamos aprendido muita coisa durante nossa fase de crescimento dramático, declínio traumático e, depois, do incrível resultado da oferta pública. Iniciei uma série de diálogos com a minha equipe de liderança, e com o benefício da riqueza desses aprendizados, desenhamos uma visão da empresa ideal de máquinas de embalagem – uma que teria um bom equilíbrio entre mercados, produtos e tecnologia. Eu estava convencido de que isso nos ajudaria a evitar os problemas do passado.

Procuramos por empresas que estavam tendo problemas semelhantes aos que vivenciamos na década de 1980. Estávamos confiantes de que poderíamos resolver esses desafios como resolvemos os nossos próprios. Tais empresas são facilmente encontradas no setor de bens de capital, onde ainda existem muitas delas em dificuldades. Felizmente para nós, essas eram empresas nas quais poucos compradores estavam interessados, porque a maioria prefere comprar negócios em crescimento e com finanças fortes.

Das 74 aquisições que fizemos desde 1987 (e continuamos contando), talvez 60 delas tenham sido de empresas com desafios. Conforme íamos implementando nossa estratégia única, trazíamos a mesma atitude positiva que apresentávamos mesmo nos piores momentos e continuávamos a aprender conforme crescíamos. Agora, tínhamos o benefício da estabilidade financeira. Essa estratégia nos permitiu entregar um resultado composto de 16% ao ano ao longo de dezesseis anos – um recorde de criação de valor que se compara favoravelmente à lendária Berkshire Hathaway durante o mesmo período (veja no gráfico).

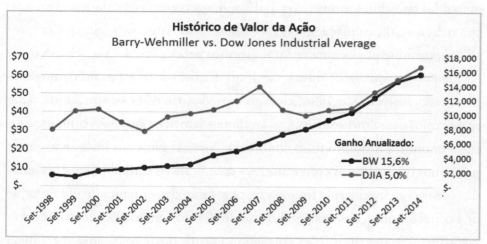

Iniciando a Jornada de Aquisições

A principal chave para esse sucesso tem sido o uso de formas não convencionais de pensamento para identificar valor que a linha tradicional de raciocínio não consegue reconhecer ou captar. Qualquer um pode ver valor em uma empresa com bons gestores, boa tecnologia e boa inovação operando em mercados crescentes. Procurávamos por empresas onde podíamos criar valor através de nossas iniciativas. Achamos profundamente gratificante pegar uma empresa que provavelmente morreria e transformá-la em algo vibrante, lucrativo e duradouro. Os direcionadores únicos de valores que desenvolvemos durante nossos anos de crise foram evoluindo conforme abraçávamos novos desafios a cada nova aquisição.

A Pneumatic Scale foi nosso primeiro alvo de tamanho significativo para aquisição, com US$ 30 milhões de receita. Era uma empresa centenária de capital aberto baseada em Quincy, Massachusetts, perto de Boston, que começou com balanças pneumáticas pesando alimentos em mercadinhos e evoluiu para a construção de máquinas para encher frascos de shampoo e similares. Em 1989, estavam sofrendo com desafios semelhantes aos que enfrentamos e superamos, além de estarem com sérias dificuldades financeiras. Apesar dos donos não estarem interessados em vendê-la, eu tinha tamanha confiança de que poderia ajudá-los a se recuperar através da aplicação do nosso aprendizado que compramos a empresa de forma hostil, a única vez que fizemos isso.

Essa foi a primeira de uma série de aquisições pós-IPO, e cada uma delas com uma história singular. Hoje, temos dez divisões operacionais onde agrupamos nossas aquisições. Continuamos a melhorar nossos direcionadores de valor e ganhamos mais confiança. Nossas primeiras iniciativas, onde podíamos considerar apenas empresas com grandes dificuldades, combinadas com nossa fragilidade financeira, plantaram as sementes de um enfoque único para aquisições que evoluiu ao longo do tempo. De acordo com a KPMG, 77% das aquisições fracassam em alcançar seus objetivos. Nossa

Todos são Importantes

experiência é simplesmente o oposto. Umas poucas aquisições não alcançaram as nossas expectativas, mas continuamos a aprender e aprimorar nossas habilidades a cada experiência. Nós estamos comprometidos com cada negócio que adquirimos, e n**unca vendemos nenhuma empresa durante a nossa história**. Combinado com nossas habilidades aceleradas em crescimento orgânico, este compromisso nos permitiu atingir um recorde excepcional de criação de valor em mercados globais maduros.

O Lado Humano dos Negócios

Na Barry-Wehmiller, eu estava aplicando o que tinha aprendido na escola de negócios, reforçado pelo que havia experimentado no mundo empresarial. Quando a Harvard Business School escreveu um estudo de caso sobre nosso IPO e eu fui convidado a dar palestras nas escolas de negócios, minha apresentação tratava sobre assuntos de estratégia e de encontrar valor onde outras pessoas não conseguiam vê-lo.

Ao mesmo tempo, eu estava dedicado a ser um bom pai e estava me esforçando para aprender as habilidades parentais com a mesma intensidade. Eu me divorciei depois de doze anos de casamento e três filhos e me casei novamente para uma situação "os dela, os meus e os nossos", que traz um grupo exclusivo de desafios. Quando minha esposa Cynthia e eu nos casamos, tomamos muito seriamente a responsabilidade de criar os seis filhos nessa família mista. Eu ia aos eventos do YPO (Young Presidents Organization), onde a maioria das pessoas falava sobre estratégia de mercado ou do setor financeiro, mas estava mais interessado nas sessões sobre como ter um casamento melhor e ser um bom pai.

Eu tratava meu trabalho e minha família como dois desafios separados e não via nenhuma conexão entre meu compromisso de ser um bom

Iniciando a Jornada de Aquisições

marido/pai e um bom líder nos negócios. O lado humano do meu crescimento estava confinado à minha vida pessoal, onde eu estava trabalhando duro para ser um bom gestor das vidas que me haviam sido confiadas. Mas, no trabalho, continuava a ver as pessoas, em grande parte, como objetos e funções. Eu me considerava uma boa pessoa e um otimista, mas quando a questão eram os negócios, eu era muito orientado às finanças e totalmente focado nas medições convencionais de sucesso: lucro, dinheiro e poder. Fazia o que sentia que deveria fazer para ganhar dinheiro; cortar custos, demitir pessoas, fechar fábricas sem me preocupar com as consequências humanas. Afinal, "não era nada pessoal, apenas negócios".

A convergência entre os dois lados da minha vida começou com mais uma aquisição. Em 1997, compramos três empresas com uma receita de US$ 110 milhões da Bemis Company, certamente a maior aquisição de nossa história. A Hayssen era a maior das três, com cerca de US$ 55 milhões em faturamento. Nós a vimos como uma grande oportunidade para diversificar nosso negócio em novas formas de embalagens com um futuro melhor, o que duplicaria nossa receita de US$ 110 milhões para US$ 220 milhões.

A Hayssen tinha uma longa história na área de embalagens flexíveis. Eles haviam enfrentado desafios relacionados à competição global e perda de mercado, o que contribuía para o fraco desempenho financeiro. A empresa tinha uma grande base instalada de equipamentos e servia o mercado global. Meu foco inicial seria a área de atendimento ao cliente, já que eu sentia que melhorias no serviço poderiam construir a fundação para um futuro melhor com a nossa base de clientes existentes.

Em nosso primeiro dia como donos, viajei para a Carolina do Sul para ver como poderíamos reconstruir o negócio. Por volta das 7:30 da manhã, eu estava tomando uma xícara de café, e outras pessoas estavam na cafeteria. Eu não os conhecia e eles não me conheciam. Era março de 1997, e eles estavam falando sobre o March Madness (a final do campeonato

Todos são Importantes

nacional universitário de basquete): que times haviam ganhado na rodada, como cada um estava se saindo nas apostas, como suas categorias estavam desempenhando. Eles claramente estavam se divertindo bastante, independentemente do fato de terem ganho cinco dólares ou perdido vinte.

Eu não estava interessado em um time específico ou no resultado, mas fiquei impressionado com a linguagem corporal deles. Eles estavam extremamente animados e o ambiente ecoava com fortes gargalhadas. Mas notei que, quanto mais nos aproximávamos das oito horas, o entusiasmo e a alegria começavam a desaparecer de seus corpos. Seus ombros caíam e seus rostos ficavam sérios. Todos pareciam murchar diante da perspectiva de ter que "ir trabalhar".

Eu me lembro de ter pensado: "Isso é triste. Por que trabalho não pode ser divertido?" Nós nos preparamos por anos a fio, pagamos uma educação cara, ficamos animados com nosso primeiro emprego. Mas não tarda muito para a excitação desaparecer e o nosso emprego se tornar "trabalho". Pessoas são tão felizes, vibrantes e vivas quando estão se divertindo. Por que não pode ser assim quando estão trabalhando?

Fui andando pelo corredor até a sala de conferência onde eu deveria encontrar a equipe de atendimento ao cliente, que era responsável pela venda de peças de reposição e serviços para nossos clientes atuais. Não tínhamos uma agenda definida; era apenas uma conversa para nos conhecermos e trocar ideias. Mas minha cabeça estava perdida nos pensamentos de quando observei aquelas pessoas se divertindo. Logo após iniciarmos a reunião, eu disse espontaneamente: "Vamos criar um jogo. Aquele que vender mais peças a cada semana vence. Se a equipe alcançar a meta da equipe, a equipe também vence". Eu não havia pensado nisso antes e nunca havia visto isso ser feito.

A resposta foi imediata: "Sr. Chapman, você não entende, isso não vai funcionar aqui. Veja, nós lidamos com diferentes mercados. Alguns de nós lidamos com o mercado de laticínios frescos, outros tratam de salgadinhos,

Iniciando a Jornada de Aquisições

e assim por diante".

Eu disse: "Bom, vamos tentar uma coisa. De agora em diante, cada um vai tratar daquilo que puder, e quem atender o telefone pode pegar o pedido". Isso era perturbador para eles, porque era muito diferente. Eles vieram com objeção atrás de objeção para me convencer de que aquilo não iria funcionar, mas eu conseguia dar uma boa resposta para cada empecilho.

Apesar de toda a apreensão, lançamos o jogo. Havia um componente individual e um componente por equipe. Quem vendesse o maior número de partes na semana ganhava US$ 100. Se a equipe atingisse a meta, todos ganhavam US$ 100. Isso significava que todos tentavam vencer, mas também se sentiam bem ajudando a equipe a vencer. Era dinheiro suficiente para valer a pena vencer, mas não o suficiente para ninguém perder o sono se ficasse para trás.

Treze semanas depois – ao final do primeiro trimestre – eu me encontrei com o grupo novamente. As vendas haviam subido mais de 20%! Eu perguntei: "Eu não entendo. O que aconteceu? Como os pedidos cresceram tanto? Se alguém liga precisando de uma engrenagem, eles não vão comprar duas. Ajudem-me a entender".

O que eles me contaram foi revelador, e se tornou mais um marco na minha jornada de liderança. Um jovem disse: "Sabe Sr. Chapman, você poderia pensar que, no passado, receber um pedido grande era uma boa coisa. Nós não achávamos isso".

Eu disse: "Por que?"

Ele disse: "Bem, quando você recebe um pedido maior, precisa converter em papelada, fazer pesquisa..., é um monte de trabalho! Mas agora, por causa desse jogo, nós vemos cada pedido como uma forma de ganhar, e nós adoramos isso".

Outro jovem disse: "Nós trabalhamos em atendimento ao cliente. Quando o telefone toca, é geralmente alguém querendo algo de nós, re-

Todos são Importantes

clamando de alguma coisa que não enviamos ou alguma coisa que eles precisam e não podemos fazer. Nós mantínhamos nossas cabeças baixas e parecíamos estar ocupados, na esperança de que outra pessoa atendesse aquela ligação. Mas agora, por causa desse jogo, estamos indo até a operadora do PABX para saber como ela decide para quem enviar a ligação. Os clientes não caem mais na caixa postal; eles falam conosco, e estão dizendo: 'Uau! O que está acontecendo aí?'"

Uma jovem disse: "Antes, quando tínhamos um pedido que precisasse de informação da engenharia, preenchíamos um formulário que era enviado para a área e, quando eles nos devolviam, retornávamos para o cliente. Agora, porque nós queremos alcançar a nossa meta, vamos até o departamento de engenharia e dizemos: 'Você poderia me responder essa dúvida agora mesmo?' Nós respondemos para o cliente mais rapidamente. Eles estão dizendo: 'Eu não acredito como vocês responderam isso tão rápido.'"

Esse tipo de conversa com os membros da equipe me proporcionou introspecções incríveis no que poderia ser um fator-chave de criação de valor para nosso negócio. Quando as pessoas começaram a se divertir em suas funções, vimos transformação em suas habilidades de atendimento ao cliente e crescimento na linha de produto. Eu estava adquirindo conhecimentos que nunca havia vivenciado nas aulas de gestão ou na minha jornada de liderança. Os empregados estavam se divertindo todos os dias, individualmente e coletivamente, empenhando-se para dar conta dos desafios de alcançar as suas metas. Eles sabiam qual era o placar a cada dia. Isso se tornou um jogo em vez de trabalho, e as pessoas começaram a usar suas habilidades naturais e a prosperar.

Essa simples ideia de um jogo criou diversão, um senso de propósito e camaradagem. Vencer deu às pessoas satisfação psicológica, além de reconhecimento e recompensas. Trabalho duro e desafios se tornaram mais recompensadores e divertidos. Vimos mudanças no comportamento e nas ati-

Iniciando a Jornada de Aquisições

tudes. As pessoas se gostavam mais e ajudavam umas às outras a vencer. Eles eram mais felizes, mais engajados, e tinham um maior senso de realização.

A típica resposta quando as empresas têm problemas na área de atendimento ao cliente é trazer uma empresa de consultoria para trabalhar com a equipe e ensiná-la a melhor atender o cliente. Nós não demos nenhum treinamento para as pessoas. Apenas demos a elas um jogo, e suas habilidades naturais vieram à tona porque elas estavam se divertindo. Elas não estavam fazendo o que disseram para ser feito; apenas faziam o que precisava ser feito para vencer, e adivinhe o que aconteceu? Os clientes estavam encantados, porque estavam sendo melhor tratados, recebendo serviço mais rápido, respostas instantâneas e melhor seguimento.

A dúvida persistiu por um tempo. "Bem, o problema é que algumas pessoas podem trapacear. Digamos que um pedido grande chegue na sexta-feira: se eles já tiverem alcançado os US$ 100 mil, não entrarão com o pedido até a segunda-feira. Isso é trapacear".

Eu disse: "Isso não é trapacear. Isso é apenas planejamento inteligente de jogo. Deixe-os entrar com o pedido na segunda-feira. Não faz a menor diferença para a empresa quando eles registram o pedido". Pessoas estavam celebrando entre si; algumas equipes até colocaram placares eletrônicos para que todos pudessem sempre saber como estava o desempenho. Membros das equipes passaram a compartilhar sua pontuação, inclusive com suas famílias, que passaram a torcer por eles e perguntar o placar quando chegavam em casa.

Por que temos um placar para os esportes e não para as empresas? Não seria maravilhoso se todos em cada função soubessem a cada instante como está o placar, como está a sua participação e como está a sua equipe? Você vê os jogadores de basquete olharem para o placar o tempo todo porque querem saber como está o jogo. Se estamos atrás, precisamos fazer coisas diferentes do que se estivéssemos na frente. Mas, nos negócios, geralmente não temos ideia do impacto de nossas ações. Muitas pessoas não têm noção

Todos são Importantes

de como estão atuando até o momento de sua avaliação anual, quando lhes damos feedback "construtivo" com dez coisas que poderiam ter feito melhor.

Essa experiência me mostrou que os dons criativos das pessoas estavam sendo suprimidos pelas práticas clássicas de "gestão". Nós inventamos uma técnica simples de liderança que os inspirava a compartilhar plenamente suas virtudes como indivíduos e membros de uma equipe. Nosso aprendizado veio das reuniões com eles e de perguntar: "Como você se sente em relação a esses programas, e como eles mudaram a sua abordagem do trabalho que realiza?" O que as pessoas nos contaram foi incrível!

Decidimos implantar esse programa em outra divisão em Baltimore, onde tivemos uma experiência igualmente dramática. Quando eu entrava, uma placa dizia: "Comprometidos com o sucesso de nossos clientes". Eu disse ao vice-presidente de atendimento ao cliente: "Gostaria de conhecer a sua equipe. O que eu vou encontrar?"

Ele disse: "Você vai encontrar um bando de pessoas frustradas".

Eu falei: "Acabei de ler a placa na entrada que diz: 'Comprometidos com o sucesso de nossos clientes'. Como você pode ter um bando de pessoas frustradas na área de atendimento ao cliente?"

Ele então deu a clássica resposta de um gestor: *"Bem, você sabe Bob, nós provavelmente precisamos eliminar alguns maus elementos, mas ainda não tivemos tempo para isso".*

Eu disse: "Deixe-me conhecê-los". Com base em nossa experiência na Carolina do Sul, a essa altura, estávamos muito confiantes no programa. Eu me encontrei com a equipe e percebi que o VP tinha suavizado o seu comentário. Esse era um grupo **realmente** conflituoso. Era óbvio que eles não gostavam uns dos outros e não gostavam de seus empregos. Era tão ruim que eles nem conseguiam olhar para mim; mantinham a cabeça baixa.

Eu disse: "Pessoal, nós aprendemos a jogar este jogo. É bom para nossos clientes, e vocês se divertirão". Eles não tiveram nenhuma reação.

Iniciando a Jornada de Aquisições

A primeira semana foi um tanto difícil, conforme eles se ajustavam à medição individual e às regras do jogo. As pessoas acusavam umas às outras de roubarem pedidos. Nós tivemos que desenvolver algumas nuances com nossos incentivos; por exemplo, se você vendesse, digamos, mais de US$ 20 mil em um dia, receberia US$ 25, só pelo fato de fazer o pedido no mesmo dia. Um membro da equipe tinha uma atitude particularmente negativa e parecia não gostar do trabalho de forma alguma. Para piorar as coisas, ela tinha acabado de perder a marca dos US$ 20 mil por vários dias seguidos. Um dia, ela estava próxima da marca, em US$ 19 mil. Do nada, um dos outros representantes de atendimento ao cliente disse: "Olha, eu tenho esse pedido de US$ 2.000. E se eu te passasse esse pedido e você alcançasse a marca de US$ 20 mil hoje?" Essa foi uma experiência transformadora: alguém se importou com ela, de modo que ela pudesse receber o prêmio diário, por menor que fosse. Com esse gatilho, e modesto treinamento, a equipe começou a transformação de cínica para entusiasta. A receita começou a crescer de maneira significativa, e a cultura floresceu.

Quando as pessoas conhecem os seus objetivos, são inspiradas a expressar as suas virtudes e descobrem habilidades que nem elas sabiam possuir. O que nós vivenciamos foi diversão alinhada à criação de valor para o indivíduo, para a equipe, para o cliente e para a empresa. Eu voltei para falar com o vice-presidente de atendimento ao cliente após o primeiro trimestre e disse: "O que aconteceu? Essa equipe desmotivada, culturalmente deficiente... eles abraçaram o jogo, ajudaram uns aos outros, eles estão ganhando e estão crescendo as vendas. O que você acha que aconteceu?"

Eu nunca vou me esquecer do que ele disse, porque essa é outra frase clássica que se ouve muito no mundo dos negócios, outro sintoma da enfermidade do mundo dos negócios: _"Eu não imaginava que eles tinham isso dentro deles"_.

Eu ouço isso o tempo todo. O problema é sempre **eles** – "eles não entendem". Qual é o real problema? São "eles" que não entendem, ou os

Todos são Importantes

líderes que não sabem como permitir que as pessoas expressem as suas virtudes plenamente? Líderes nunca dizem: "Sabe, eu provavelmente não fiz um bom trabalho com a minha equipe".

Conforme Mat Whiat, um dos membros de nossa equipe, coloca: "Não existe algo como uma equipe com mau desempenho, apenas líderes com mau desempenho. Busque o problema em círculos concêntricos ao redor de sua mesa".

Eu olhei para o VP e disse: "Sabe, eles tinham isso dentro deles o tempo todo. Você simplesmente não tinha as habilidades de liderança para permitir que eles fossem o que são capazes de ser". Mas não era realmente culpa dele. Afinal, ele estava simplesmente repetindo o que a maior parte dos gestores faz e nunca recebeu orientação sobre como inspirar comportamentos.

Nós começamos a capturar o que estávamos aprendendo sobre inspiração de comportamento alinhado com a criação de valor e aplicamos isso a outras áreas onde identificávamos oportunidades. Em cada caso, vimos o mesmo resultado: Pessoas mudavam dramaticamente em resposta à nossa nova abordagem de inspirar o comportamento desejado, e nós criamos valor adicional para todos os nossos *stakeholders*.

Capítulo 3

| Desenvolvendo o Lado Humano |

As experiências que estávamos tendo abriram nossos olhos para o poder de novas formas de liderar e inspirar pessoas, resultando em profundas mudanças de atitude, desempenho e satisfação. Estávamos impressionados como estas simples ideias faziam as pessoas se sentir e como mudaram seus comportamentos. Estávamos inspirando pessoas a expressarem suas virtudes na direção de metas de criação de valor, mas não esperávamos isso quando começamos; simplesmente perguntávamos: "Por que as empresas não podem ser divertidas?" As pessoas estavam nos mostrando que elas eram capazes de coisas que nem imaginávamos. Só foi preciso uma forma diferente de liderar na qual as pessoas conheciam suas metas e o placar a todo instante e eram inspiradas como indivíduos e como equipes a alcançá-las.

Uma de nossas líderes, Rhonda Spencer, fazia uma apresentação para um grupo de investidores e falava sobre como o projeto em que estávamos trabalhando poderia ter êxito por causa de nossa cultura colaborativa, incluindo o compartilhamento de ideias e melhores práticas. Um deles perguntou: "Até onde vai esse tipo de pensamento em sua organização?"

Rhonda disse: "Nossa, eu não sei". Ela havia crescido profissionalmente na empresa e feito parte da jornada enquanto trabalhava no escritório corporativo em St. Louis. Ela se perguntou como as pessoas da linha de frente da organização ou de aquisições recentes se sentiam em relação à experiência com nossa cultura.

Ao mesmo tempo, eu andava pensando sobre coisas semelhantes. "Existe alguma coisa muito maior acontecendo aqui. O que nós aprende-

Todos são Importantes

mos destas experiências? Como podemos elaborar sobre essas ideias?"

Eu sabia que essas ideias haviam gerado excelentes resultados para a empresa. Mas, lá no fundo, tudo isso surgiu de uma simples pergunta que fizemos para as pessoas: "Como isso te fez sentir?" O que as pessoas compartilharam conosco em resposta a essa pergunta foi incrível e gratificante: o senso de alegria, uma profunda satisfação em poder usar suas virtudes em prol de uma visão comum, o senso de realização, o seu orgulho em compartilhar seus sucessos com a família.

Descobrindo os Princípios Orientadores da Liderança

Decidimos convocar um encontro de vinte pessoas cheias de ideias para buscar os profundos ensinamentos de nossas experiências. Intuitivamente, sentíamos que havia algo maior acontecendo e que precisávamos entender, articular e estruturar. Identificamos um grupo de pessoas de diferentes funções e áreas que acreditávamos poderem refletir sobre a cultura e a empresa. Enviamos previamente um material de leitura sobre liderança e as convidamos para se juntarem ao diálogo. Juntos, tentaríamos entender o que havíamos experimentado e aprendido.

O grupo se reuniu na Flórida. Rhonda e eu falamos a respeito do que as pessoas nos contaram sobre como se sentiram após os jogos e o que isso significava para elas. Os participantes começaram a contribuir com suas próprias experiências e introspecções. Escrevemos todas as ideias em um quadro e discutimos cada palavra em grande detalhe. Gradualmente, começaram a surgir alguns padrões. Após um dia e meio, refletimos e concluímos: "Estes são princípios orientadores da liderança. Estes são os fundamentos da liderança que nunca devemos esquecer. Tudo que fizermos no futuro deve estar em harmonia com estes princípios".

Desenvolvendo o Lado Humano

Princípios Orientadores da Liderança

Medimos o sucesso pela maneira que tocamos as vidas das pessoas.

Uma visão clara e atraente, incorporada a um modelo de negócios sustentável, que promove o desenvolvimento pessoal.

Liderança cria um ambiente dinâmico que:

- É baseado em *confiança*
- Extrai e *celebra* o melhor em cada indivíduo
- Permite que equipes e indivíduos tenham um papel *significativo*
- Inspira um senso de *orgulho*
- *Desafia* indivíduos e equipes
- *Libera* a todos para realizar o "verdadeiro sucesso"

Comunicação positiva e perspicaz empodera os indivíduos e as equipes ao longo da jornada.

Medições permitem que os indivíduos e as equipes relacionem suas contribuições para a realização da visão.

Trate as pessoas de modo *soberbo* e remunere-as de forma justa.

Líderes são chamados para serem visionários, mentores, treinadores, professores e estudantes.

Conforme a sua esfera de influência cresce, assim cresce a sua responsabilidade de *zelar* pelos Princípios Orientadores.

Nós estamos comprometidos com o desenvolvimento pessoal de nossos empregados.

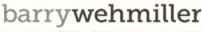

Todos são Importantes

Nossos Princípios Orientadores da Liderança (POL) são destacados com a seguinte frase: "Nós medimos sucesso pela forma que tocamos as vidas das pessoas". Esta frase me ocorreu algumas semanas antes, quando eu estava tentando criar uma mensagem para o final de um vídeo corporativo que estávamos produzindo. A equipe de produção me pediu para definir como eu via o sucesso e que falasse sobre nosso crescimento e lucro.

Isso aconteceu em 2002, pouco depois da Enron declarar falência. A empresa implodiu como um dos maiores escândalos corporativos da história. Ela se tornou a personificação da ganância e da corrupção. Parcialmente por causa da Enron, a reputação dos líderes empresariais afundou abaixo dos advogados e políticos; de fato, era a mais baixa de todas as categorias profissionais. Eu me sentia envergonhado em ser um empresário por causa da imagem criada por essas empresas.

Com a história da Enron fresca em minha mente, eu disse para a equipe de produção do vídeo: "Sabe, nós medimos sucesso de uma maneira errada neste país. Medimos através de desempenho financeiro e crescimento da empresa, e, ainda assim, temos pessoas cujas vidas estão sendo destruídas todos os dias pela maneira que as empresas operam. Nós iremos medir sucesso pela forma que tocamos as vidas das pessoas. **Todas** as pessoas: nossos membros de equipes, nossos clientes, nossos fornecedores, nossos banqueiros. Para cada ação que executamos, precisamos entender o impacto que ela tem em todas as pessoas cujas vidas tocamos. Se cada empresa fizesse isso, o mundo seria um lugar muito melhor do que é hoje".

Então, vim para o nosso diálogo na Flórida com essa ideia. Eu disse: "É simples assim?" Eu a escrevi no quadro como uma frase abrangente, e o restante dos Princípios Orientadores da Liderança veio da equipe que estava na sala naquele dia. Quando terminamos o processo, eu não conseguia acreditar no documento que esse grupo de pessoas cheias de ideias havia criado. Elas haviam se conectado com sua mais profunda natureza

Desenvolvendo o Lado Humano

e instintos naturais humanos; estávamos maravilhados com o poder e a qualidade inspiracional das ideias.

"O documento que criamos exemplificava como queríamos que todos tratassem uns aos outros", relembra Maureen Schloskey, um membro do time de criação dos POL. "Havíamos descrito a 'cultura perfeita' que todos nós desejávamos alcançar. Um dos momentos de maior orgulho da minha vida foi quando me pediram para colocar a minha assinatura no final do documento original dos POL."

Se soubéssemos o quão duradouro aquele documento seria e o impacto que teria na organização, provavelmente o teríamos revisado um pouquinho melhor! Mas sentimos que é necessário que ele exista em sua forma autêntica, com erros gramaticais e tudo mais, porque foi o que escrevemos naquele dia. Desde então, nunca quisemos mudar uma palavra sequer. Ele marcou o momento na história da nossa empresa em que despertamos para aquilo que nascemos para ser, para nosso propósito único no mundo. O documento original foi emoldurado e está pendurado do lado de fora do meu escritório na sede da empresa.

Voltamos para St. Louis com o documento e o encaminhamos para nossos líderes mais antigos. Como não havíamos planejado criar um documento como esse, não sabíamos exatamente o que faríamos com ele. Então, Larry Smith, o presidente da nossa divisão Thiele, enviou para a Rhonda uma cópia da declaração de valores da Enron. O documento incluía uma série de frases estimulantes como: "Não toleramos tratamento abusivo ou desrespeitoso. Crueldade, insensibilidade e arrogância não pertencem aqui. Trabalhamos com nossos clientes atuais e potenciais abertamente, honestamente e com sinceridade".

Pouco depois, Rhonda me desafiou: "A Enron tinha maravilhosas declarações de cultura também. Como isso não será somente algo pendurado na parede?"

Todos são Importantes

Aquilo era um estímulo para pensarmos o que iríamos fazer com a nossa declaração. Era um documento fantástico, mas o que efetivamente significaria para a empresa? Pendurá-lo na parede não alcançaria o coração das pessoas. Poderíamos fazer palestras do topo para baixo na hierarquia e demandar aderência aos princípios escritos, mas teríamos uma grande chance de vê-los ignorados. Será que as pessoas fariam a coisa certa, deixadas à sua própria iniciativa, ou deveríamos observá-las a todo momento para mantê-las na linha?

Eu disse: "Vamos tirar isso da parede e colocar nos corações das pessoas. Faremos isso perguntando a elas o que precisamos fazer para mudar". Assim, comecei a dialogar com grupos de pessoas por toda a empresa – sindicalizados e não sindicalizados, da fábrica, dos escritórios, homens, mulheres, grupos de todas as idades – e falamos das coisas nas quais acreditávamos. Demos o documento para as pessoas e perguntamos: "O que isto significa para você? O que estamos fazendo que não está alinhado com o que dizemos aqui?"

Nossa transformação cultural começou com a construção de um profundo senso de entendimento e posse daquele documento fundamental através daquelas conversas. Elas se provaram tão poderosas que, até hoje, continua sendo a forma como compartilhamos os Princípios Orientadores da Liderança com novos contratados ou com empresas recém-adquiridas. Uma das primeiras coisas que fazemos quando uma nova empresa é comprada é compartilhar esse documento com os novos membros da nossa equipe e conversar sobre o que acreditamos. É a maneira das pessoas em nossa organização de nos chamar a atenção para áreas que estão ficando para trás e pedir por mudanças ou para realizarem as mudanças elas mesmas.

O documento reflete nossos mais altos ideais e aspirações. Não escrevemos naquele dia o que achávamos que já éramos; escrevemos o que acreditávamos que deveríamos ou poderíamos ser. Nossa empresa está em uma jornada sem fim na direção de tornar aquela visão uma realidade. De vez em quando, alguns podem falhar, mas sempre nos perdoamos e reiteramos o compromisso com a nossa visão de sermos os cuidadores das vidas que nos foram confiadas.

Uma nova era no crescimento e evolução em nossa empresa havia começado. O lado humano de nosso negócio estava começando a entrar no foco. Minha vida familiar e meus valores pessoais começaram a migrar de forma natural para a minha abordagem de negócios. As consequências seriam profundas para mim, para o negócio e para todas as vidas que ele tocava, de forma profunda ou superficial.

Vivendo a Mensagem: "Por Que Você Não Confia em Mim?"

Para entrelaçar os Princípios Orientadores da Liderança no tecido da organização, viajamos por nossas unidades de negócio, sentamos com pequenos grupos de membros da equipe para discutir a visão, o significado por trás das palavras, e seus sentimentos em relação a ela. Eu costumava dizer: "É nisso que acreditamos. Conversem disso comigo. Como estamos nos saindo em termos de liderança com esses princípios?"

Muitas pessoas falavam sobre o que elas consideravam a palavra mais importante naquele documento: confiança. Eu me recordo de uma conversa que tive logo no início com Ron Campbell, um veterano de teste de máquinas que estava na empresa há vinte e sete anos. Ron tinha acabado de voltar de uma temporada de três meses em Porto Rico instalando equipamento para a nossa divisão Hayssen Flexible Systems. Ele tinha muito para dizer.

"Antes de mais nada", Ron perguntou, "se eu te contar a verdade, ainda terei o meu emprego amanhã?"

Eu respondi: "Se você tiver algum problema com o que disser hoje,

Todos são Importantes

me dê uma ligada". Acreditando que eu estava sendo sincero e realmente queria saber como ele se sentia, Ron se abriu.

"Bem, eu vejo a palavra 'confiança' no topo deste documento", ele começou. "Entretanto, parece que você confia mais em mim quando não consegue me ver do que quando eu estou aqui. Enquanto estava em Porto Rico, eu era uma espécie de embaixador da empresa, com uma conta de despesas e muita liberdade para realizar o meu trabalho. Fiz o meu trabalho e voltei. Entrei na fábrica na segunda-feira junto com uma senhora que trabalha na contabilidade. Ela virou à esquerda para entrar no escritório e eu segui em frente para a fábrica. Simplesmente assim, tudo mudou. Toda a minha liberdade desapareceu. De repente, havia toda essa desconfiança e controle. Eu sentia que alguém tinha o dedo em mim o tempo todo. Eu tinha que bater o ponto quando chegava, quando saía para o almoço, quando voltava e na hora de ir para casa. Se a senhora da contabilidade quisesse ligar para casa para ver se seus filhos foram para a escola, ela podia simplesmente pegar o telefone e ligar; eu tinha que esperar até a hora do intervalo e usar um telefone público. Se eu tiver uma consulta médica, preciso que meu supervisor assine meu ponto e sou descontado pela ausência; ela simplesmente vai para a sua consulta. Eu tenho que esperar pelo sinal do intervalo para tomar um café ou mesmo para usar o banheiro. Eu entro pela mesma porta que os engenheiros, contadores e outras pessoas que trabalham no escritório. Por que é que quando eles vão para o escritório e eu vou para a fábrica, somos tratados de maneira completamente diferente? Você confia neles para decidirem quando devem tomar café ou ligar para casa, mas não confia em mim. Se você realmente acredita nesses Princípios Orientadores da Liderança, por que você confiaria em mim quando estou em Porto Rico e não confia em mim quando estou aqui?"

Quando ele terminou, eu disse: "Essa é a maneira que sempre trabalhamos na fábrica, e nunca ninguém perguntou por quê".

Desenvolvendo o Lado Humano

"Você vê", explicou Ron, "é mais do que sentir que não confiam em você ou a falta de liberdade. Às vezes, o sino toca quando você está no meio de alguma tarefa que não faz sentido parar. Mas a expectativa é que você deve parar tudo o que está fazendo e fazer uma pausa naquele instante. Se você continuar a trabalhar e voltar um pouco mais tarde do intervalo, as pessoas olham para você como se estivesse atrasado. E se você não sai no intervalo para evitar aqueles olhares, seus colegas acham que está se exibindo".

Fiquei comovido com a sinceridade e a inegável verdade do que ele compartilhou. Essas são práticas arcaicas. Como podíamos tratar nossas pessoas, adultos sérios e responsáveis, com tanto desrespeito e desconfiança? Eu lhe disse: "Você está absolutamente certo. Obrigado por me contar isso. Nós iremos mudar".

Eu me voltei para Paul, o líder de pessoal, e disse: "Por favor, elimine os relógios de ponto e os sinais de intervalo. Amanhã". Paul começou a oferecer uma série de razões pelas quais isso não poderia ser feito. Eu disse: "Nós iremos fazer isso. E vamos fazer isso em todas as nossas operações". Daquele momento em diante, independentemente da porta que utilizem para entrar, nossas pessoas são tratadas exatamente da mesma forma – com a confiança e o respeito que merecem.

Eu me lembro do nosso supervisor de fábrica dizendo: "Meu Deus, isso será um caos na nossa fábrica!"

Eu disse: "Bem, é uma pena que você pense assim. Todo ser humano merece ser tratado com dignidade e respeito".

Logo depois disso, caminhei por uma fábrica com o líder da divisão. Fomos em direção à sala de estoque de peças, que era completamente cercada. Eu disse para Dan: "O que essas pessoas fizeram de errado?"

Ele disse: "O que você quer dizer?"

Eu respondi: "Bem, estou vendo que elas estão trancadas em uma gaiola".

Todos são Importantes

Ele disse: "Não, Bob, elas não estão trancadas. Este é o lugar onde guardamos o estoque".

Eu disse: "Dan, você realmente acredita que as pessoas vão sair desse prédio no final do dia roubando hastes e polias e parafusos? Esse é realmente o ambiente que temos?"

Ele retrucou: "Bem, nós sempre trancamos o estoque. É a coisa responsável a fazer".

Aquela prática declarava aos gritos para nossas pessoas: "Nós não confiamos em vocês". Isso me lembrou das empresas que eu costumava auditar, onde costumavam inspecionar nossas pastas e lancheiras antes de sairmos para ter certeza de que não estávamos roubando nada. Era humilhante. Começamos a eliminar todas essas práticas degradantes e destruidoras de confiança.

Nossos olhos estavam se abrindo para coisas que não havíamos notado antes. Tudo estava acontecendo porque declaramos as nossas crenças de como a liderança deveria ser e começamos a nos desafiar para alinhar nossas práticas com aquelas crenças. Os Princípios Orientadores da Liderança haviam saído da parede e estavam sendo absorvidos no cotidiano da vida da nossa organização.

Cuidado com o Vão

Nós estávamos aprendendo como **inspirar** as pessoas para resolverem problemas ao invés de tirá-las dos problemas. Ideias estavam chegando a mim de forma rápida e furiosa, porque eu estava constantemente em diálogos com as pessoas em todas as partes do mundo sobre o que nós acreditávamos. Meus olhos estavam sendo abertos para as inúmeras práticas tradicionais que eram inconsistentes com os nossos valores recém-articulados.

Desenvolvendo o Lado Humano

A maioria das empresas acredita em seus produtos, valoriza seus clientes e usa suas pessoas para alcançar o sucesso. Nós estávamos deixando claro para todos que acreditávamos primeiramente em nossa equipe e continuamente lhes perguntávamos: "O que podemos fazer para melhor alinhar nossas práticas com os Princípios Orientadores da Liderança?" As pessoas começaram a entender que efetivamente nos importávamos e não estávamos apenas falando da boca para fora, mas **realmente** escutando o que elas estavam nos dizendo. Acolhíamos todas as sugestões e fazíamos mudanças imediatas e tangíveis para alinhar nosso comportamento com o documento que havíamos criado. Nós absolutamente não alteramos o documento – nem uma única palavra.

Os diálogos frequentes com os membros da equipe estavam me impactando profundamente. Eles estavam desafiando muito do que eu fui ensinado nas escolas de negócios e que pensava ter aprendido em minha jornada de liderança. Isso se resumiu a: Eu estava começando a ter um senso de responsabilidade mais profundo em relação às vidas das pessoas de nossas equipes.

Nossas estratégias de negócio estavam funcionando bem e continuávamos a refiná-las. Mas agora havíamos entrado em uma nova fase da nossa jornada, com o despertar do lado cultural. O segundo e ainda mais poderoso motor para energizar o voo da organização estava entrando em operação. Estávamos começando a evoluir na direção de nos tornar uma organização na qual as pessoas realmente importam mais do que qualquer outra coisa e todos os líderes reconhecem o profundo impacto que têm nas vidas daqueles que eles têm o privilégio de liderar.

Expandindo Nosso Impacto Através de Aquisições

Através de nosso sucesso nos últimos vinte e cinco anos, a Barry-

Todos são Importantes

Wehmiller evoluiu para uma empresa que gera uma quantidade significativa de caixa todos os anos. Depois de proporcionar um retorno responsável para nossos acionistas, reinvestimos o dinheiro no negócio, tanto nos existentes, através de atividades como P&D, como nas aquisições. Adquirimos empresas onde nossa experiência pode indicar que podemos criar valor para todos os *stakeholders*.

Empresas são compradas o tempo todo – por razões estratégicas, porque não conseguem sobreviver sozinhas ou porque necessitam de ajuda e capital para executar seus planos de crescimento. Frequentemente, essas negociações são feitas por compradores estratégicos ou financiadores. O foco dos compradores financiadores é, tipicamente, exclusivamente no resultado financeiro. Eles usam engenharia financeira e um foco intenso em espremer custos para gerar lucros rápidos e resultados no menor tempo possível. O que acontece com a empresa – e seus *stakeholders* – no longo prazo, não é uma consideração relevante. Essas transações são tipicamente para **extrair** valor, frequentemente uma troca de soma-zero, na qual outro qualquer paga o preço.

Um tipo de aquisição menos frequente é exemplificado por Warren Buffett, largamente reconhecido pela maestria de **reconhecer** valor potencial. A empresa dele, Berkshire Hathaway, tipicamente compra e mantém empresas por períodos bastante longos, conservando as equipes de liderança intactas e permitindo que elas continuem operando da forma que originalmente as levou ao sucesso.

Nós decidimos por uma abordagem muito diferente. Alguns anos atrás, inspirados e entusiasmados pelo sucesso que estávamos vivendo na Barry-Wehmiller, criamos uma entidade separada de "capital híbrido" chamada Forsyth Capital Investors, que encarregamos com a missão de alavancar nossa experiência na criação de valor fora das fronteiras da plataforma de negócios da Barry-Wehmiller, largamente centrada na área de equipamentos e soluções de engenharia para indústrias como embalagens, papel e conversão, e corrugados. Financiada inteiramente por capital da Barry--Wehmiller, a Forsyth Capital está agora criando novas plataformas de negócio em diversas áreas, começando com equipamento de impressão, serviços de seguro e dispositivos médicos. Beneficiando-se de experiências passadas e comprovadas estratégias operacionais e de aquisição desenvolvidas na Barry-Wehmiller, cada uma dessas plataformas está executando planos de crescimento definidos – orgânicos e aquisições – para se tornar uma mini Barry-Wehmiller em seu próprio âmbito.

Essa é uma abordagem paciente, de propósito, focada em valores e fundamental para a estratégia da Forsyth, que pode ser descrita como "comprar, construir e manter por longo prazo". A mentalidade do comprador financeiro típico é "comprar e passar adiante" e está focada exclusivamente em retornos para o investidor. A Forsyth tem a intenção de criar grandes empresas com ricos legados dos quais as pessoas possam se orgulhar. Ela está mostrando que uma abordagem mais humanizada e holística pode gerar resultados iguais ou até mesmo superiores àqueles produzidos pelos tradicionais investidores privados (*private equity*), sem o uso excessivo de alavancagens, tempo de mercado, demissões em massa e outras táticas financeiras típicas de compradores.

Nosso enfoque na Barry-Wehmiller e na Forsyth é decididamente **construir** valor ao invés de extrair valor. Desenvolvemos a habilidade de ver o potencial para criação de valor onde a maioria não presta atenção, adquirindo empresas em dificuldades muito distantes de seus dias de glória ou com desempenho financeiro bom, mas não alcançando seu completo potencial. Nas empresas mais desiludidas com as quais nos associamos, conseguimos identificar forças que estão dormentes há muito tempo, mas que não foram inteiramente extintas. A chave mágica para destrancar esses potenciais está em mudar a maneira como essas empresas pensam e tratam suas pessoas. Começamos por compartilhar nossos Princípios

Todos são Importantes

Orientadores da Liderança e deixar as pessoas saberem que acreditamos nelas e que iremos construir um futuro melhor juntos.

Começamos a fazer aquisições no início dos anos 1980 com uma mentalidade bastante tradicional, mas nossa abordagem evoluiu a partir do momento em que adotamos os Princípios Orientadores da Liderança. Agora, utilizamos uma abordagem mais holística, com foco na criação de um futuro melhor para todos os *stakeholders* envolvidos na oportunidade. Mais uma adoção do que uma aquisição, essa maneira de pensar coloca muito mais ênfase no lado humano da transação e nos permite propagar nossa mensagem de uma forma mais poderosa ao redor do mundo.

Pessoas Comuns Podem Fazer Coisas Extraordinárias

Muito da nossa cultura empresarial está presa no mito de que o principal gerador de progresso e lucro é encontrar o conjunto certo de gênios. Talvez eles sejam os melhores alunos de MBA das melhores escolas de negócios ou executivos de grande sucesso dos nossos concorrentes, ou talvez as pessoas que sobraram dos desafios de treinamentos que tinham mais intenção de eliminar empregados do que treiná-los. Nossa experiência é completamente diferente. Descobrimos que um grupo de pessoas apaixonadas, experientes, pode facilmente superar qualquer grupo de supostas estrelas. Tudo o que você precisa fazer para libertar o potencial delas é compartilhar uma visão de um futuro melhor e, ao mesmo tempo, deixá-las saber que são importantes, que você as valoriza como seres humanos.

Você não precisa encontrar pessoas "perfeitas". Antes de mais nada, elas não existem! Mas o fato é que toda pessoa é especial; a maioria de nós simplesmente é incapaz de enxergá-las dessa maneira. Ralph Waldo Emerson uma vez disse: "Se as estrelas aparecessem apenas uma vez a cada mil anos,

Desenvolvendo o Lado Humano

como o homem poderia se maravilhar e observar". Nossa cultura é uma onde pessoas comuns todos os dias fazem coisas que nos impressionam e nos inspiram. As pessoas frequentemente falam em eliminar o "jogador B" e substituí-lo pelo "jogador A". Jack Welch mantinha essa prática quando estava no comando da General Electric, demitindo os 10% piores empregados todos os anos e substituindo-os por novos colaboradores, uma prática conhecida como "melhores e piores" (*rank and yank*). Jim Collins escreve sobre a importância de conseguir "as pessoas certas no ônibus". Nós achamos que é muito mais importante ter um ônibus seguro e garantir que a pessoa que o está dirigindo – o líder – saiba como levar as pessoas para um lugar melhor.

Pode ser mais fácil e rápido substituir as pessoas do que desenvolvê-las. Mas a solução humana sustentável não é remover da parte de "baixo" e adicionar na parte de "cima" (que, de qualquer modo, são julgamentos altamente subjetivos); é levar **todo mundo** para cima. No nível social, esta é a única solução viável. Negócios não deveriam ser sobre elites servindo outras elites; deveriam ser sobre dar a todas as nossas pessoas maneiras de desenvolver e expressar suas virtudes únicas. Todas as pessoas têm tais virtudes; grandes líderes sabem como revelá-las.

Claro que existem situações onde as pessoas simplesmente não servem para um determinado trabalho, mas eu descobri que eram raras essas exceções. Lembro-me que, em 1990, Terry Pendleton, o atleta da terceira base do St. Louis Cardinals, não jogou bem, acertando apenas .230. No final do ano, ele foi negociado para o Atlanta. Ficamos felizes em vê-lo partir, mas em 1991 ele se tornou o Jogador Mais Valioso do campeonato (*Most Valuable Player*)! Ele mudou ou foi o impacto de uma liderança diferente associada a uma cultura diferente?

John Stroup, um membro do conselho da Barry-Wehmiller, é o CEO da empresa de capital aberto Belden, com faturamento de US$ 2 bilhões. Ele se maravilha com a nossa abordagem única para com as pessoas: "Se

Todos são Importantes

você está liderando uma grande empresa, você é ensinado que a coisa mais importante no mundo é talento. Geralmente, isso significa contratar os melhores atletas, os mais rápidos, os mais fortes, aqueles que saltam mais alto. De forma alguma, este não tem sido o modus operandi (MO) de Bob. O MO de Bob é: 'Não estou procurando pelos melhores, estou habilitando as pessoas que tenho para serem os melhores que podem ser'. Isso muda completamente a dinâmica de integração de uma aquisição. Se você, como eu, foi ensinado a procurar apenas os melhores, logo após uma aquisição você diz para 30% das pessoas: 'Não precisamos mais de vocês aqui'. Isso é uma experiência cultural bem diferente de "Ei, bem-vindo! Nós queremos ajudá-lo a descobrir como alcançar o seu potencial.'"

Muitas pessoas nos dizem: "Vocês têm excelentes pessoas e líderes nesta empresa". Mas isso tudo é porque entendemos que todos são importantes. Como Simon Sinek, otimista e autor de sucesso de *Start with Why* ("Por Quê? Como Grandes Líderes Inspiram Ação") e de *Leaders eat Last* ("Líderes se Servem por Último"), eloquentemente destaca: "O que nos faz amar nosso emprego não é o trabalho que realizamos, é como nos sentimos quando vamos trabalhar. Sentimo-nos seguros, protegidos; sentimos que alguém quer que alcancemos mais e está nos dando a oportunidade de provar para eles e para nós mesmos que podemos fazer isso. E, a propósito, é bom para a inovação, é bom para o progresso, e é bom para o lucro."[1]

Eu posso lhe garantir melhores resultados para o negócio se você verdadeiramente cuidar de cada um com quem você trabalha. Contudo, como veremos, há muito mais em jogo do que o lucro.

Capítulo 4

| Liderar é Servir |

Era um lindo dia de junho em Aspen, um bucólico cenário para um casamento ao ar livre. Minha esposa e eu nos sentamos sob uma tenda e observamos o pai levar a filha para o altar. As pessoas cochichavam sobre quão bonita a noiva estava. Eu podia sentir fisicamente a alegria que eles estavam sentindo. Já tendo conduzido minhas duas filhas para o altar, eu me identificava profundamente com as emoções que meu amigo estava sentindo quando ele pronunciou as palavras que eu já havia ouvido muitas vezes: "A mãe dela e eu entregamos nossa filha para se casar com este jovem". Ele se sentou e segurou a mão da esposa com alegria enquanto assistiam à cerimônia de casamento.

Em minha mente veio este pensamento: "Eu sei que não é realmente o que ele está pensando. Ele está pensando: 'Escute aqui, meu jovem. A mãe dela e eu trouxemos esta preciosa criança ao mundo. Nós lhe demos todo o amor e apoio que poderíamos dar, e esperamos que você, através deste casamento, possibilite que ela continue sendo tudo o que ela pretende ser. Nós estamos lhe confiando esta sagrada obrigação. Você entende isso, meu jovem?'"

Não é essa a esperança de todo pai que vê a filha se casando? Meus pensamentos foram imediatamente para todas as pessoas que trabalham para nós ao redor do mundo – todas aquelas vidas preciosas, cujos pais também querem que tenham a oportunidade de descobrir, desenvolver, compartilhar e serem apreciados pelas suas virtudes e de viverem vidas com significado e propósito. Eu pensei comigo: "Meu Deus! Nós temos sete mil pessoas e **cada uma delas é o filho precioso de alguém**. Os pais

Todos são Importantes

de todos os membros das nossas equipes não esperam ou imaginam que sejamos cuidadores responsáveis das vidas de seus preciosos filhos?"

Isso ampliou ainda mais a minha mente com a seguinte questão: O que significa ser um melhor cuidador dessas vidas?

—

Nós temos uma crise de liderança neste país e no mundo. Eu fiquei chocado – e como um líder de empresa, envergonhado – ao ver dados sobre isso. Nos Estados Unidos, aproximadamente 88% da força de trabalho, 130 milhões de pessoas, vão para casa todos os dias sentindo que trabalham para uma organização que não as escuta ou se importa com elas.[2] Isso significa sete em cada oito pessoas! Esses são nossos pais e mães, nossos irmãos e irmãs, nossos filhos e filhas; eles têm uma alta probabilidade de trabalhar para uma organização que não se importa com eles como indivíduos, mas, em vez disso, apenas os vê como meras funções ou objetos, como meios para o sucesso da organização. Vivemos em um mundo onde a frase "Graças a Deus é sexta-feira" (*Thank God it's Friday*) se tornou universalmente aceita. Para a maioria das pessoas, trabalho é escravidão, uma provação sem sentido para ser suportada um dia após o outro.

Quando eu estava crescendo na década de 1960, costumavam nos mostrar fotografias de fábricas de papel com lodo derramando e contaminando lindos riachos. Quem dera eu tivesse uma câmera para fotografar as almas das pessoas saindo dos nossos escritórios e fábricas todos os dias; isso faria aquele lodo parecer imaculado.

Estamos destruindo as pessoas e matando nossa cultura porque as mandamos para casa depois de tratá-las como objetos e funções, ao invés de cuidar delas como seres humanos. Queremos que sejam mais engajadas porque queremos que sejam mais produtivas. Queremos mais produtividade delas porque isso cria mais lucros e também cria um futuro melhor para a empresa, mas não cuidamos delas como pessoas.

A boa notícia é que temos o poder para mudar isso e começar a cura amanhã. Precisamos apenas engajar nossas mentes e nossos corações em uma abordagem de liderança que valida o valor de cada indivíduo, uma abordagem na qual todos são importantes. Nossa responsabilidade como líderes, seja em uma empresa, no exército, no governo ou na educação, é criar um ambiente onde as pessoas possam descobrir e desenvolver suas virtudes, compartilhá-las e serem reconhecidas e apreciadas por fazerem isso – o que cria uma oportunidade para que tenham uma vida mais significativa, uma vida de propósito na qual se sintam valorizadas e tenham a chance de ser o que vieram ser na terra.

Liderança é uma responsabilidade fantástica pelas vidas confiadas a você. Aqueles que são confiados com a oportunidade de liderar devem reconhecer que liderança não é sobre o interesse próprio do líder, mas sobre a responsabilidade por algo maior que si próprio. Pessoas vêm a este mundo com virtudes e talentos, cheias de possibilidade e potencial não realizado. Nossa responsabilidade como líderes é ajudá-las a realizar essas possibilidades procurando pelos talentos e bondades que existem nelas e inspirá-las a se tornar o que se destinam a ser. Líderes são chamados para ajudar as pessoas a se se tornarem aquilo que elas vieram fazer na terra como indivíduos e como parte de uma equipe ou comunidade.

Na Barry-Wehmiller, usamos a palavra "cuidador" (*stewardship*) para descrever nossa abordagem para a liderança. Para nós, ser cuidador significa se importar verdadeiramente, ter um profundo senso de responsabilidade pelas vidas que tocamos através da nossa liderança. Essas vidas podem, frequentemente, parecer quebradas, conforme as pessoas sofrem através de culturas tóxicas e lideranças abusivas. Nossa aspiração é curar esse quebrantamento e restaurar as pessoas para sua humanidade plena e satisfeita. Cuidar implica em responsabilidades que vão além da simples ética comercial; significa agir do mais profundo senso de certo. Cuidar também implica em confiança e liberdade de escolha; não estamos forçando ou comandando seguidores, nós os estamos inspirando e guiando. Não se trata do exercício do poder sobre o outro; é uma oportunidade para servir, uma oportunidade para exercer o poder através e com os outros a serviço do bem maior, para a visão e propósito compartilhados da organização, e para aqueles trabalhando nela.

Pessoas São o Nosso Propósito

Nos últimos anos, tem havido uma crescente aceitação da ideia de que as empresas devem ter um propósito mais profundo que vai além de gerar lucro. Por exemplo, o movimento do Capitalismo Consciente cita o propósito maior como um dos quatro pilares ou princípios de uma empresa consciente. Mas o entendimento convencional deste tipo de propósito maior é que ele se relaciona com o negócio da empresa e tipicamente foca nas necessidades dos clientes que atende. Por exemplo, o propósito do Whole Foods Market está centrado na alimentação saudável; o do Google, na organização da informação do mundo e em torná-la facilmente acessível e útil; a rede de varejo The Container Store ajuda você a se organizar, de modo que você se sinta mais no controle e, consequentemente, mais feliz. Enquanto todas essas empresas também cuidam muito bem de suas pessoas, elas são negócios que têm nobres propósitos relacionados ao produto.

Na Barry-Wehmiller, nosso propósito principal nos é claro como um cristal: **Trabalhamos para que todos os membros de nossa equipe tenham uma vida significativa e realizada**. Fazemos tudo o que podemos para criar um ambiente onde nossas pessoas possam realizar suas virtudes, aplicar e desenvolver seus talentos, e ter um senso genuíno de realização por suas contribuições. Em outras palavras, a Barry-Wehmiller trabalha para melhorar vidas. Fazemos isso através da construção de equipamento pesado e oferecendo consultoria de engenharia. Mas isso é o que fazemos e não por que fazemos. Isso simplesmente fornece o veículo, o motor econômico através do qual podemos enriquecer as vidas dos membros de nossa equipe.

Uma analogia útil para esses dois tipos de propósito – relacionado a produto e relacionado a pessoas – são as duas turbinas em um avião. Claro que o avião voa melhor quando as duas turbinas estão operando otimamente. O avião é capaz de voar com apenas uma turbina, mas não irá tão rápido ou tão longe. A chave é ter as duas turbinas, o produto e as pessoas, trabalhando em harmonia com um foco adequado nos dois.

A maior expressão de benevolência pelas corporações deveria ser o cuidado com suas pessoas. Há alguns anos, um autor me disse: "Escrevi um livro sobre filantropia nas corporações americanas. Não está funcionando muito bem".

Eu respondi: "Você sabe o que é triste? Tantas empresas americanas destroem vidas todos os dias, mas ganhamos muito dinheiro e depois nos sentimos muito bem quando assinamos um cheque de US$ 1 milhão para a caridade. Mas eu acredito que estamos criando a necessidade de fazer caridade, pois estamos destruindo as vidas das pessoas que criam a riqueza que nos permite fazer as doações. Eu acredito que a maior caridade é o que podemos fazer no trabalho a cada dia para cuidar das pessoas que foram confiadas a nós".

Logo depois disso, conheci um senhor que tem sido extremamente bem-sucedido como investidor (*private equity*). Ele ouviu um de meus discursos e viajou para jantar comigo. Eu lhe perguntei: "O que te faz sentir bem em relação à sua vida?"

Ele disse: "Eu sou conhecido por minhas doações à universidade que

Todos são Importantes

cursei (*alma mater*), mas o que me faz sentir realmente bem é o meu programa de bolsas de estudo para atletas de minorias".

Eu perguntei: "Quantas pessoas você apoia todos os anos através desse programa?"

Ele respondeu: "Provavelmente seis ou oito".

Eu perguntei novamente: "Quantas pessoas a sua empresa emprega?"

Ele disse: "Provavelmente umas cem mil".

E eu indaguei: "O que você está me dizendo é que você se sente bem ajudando seis ou oito pessoas fora da empresa, mas as cem mil que trabalham para você todos os dias, cujas vidas e felicidade dependem da forma que são tratadas, elas são apenas objetos para a sua riqueza?"

Ele não tinha uma resposta imediata. Ao final do nosso jantar-conversa de três horas, ele disse: "Entendo. Eu pensava que trabalhava para poder fazer o bem. Você faz o bem no trabalho".

A maior dádiva, a maior caridade que podemos retribuir para a sociedade é sermos líderes verdadeiramente humanos que tratam as pessoas sob a nossa liderança com profundo respeito e cuidado, e não como objetos para nosso sucesso e riqueza. Em outras palavras, devemos ver a nós mesmos como cuidadores das vidas que temos a oportunidade de liderar e influenciar.

É exatamente assim que eu penso sobre a paternidade.

Eu acreditei por muito tempo que negócios e paternidade eram totalmente separados, mas a minha jornada pelas décadas de 1980 e 1990 acabou me despertando para a realização de que boa paternidade e boa liderança são virtualmente idênticas. As habilidades da paternidade que aprendi em casa superaram as habilidades gerenciais que me ensinaram na escola de negócios e me lapidaram no início da minha carreira. Isso me levou a perceber que a "gestão" tradicional era a causa raiz de muitos dos problemas nos negócios e, dessa maneira, em famílias, comunidades e sociedade.

Liderança verdadeiramente humana significa mandar as pessoas para

78

casa seguras, saudáveis e realizadas. Se você é um pai ou uma mãe, o que você quer para os seus filhos? Você os quer seguros. Você os quer saudáveis, e você quer vê-los realizados, e você quer que vivam uma vida com significado e propósito. Boa liderança e boa paternidade são, ambas, práticas de cuidar bem de pessoas que lhes foram confiadas. Todos os pais têm um profundo senso de responsabilidade por suas crianças, não importando se são filhos naturais, adotados ou tenham vindo através do casamento. Deveríamos nos sentir da mesma forma em relação àqueles que temos o privilégio de liderar.

O que estou descrevendo não é uma relação paternalista entre pais e filhos, entre uma criança impotente e um pai sabe-tudo, do tipo "deixa eu te dizer o que fazer". É uma relação mutuamente respeitosa e acolhedora, que enxerga o bem-estar e desenvolvimento da pessoa sendo liderada como a suprema obrigação do líder. Todos querem ser valorizados como o filho precioso de alguém, e nenhum adulto quer ser tratado como uma criança.

Obviamente, não se trata de sugerir que alguém não possa ser um líder extraordinário sem ser pai. Nosso ponto é simplesmente que existem similaridades significativas em boa paternidade e boa liderança, como a definimos. As duas tratam de ser um bom cuidador das vidas confiadas a você.

Negócios de Família Versus Família dos Negócios

Negócios familiares são na maioria das vezes disfuncionais, porque seus líderes alcançam posições baseadas no seu relacionamento familiar em vez de suas competências. Ironicamente, muitos negócios de família são os que menos parecem familiares em suas culturas. Isso porque o círculo de cuidado termina na linha genética. Uma ideia mais poderosa e positiva é pensar no negócio como uma família.

Todos são Importantes

Nosso amigo Roy Spence, autor e CEO do The Purpose Institute, acredita que todo local de trabalho deveria ser como uma família:

1. Crie uma família dos negócios: nem toda empresa é um negócio familiar, mas toda empresa pode ser uma família dos negócios, com amor incondicional, perdão e acolhimento.

2. Trate cada empregado da forma que você gostaria que seus filhos fossem tratados onde eles trabalham.

3. Construa uma casa, não apenas um negócio: comece construindo uma casa para a qual você, como o líder, e os membros da sua equipe quisessem voltar todos os dias.

4. Seja um treinador: como um pai ou um líder, siga os modelos comprovados para treinamento excepcional que resultam em crianças/empregados altamente produtivos, responsáveis, confiáveis, leais e cuidadosos.

5. Construa a excelência mútua: encoraje e insista para que cada membro da equipe – todos os membros da família – jogue com seus pontos fortes, de modo que todos tenham a oportunidade de se tornar excelentes no que são bons. Uma família que respeita os pontos fortes de cada indivíduo – que celebra o fato de que, apesar de sermos uma família, nós somos todos diferentes e protegemos uns aos outros em termos de nossas fraquezas – será uma formidável família de negócios.

6. Seja paciente com aqueles que "não entendem": pessoas podem ter

sido abusadas por outros líderes. Dê-lhes espaço e tempo para se curar.

7. Deixe-as crescer e, então, deixe-as ir: deixe as pessoas crescerem para além da sua equipe, se isso for o melhor para elas, assim como os melhores pais fazem com seus filhos. Empodere-as para que se tornem grandes pais para outros.

8. Seja autenticamente humano: divida o pão junto, celebre junto, discuta junto e lamente junto. Seja orgulhosamente "não profissional".

Líderes Devem Inspirar

Eu estava sentado no banco de nossa igreja em St. Louis, onde Edward Salmon Jr., meu mentor de longa data, era o pastor. Já faz muito tempo que sou grande admirador da sabedoria de Ed sobre como viver uma boa vida. Sob sua liderança, nossa igreja era muito forte e sempre cheia. Naquele domingo de manhã, como fazia todo domingo, Ed proferiu um sermão inspirador e edificante, encerrando, como sempre fazia, com: "Deixe a sua luz brilhar".

Eu me recordo de pensar: "Que incrível dom o Ed tem, de ser capaz de estar lá na frente, de pé, toda semana, e nos inspirar para sermos pessoas melhores". Quando me levantei no final da missa, minha mente divagou para outro lugar, igual àquela vez no casamento. Eu disse para minha esposa, Cynthia: "Sabe o que é incrível? Ed fica conosco menos de uma hora por semana, mas nós temos sete mil pessoas sob a influência da nossa liderança por quarenta horas por semana! Temos uma oportunidade profundamente maior do que a igreja para elevar e inspirar as pessoas e moldar as vidas delas pela forma que as lideramos".

Aquela revelação teve um tremendo impacto no meu modo de pensar sobre liderança. Isso nunca me havia ocorrido antes: as pessoas nos dão a dádiva de seu tempo por quarenta horas por semana, e a forma com as tratamos, lideramos e inspiramos (ou não) pode afetar profundamente suas vidas. Eu me imaginei, e também aos nossos outros líderes, em um púlpito todos os dias, todas as horas, por quarenta horas por semana. Isso me fez perceber que a empresa pode ser a força mais poderosa para o bem neste mundo. **Empresas podem transformar o mundo se abraçarem inteiramente a responsabilidade pelas vidas a elas confiadas**. Essa ideia transformadora nasceu no momento em que me levantei do banco e saí da igreja naquele dia.

Comecei a entender o profundo impacto que a liderança poderia ter nas vidas das pessoas que se associam a nós. Juntamente com a experiência do casamento, essa realização me despertou para um senso de responsabilidade mais alto sobre a minha liderança e a preciosidade de cada pessoa que é parte de nossa organização. Daquele dia em diante, com gratidão, abracei a incrível responsabilidade da liderança e jurei usá-la para habilitar todos os membros de nossa equipe para levarem vidas mais completas, ricas e mais realizadas.

Lançando uma Luz na Bondade

Eu estava em um jantar em Phillips, Wisconsin, em 2005. Nós havíamos recentemente criado as equipes dos Princípios Orientadores da Liderança para ajudar a alinhar nossa organização a esses princípios. Uma noite, durante o jantar com os líderes de nossa unidade BW Papersystems em Phillips, Julie Podmolick me disse: "Sabe, Sr. Chapman, você vem e faz suas apresentações que são inspiradoras para todos nós, mas depois você vai embora e nós meio que gravitamos de volta para a gestão em vez da liderança. Você teria alguma ideia de como poderíamos sustentar e aprofundar nossos compromissos a esses ideais?"

Fui atingido por uma ideia simples. Eu disse: "Sou louco por carros. Eu tenho esse carro amarelo maluco, um Chevrolet SSR. Por que eu não o despacho para cá? Você pode colocá-lo do lado de fora da fábrica. Faça os seus colegas indicarem uns aos outros por sua bondade, e depois crie um comitê dos pares para escolher o vencedor. Nós iremos surpreendê-los com o carro, que eles poderão dirigir por toda uma semana. Todos que virem quem está dirigindo saberão que ele foi reconhecido por sua bondade".

Alguns anos mais tarde, o Prêmio SSR POL é uma das coisas mais significativas que fazemos. Agora temos diversos desses carros exclusivos que são despachados por todo o país e concedidos para as pessoas com base em quão bem elas incorporam nossos Princípios Orientadores da Liderança. Eu estava conversando com um senhor que havia ganho o SSR e lhe perguntei: "Como você se sente em ser reconhecido pelos seus colegas pelas suas habilidades de liderança?"

Ele respondeu: "É bom saber que depois de trinta e dois anos eu fiz alguma diferença". Infelizmente, levou trinta e dois anos para reconhecermos as qualidades deste bom homem. Mas não é mais assim hoje em dia. Na Barry-Wehmiller de hoje, reconhecimento e celebração são universais.

Como pai, aprendi que se mais de 50% de seus comentários não são positivos, você está criando um ambiente opressivo para seu filho. Eu vejo a mesma coisa no trabalho. Uma expressão que tenho ouvido com frequência ao longo dessa jornada é: "Eu faço dez coisas certas e não escuto nada, e quando eu cometo um erro, nunca mais escuto o final disso". Isso se aplica às famílias, ao trabalho, a todos os ambientes. (Veja a caixa lateral "'Honestidade Bruta' Ainda é Brutal".)

Reconhecimento e celebração são duas das mais poderosas ferramentas de liderança. Busque a bondade, enalteça-a e diga: "Obrigado por compartilhar a sua bondade".

Isso não é dar bônus para alguém que é mais produtivo, ou dar a esta pessoa uma placa de acrílico para que não precise lhe dar um bônus. Trata-se de recompensar o investimento emocional delas com o seu próprio. Nós damos prêmios para pessoas que realizaram alguma coisa importante para a nossa cultura, não apenas para o resultado financeiro.

"Honestidade Bruta" Ainda é Brutal

Alguns anos atrás, me pediram para falar para a escola de liderança da Força Aérea dos Estados Unidos – divisão de Armas. Voei para Las Vegas, onde eles treinam alguns dos melhores pilotos do mundo. Os líderes da base me convidaram para jantar na véspera de minha apresentação. Eu conhecia muito pouco sobre a Força Aérea ou mesmo os militares, assim, eles me explicaram o que faziam e como faziam. Eles me contaram sobre "honestidade bruta", uma prática da qual eles claramente se orgulhavam muito. A tradição começou nos primórdios da Força Aérea; após cada missão, as pessoas se juntavam na sala de interrogatório (debriefing) para dizer a cada piloto o que eles poderiam ter feito melhor. Eles não guardavam nenhum comentário e criticavam cada detalhe que o piloto havia realizado menos que perfeitamente. A intenção, é claro, é criar a melhor força aérea do mundo para defender a nossa liberdade.

Eu decidi fazer uma pergunta ingênua. Perguntei ao mais articulado dos oficiais: "Se aquele piloto fosse o seu filho, você falaria com ele assim?"

Sem hesitação, ele respondeu: "Não".

> Eu disse: "Bem, você estava falando com o filho de alguém". A sala ficou em silêncio. Finalmente, eu comentei: "Estou apenas curioso. Se um de seus pilotos sair em uma missão amanhã e acertar na mosca, fizer tudo certo, quando ele voltar para a sala de interrogatório, você dirá 'bom trabalho'?"
>
> Veio um outro período de silêncio. Um dos oficiais finalmente disse: "Nós não temos tempo para dizer o que eles fizeram certo".
>
> Eu falei: "Eu não concordo. É opressivo em qualquer ambiente se a única coisa que você fala é negativa".
>
> Um jovem oficial me parou quando eu estava saindo. Ele acabara de reconhecer que tinha levado a "honestidade bruta" para casa e estava criticando seu filho constantemente. Ele me disse, com os olhos marejados: "Hoje à noite, quando for para casa, vou dizer ao meu filho de oito anos tudo o que gosto sobre ele".

Naquela época, não tínhamos percebido que muito do impacto do programa SSR vinha do fato de que as pessoas escreviam sobre a bondade de seus colegas. Mesmo que apenas um fosse selecionado, de cinquenta a setenta e cinco pessoas eram indicadas pelos seus atos de bondade. Os indicados são entrevistados, e nós escrevemos uma nota que é enviada para suas casas contando para suas famílias sobre seus atos de bondade. Os vencedores são celebrados publicamente. Em nossa cultura, agora, as pessoas estão sempre pensando nos atos de bondade de seus colegas, ao invés de ficarem fazendo fofocas sobre suas falhas.

Os vencedores dizem: "Eu não acredito que fui indicado e não acredito que venci". A primeira coisa que eles fazem é ligar para seu cônjuge. Se você escutar essas ligações a quantidade de vezes que eu escutei, você percebe o que eles estão realmente dizendo: "Sabe, você tem muita sorte de estar casado comigo! Eu acabei de ser escolhido entre quatrocentas e

Todos são Importantes

cinquenta pessoas como um líder extraordinário".

A segunda coisa que as pessoas fazem é levar o carro para mostrar para a pessoa mais significante em suas vidas – a mãe deles. Eles apenas querem que ela saiba: "Mãe, eu me saí bem".

Liderança é Cuidar, Inspirar e Celebrar

Com essas descobertas, nossa consciência cultural avançou para uma órbita mais elevada. Tínhamos começado com uma simples ideia: "Por que empresas não podem ser divertidas?" Daí, vimos as pessoas expressarem suas virtudes da maneira mais plena do que jamais havíamos visto e experimentarem uma grande alegria. Depois, despertamos para o fato de que cada um de nós é o filho precioso de alguém. E percebemos que poderíamos ter um maior impacto inspiracional nas pessoas do que qualquer outra organização se fôssemos bons cuidadores de suas vidas – afinal, elas passam quarenta horas por semana conosco.

Essas poderosas introspecções acumularam e logo começaram a se integrar com nossas exclusivas estratégias de negócio de criação de valor. Nós não abraçamos essas ideias porque o nosso negócio tinha problemas ou para tornar a empresa mais rentável; nosso negócio estava indo bem. Não fizemos isso porque queríamos ser reconhecidos como o melhor lugar para se trabalhar na América. Fizemos isso porque nosso profundo senso do que é certo e responsabilidade foi despertado por estas simples, mas profundas, introspecções.

A Crise do Sistema de Saúde
é uma Crise do Cuidar

Você sabia que a taxa de ataques cardíacos cresce 20% nas manhãs de segunda-feira? Esta triste e alarmante realidade foi confirmada por estudos em vários países.[3] De fato, ataques cardíacos são apenas uma das várias respostas ao estresse relacionado ao trabalho. Aqui está uma triste ironia dos nossos tempos: Enquanto menos pessoas são mortas ou sujeitas à violência de qualquer tipo do que em qualquer época na história da humanidade (Steven Pinker documenta isso de forma abrangente em seu livro "The Better of Our Nature"), mais vidas humanas estão sendo esgotadas e encurtadas por causa do trabalho do que nunca antes. Nosso trabalho está literalmente nos matando.

Custos crescentes de cuidado com a saúde são uma crise em muitos países. A cadeia de causas que leva a essa crise está cada vez mais clara. O fator número um de aumento de custos do sistema de saúde são as doenças crônicas, que representam 75% dos custos de saúde nos Estados Unidos, afetando 50% dos adultos, e causam sete de dez mortes a cada ano.[4] O principal fator do crescimento das doenças crônicas é o elevado nível de estresse crônico; estimados 73% dos americanos têm estresse incontrolável em suas vidas.[5] O fator que mais contribui para o estresse elevado é o trabalho: trabalho desumanizado, trabalho no qual as pessoas se sentem desrespeitadas e não valorizadas, trabalho em um ambiente cercado de políticas e fofocas, trabalho onde as pessoas estão sob enorme pressão para entregar resultados de curto prazo a qualquer custo, trabalho onde há uma quase absoluta ausência de cuidado e acolhimento.

Ambientes de trabalho altamente estressantes têm um profundo im-

Todos são Importantes

pacto na saúde mental e física dos empregados. Funcionários trabalhando longas horas ou em horários estranhos têm níveis mais elevados de hipertensão e maior nível de acidentes relacionados ao trabalho. Eles também têm mais problemas de saúde mental, se envolvem com o abuso de substâncias tóxicas, e ficam presos a hábitos não saudáveis como o fumo. Despesas médicas são responsáveis por 60% das falências financeiras pessoais nos Estados Unidos. Claro, tudo isso tem um enorme impacto na saúde das famílias dessas pessoas e nas suas comunidades.[6]

Líderes corporativos em todos os lugares entendem a urgente necessidade de agir. Programas de bem-estar vêm crescendo. A ênfase predominante desses programas tem sido na redução de custos. Mas isso não funciona. Ao invés de focar em reduzir os custos, deveríamos nos concentrar em aumentar o cuidado com as vidas que nos foram confiadas. Se fizermos isso, os custos de saúde certamente se reduzirão além do esperado. Considere os dados do Instituto Gallup, que correlaciona o engajamento dos funcionários e os custos de saúde: somente 22% dos empregados nos EUA estão engajados e prosperando no trabalho. Mas o custo de saúde desse grupo é 41% menor que dos empregados desengajados e 62% menor do que o custo dos quase 20% dos empregados dos EUA que odeiam seu trabalho.[7]

Portanto, a crise da saúde é realmente uma crise de cuidado com o empregado, e o cuidado começa com a liderança. Na Barry-Wehmiller, nossa visão para a saúde de um membro da nossa equipe é "Vivendo bem. Prosperando juntos". Nós inspiramos os membros de nossas equipes a fazerem opções saudáveis de estilo de vida, de modo que possamos todos viver bem e prosperar juntos. Nossas ondas sonoras são repletas de gratidão, apreço e reconhecimento. Nossa organização está prosperando, porque as pessoas sabem e sentem que verdadeiramente cuidamos delas.

Isso foi a fusão de todas as coisas que aprendi. Minha determinação em ser um bom cuidador das crianças que eu trouxe ao mundo começou a se estender para todas as vidas pelas quais eu sou responsável como líder. Não vi nenhuma inconsistência nisso. Por isso, grande parte dos comentários que recebemos das pessoas que participam dos nossos cursos de liderança através da nossa universidade interna está relacionada a como isso afeta a vida de suas famílias. Elas veem que isso é sobre ser um bom cuidador de **todas** as vidas que nós tocamos neste mundo. Conforme um de nossos líderes coloca: "Agora eu posso liderar com meu coração".

O especialista australiano em liderança Kamal Sarma destaca: "Existe um mito que os guerreiros são os melhores líderes. A linguagem diária das empresas está recheada de expressões de guerra: precisamos acertar o prazo de entrega (*deadline*); engajar as linhas de frente; reagrupar as tropas; trabalhar com a equipe; capturar participação de mercado".[8] Nossa abordagem é extremamente bem-sucedida porque nós aproveitamos algo muito mais fundamental para a nossa natureza, que é o oposto do medo: amor. Fred Kofman, autor de "Conscious Business" (Empresa Consciente), escreve, "Amor é forte. É a força mais poderosa no universo. Amor é uma vantagem competitiva. Amor é abundantemente disponível, e permite a criação de um grande valor". A mais poderosa forma de criar e sustentar excelência e realização é liderar em harmonia com o espírito humano.

O que está faltando no mundo do trabalho é um cuidado genuíno com as pessoas. **Cuidar** é uma palavra profunda. Nossa capacidade de dar e receber cuidado é extraordinária, mas rotineiramente desligamos esse lado ou nos impomos severos limites. Somos ensinados a desligar esse canal antes de entrar no ambiente de trabalho; como alternativa, somos convidados a vestir nossa armadura emocional. Fomos condicionados a ver pessoas como funções, e nós tentamos fazer com que elas façam o que queremos para que sejamos bem-sucedidos, não porque nos importamos com elas.

Todos são Importantes

Mas a necessidade humana de cuidar é um propulsor tão poderoso quanto nossa vontade de sobreviver. Como líderes, devemos criar ambientes de trabalho nos quais os membros de nossas equipes se sintam seguros, cuidados e confortáveis em expressarem seu lado humano verdadeiro e pleno.

O relatório de uma recente pesquisa descobriu que "pessoas que trabalham em uma cultura na qual se sentem livres para expressar sua afeição, ternura, cuidado e compaixão umas pelas outras estão mais satisfeitas com seus trabalhos, mais comprometidas com suas organizações e responsáveis pelos seus desempenhos".[9] Expressar emoções não só deveria ser aceitável no local de trabalho, mas acolhido e fomentado. Demonstrar cuidado, bondade e compaixão por nossos colegas de trabalho deveria ser tão natural quanto o cuidado que demonstramos com nossas famílias.

Capítulo 5

| Blindando Nossa Cultura |

A maioria das culturas corporativas é impregnada de medo, fofoca e política. Como o autor e colunista do New York Times Tony Schwartz destaca, um ambiente de medo é altamente tóxico ao nosso bem-estar e à nossa capacidade de funcionar direito: "O combustível mais fundamental, poderoso e duradouro para o desempenho é um sentimento de segurança e confiança – em nós mesmos e no mundo ao nosso redor... A maioria de nós passa a maior porcentagem de nosso tempo acordado no local de trabalho. Mas quanta energia e capacidade desperdiçamos a cada dia nos preocupando em sermos criticados por nosso chefe, em conflito e competição com colegas, ou registrando reclamações de clientes e consumidores? Conforme destacou uma vez o especialista em produtividade Edward Deming: 'Afugente o medo, para que todos possam trabalhar mais produtivamente e eficazmente.'"[10]

Na Barry-Wehmiller, criamos algo extraordinariamente raro: uma cultura quase que completamente desprovida de medo, fofoca e política. Mesmo nossos próprios líderes se maravilham com isso, tendo vivenciado culturas bastante diferentes em outros lugares. Aqui está o que Carol O'Neill, que recentemente se juntou a nós como VP de Estratégia e Iniciativas-Chaves, disse: "Uma das coisas maravilhosas sobre a Barry-Wehmiller é que simplesmente não é a norma apontar as fraquezas dos outros. Isso é uma impressionante diferença cultural com outras empresas. Você vai a qualquer instalação da Barry-Wehmiller e descobre que existe esse espírito de colaboração e respeito entre as pessoas. Isso é verdade em cada interação. Não existem aquelas coisas que você vê em 90% dos ambientes corpo-

Todos são Importantes

rativos, que é como quando o Jim está falando, todos viram os olhos porque ninguém efetivamente respeita o Jim. Não existem fofocas ou politicagens aqui. A fofoca cresce em organizações onde as pessoas no topo estão dispostas a ouvi-la. Mas se ele ou ela não está, isso não vai muito longe. A pessoa falando alguma coisa negativa sobre um colega se sentiria um idiota".

Joe Wilhelm, que lidera o grupo de projeto da Barry-Wehmiller, nosso escritório de consultoria de engenharia, também se maravilha com a cultura positiva que criamos: "Eu trabalhei com muitos clientes. Eu trabalhei para algumas empresas. Posso dizer que existe nenhuma, ou quase nenhuma, politicagem na Barry-Wehmiller. O senso dos líderes de querer apoiar outros líderes e apenas fazer o que é o certo é simplesmente fascinante para mim. Não existem guerras de territórios, não existe 'fique longe dos meus clientes' ou 'saia do meu espaço'. De fato, é o oposto; todos estão sempre pensando: "Como posso ajudar meu colega a se sair melhor?" Bob está sempre focado no comportamento positivo, não permitindo que a energia negativa nos distraia da narrativa maior. É contagioso quando um líder permanece positivo e confiante o tempo todo. Realmente, não se permite tempo para viver no negativo".

Uma cultura assim não acontece por acidente. Como a maioria das coisas na Barry-Wehmiller, isso é o resultado de iniciativas cuidadosamente pensadas e consistentemente implementadas.

—

Até 1997 – que marcamos como o início de nossa jornada cultural, o ano em que percebemos que trabalho pode ser divertido – nós não prestávamos atenção explícita à nossa cultura. Depois que viemos com as ideias de usar jogos para criar uma atmosfera de alegria e competição saudável entre nossos agentes de atendimento ao cliente e pós-vendas, os

Blindando Nossa Cultura

cinco ou seis anos seguintes foram marcados por uma série de novas ideias e experimentos para começar a definir a cultura que queríamos, e para trazer essa cultura à tona em nossa empresa em rápido crescimento. Por fim, criamos a equipe de Empoderamento Organizacional, liderada por Rhonda Spencer, para supervisionar nossas iniciativas culturais.

Nosso desenvolvimento cultural mudou para uma marcha mais alta por causa de uma pergunta significativa. Estávamos em uma viagem e jantando com um pequeno grupo; durante uma pausa na conversa, Brian Wellinghoff, um colaborador recém-contratado para o grupo de Empoderamento Organizacional, me assustou com a seguinte pergunta: "Qual é o seu maior medo, Bob?"

Eu não sou alguém que se debruça sobre medos, então tive que pensar por um minuto. Pensei na minha igreja, que havia crescido dramaticamente sob meu mentor, Ed Salmon. Quando Ed partiu para ser o bispo da Carolina do Sul, a paróquia entrou em um declínio dramático. Vi comportamentos que eu não podia acreditar. Nossa paróquia, que parecia tão forte, agora estava caindo aos pedaços, apesar da força de nossa fé, apenas porque nosso pastor saiu para seguir um chamado mais alto.

Então, eu disse para Brian, muito simplesmente, mas com grande emoção: "Minha maior preocupação é que aquilo que estamos desenvolvendo aqui não sobreviva além de mim. Nós podemos construir algo grande que é muito dependente de mim. Se alguma coisa acontecesse comigo, isso poderia se despedaçar". Intuitivamente, eu sabia que não poderíamos deixar que a jornada cultural fosse "dependente de Bob Chapman". Ela deveria ser completamente assumida por nossos líderes agora e no futuro para ser sustentável.

Acredito que as ideias que nos levaram a começar nessa jornada vieram através de mim, e não de mim. Precisávamos criar uma forma de nossa abordagem da liderança seguir viva e continuar a evoluir além do meu tempo.

Todos são Importantes

Como muitos líderes apaixonados, às vezes eu chego como um tornado cultural. Isso agita as coisas, inspira as pessoas e as ajuda a olhar as coisas de novas maneiras. Mas percebemos que, para criar um legado duradouro, não poderíamos apenas confiar em alguns poucos momentos de inspiração.

Rhonda Spencer relembra: "Para a equipe de Empoderamento Organizacional, ouvir a resposta de Bob à pergunta de Brian colocou nosso papel em perspectiva. Como poderíamos assegurar que o que estávamos fazendo era sustentável? Qual seria o legado desse negócio? Isso esclarecia qual deveria ser o nosso papel. Devemos focar no legado deste negócio. Portanto, nos tornamos muito mais sistemáticos no que estávamos fazendo".

Isso marcou o início de um período de intenso foco na criação da disciplina e estrutura ao redor das coisas que estávamos fazendo. Nenhuma parte crítica do nosso negócio é deixada ao acaso, e a nossa cultura evolutiva também não seria.

Duas iniciativas culturais críticas cresceram da percepção que deveríamos perseguir com disciplina e propósito aquilo em que acreditávamos: nossa jornada L3, em 2006, seguida pela Universidade Barry-Wehmiller, em 2008.

Enxuta e Serena: Melhorias Contínuas para as Pessoas

Nosso primeiro imperativo foi encontrar as melhores formas dos Princípios Orientadores da Liderança impactarem cada preciosa vida em nossa empresa. Apesar da empresa haver adotado largamente as ideias de "medir o sucesso pela forma que tocamos a vida das pessoas", ainda estávamos expandindo a ideia do que o sucesso realmente significava para nós. Queríamos avançar além do sucesso temporário para significado duradouro. Mas sentíamos que não poderíamos alcançar o significado duradouro a menos que a liderança verdadeiramente humanizada não fosse apenas um programa ou um valor declarado, mas um aspecto universal de nossa cultura.

Até então, nossas iniciativas culturais tinham sido largamente focadas nas pessoas em vendas ou atendimento ao cliente. Apesar de havermos envolvido pessoas de outras áreas da organização nas discussões sobre os Princípios Orientadores da Liderança, e feito várias mudanças no lado operacional em resposta às lacunas que nos eram apontadas, sentíamos que ainda não havíamos feito o suficiente para levar a cultura para os 75% das nossas pessoas que trabalhavam em operações. Decidimos que a melhor forma de fazer isso seria adaptar a renomada metodologia da Toyota de Manufatura Enxuta (*Lean Manufacturing*) para o empoderamento das equipes e o processo de melhoria contínua – com uma diferença crítica: Virtualmente todas as organizações que adotam a Manufatura Enxuta o fazem para cortar custos e melhorar os lucros, mas nós queríamos usá-la como uma forma de propagar mais amplamente nossa cultura focada nas pessoas pela nossa organização.

Agendamos uma reunião de lançamento em Green Bay com um grupo de líderes seniores para aprender sobre Manufatura Enxuta e começar nossa jornada de melhoria contínua. Na primeira tarde, um consultor fez uma apresentação sobre a metodologia. Após quarenta e cinco minutos, me levantei e saí da sala frustrado. A apresentação era toda sobre as justificativas para trazer essas ferramentas para a organização porque ajudariam a melhorar o resultado financeiro da empresa e reduzir a mão de obra. O apresentador efetivamente falou estas palavras: "Isso vai ajudá-lo a tirar mais proveito das pessoas". Foi aí que eu saí da sala.

Brian saiu nervoso atrás de mim, olhando para trás para ver se o apresentador ainda estava falando. "Então, o que está acontecendo?"

Com fogo na minha voz, eu disse: "Brian, nós nunca teremos uma jornada Lean como essa em nossa organização. Nós não vamos sugar a vida das pessoas e tirar vantagem delas dessa forma. Vamos criar uma cultura

Lean focada nas pessoas ou não faremos isso de forma alguma".

Eu havia deixado claro que a nossa versão de Lean tinha que ser sobre pessoas. Eu havia estudado isso o suficiente para saber que a maioria das empresas que começou nessa jornada não conseguiu se tornar uma empresa enxuta. Eu havia ido a Boston para me encontrar com Jim Womack, que escreveu o livro "A Máquina que Mudou o Mundo" (*The Machine that Changed the World*) e fundou o Lean Enterprises Institute. Jim me disse: "Bob, eu não acredito que escrevi esse livro que está rodando o mundo, que uma quantidade enorme de organizações está adotando". Depois ele completou com as seguintes palavras: "Eu não posso acreditar que isso não mudou o mundo".

Para mim, o motivo era óbvio. Lean se transformou em algo focado em números, em eliminação do desperdício. Alguém realmente acredita que os membros de uma equipe são inspirados pelo conceito de eliminação de desperdícios? Quando as pessoas escutam isso, elas se preocupam que elas possam ser consideradas parte do desperdício que é eliminado. O verdadeiro poder do que Jim estudou e articulou em seu livro é que a metodologia criou um processo para escutar os membros da equipe e validar o seu conhecimento e habilidade de contribuir. Lean pode dar poder às pessoas para assumir a direção de seu próprio trabalho e, por extensão, de suas próprias vidas. Isso pode fazer mais para mudar a qualidade de vida no trabalho do que qualquer outra coisa – contanto que seja implementado da forma correta.

Eu disse: "Nós não iremos nessa direção. Vamos na direção da prosperidade humana". Por fim, decidimos adotar um novo nome para descrever a nossa versão de Lean. Nós a chamamos de Legado Vivo da Liderança (*Living Legacy of Leadership*), ou L3: práticas de liderança tão profundas que passam pelo teste dos tempos. L3 é sobre engajar as mentes, os corações e as mãos das pessoas na criação de seu próprio futuro, modelando ativamente o legado da empresa todos os dias.

Nós nos referimos às melhorias contínuas como sendo a droga porta de entrada para o engajamento e a realização. Somos provavelmente a única empresa no mundo que começou a jornada de melhoria contínua especificamente para trazer nossa cultura centrada em pessoas para os membros de nossas equipes.

—

Ao embarcarmos nessa jornada para trazer ideias de Lean para nossa organização através de nossa cultura e crenças únicas, rapidamente atingimos um obstáculo. Nossas pessoas haviam crescido em um ambiente de chefes e supervisores. Elas não tinham a menor ideia de como liderar nesse novo ambiente do L3.

Percebemos que precisávamos definir nossos princípios de liderança e ensinar nossos líderes a vivê-los. Além de simplesmente ensinar estratégias e táticas, nós queríamos criar uma experiência transformacional, uma que poderia criar uma duradoura mudança pessoal e organizacional. Isso se tornou o ponto de partida para a Universidade Barry-Wehmiller, que se tornou o eixo ao redor do qual nossa cultura evolui e cresce. Nós a consideramos uma de nossas realizações de maior orgulho. Cada curso que ministramos se torna uma experiência transformadora nas vidas daqueles que participam. E, o mais importante, cada curso tem um impacto na vida pessoal que normalmente é muito mais poderoso e imediato do que o impacto que na vida profissional. Descreveremos a experiência com a Universidade Barry-Wehmiller mais adiante neste livro.

O Efeito Cascata do Cuidar

De volta à sessão de Green Bay com os presidentes, os VPs e o consultor.

Craig Compton, nosso VP de operações da PCMC em Green Bay, havia me enviado uma mensagem na noite anterior dizendo: "Bob, em algum momento amanhã, você poderia ir até a fábrica e falar com esse grupo de pessoas que voluntariamente assumiu uma iniciativa de Lean para um grande projeto da Procter & Gamble e conseguiu resultados incríveis. Seria bom reconhecê-los e deixá-los contar sobre isso".

Eu respondi: "Por que você não pede para eles virem para a reunião de amanhã? Eles podem contar para todos".

Eles entraram na reunião na manhã seguinte com nenhum conhecimento de que seriam convidados a falar na frente de todos os nossos presidentes e VPs de operações. A equipe era constituída de três pessoas, dois sindicalizados e um não. Eles contaram como chegaram a ideias para reduzir estoques, melhorar tempo de produção, reduzir custos, melhorar a qualidade, alcançar melhores tempos de entrega, e assim por diante – todas as métricas usuais de Lean. Todas essas iniciativas tinham levado a uma melhoria significativa do desempenho.

Quando terminaram, perguntei a Steve Barlament, um membro da equipe de manufatura que eu nunca havia encontrado antes, algo que me surgiu do nada: "Steve, como isso afetou a sua vida?"

Agora, esse senhor que não estava preparado para entrar na reunião e falar na frente de todos os nossos presidentes, e certamente não estava pronto para que o Presidente do Conselho da empresa lhe perguntasse como isso tinha afetado a sua vida. Mas, sem titubear, ele disse algo que foi transformador para mim pessoalmente e para toda nossa jornada cultural. Ele disse: "Minha esposa agora conversa mais comigo".

O maravilhoso disso é que não foi ensaiado, foi espontâneo e verdadeiro. Ele continuou: "Você consegue imaginar o que é isso, Bob, trabalhar em um lugar onde você aparece toda manhã, bate o ponto, vai para a sua posição de trabalho, dizem para você o que deve fazer, você não recebe as

Blindando Nossa Cultura

ferramentas para fazer o que precisa fazer, mesmo assim consegue fazer dez coisas bem feitas e ninguém fala uma palavra, e você faz uma coisa errada e é repreendido? Você faz uma pergunta que demoram uma semana para responder. Eles reclamam do seu salário ou dos seus benefícios. Você sabe como é ir para casa à noite para a sua família? Você se sente muito vazio. Eu costumava jogar meu chapéu pela porta antes de entrar. Se ele fosse jogado de volta para fora, eu ia até o bar para tomar umas cervejas. Se meu chapéu ficasse dentro, eu entraria para ver a minha família. Percebo agora, em retrospecto, que quando eu não estava me sentindo bem comigo mesmo, não era agradável para as pessoas ao meu redor. Isso era basicamente todo dia. Mas desde que começamos esse programa L3, comecei a fazer parte de melhorar as coisas. As pessoas me perguntam o que eu penso; elas escutam o que falo, e eu efetivamente tenho uma chance de impactar as coisas, inclusive meu próprio trabalho. A forma como configuramos o novo fluxo de montagem realmente funciona, e eu posso ir para casa sentindo que fiz um bom trabalho, não desperdicei o dia correndo atrás de peças ou me ressentindo. Quando me sinto respeitado e sei que tive um bom dia de trabalho, eu me sinto muito bem, e quando me sinto melhor em relação a mim, sou mais gentil com a minha esposa, e você sabe o que é mais incrível? Quando sou mais gentil com minha esposa, ela conversa comigo".

Quando tantas pessoas voltam para casa a cada noite se sentindo desvalorizadas, não é nenhuma surpresa que hoje em dia vejamos tanto conflito nas famílias e nas comunidades. Nós nas empresas estamos criando esse problema, porque vemos as pessoas como objetos para nosso sucesso e não como preciosos seres humanos. Se mandarmos Steve para casa sentindo-se melhor em relação a si próprio e, consequentemente, ele tiver um relacionamento melhor com sua esposa, seus filhos verão o modelo de comportamento de seus pais e serão crianças que crescerão mais felizes e prósperas. É assim que podemos começar a curar nosso quebrantamento: mandando as pessoas para casa como melhores cônjuges, pais, filhos, amigos e cidadãos de suas comunidades.

Hoje, muitas empresas têm uma influência tóxica no bem-estar dos membros de suas equipes e suas famílias. Lamentamos o que está acontecendo com a nossa juventude no mundo, contudo, nós, no mundo dos negócios, persistimos em mandar as pessoas para casa quebradas, e lá eles batalham com seus casamentos e filhos.

Muitos líderes de empresas acreditam que as pessoas deveriam ser gratas e felizes simplesmente por terem um emprego. Mas o fato gritante é que a **forma como tratamos as pessoas no trabalho afeta a forma como elas se sentem e como tratam as pessoas em suas vidas**. Nós subordinamos as pessoas à nossa liderança, boa e ruim, por quarenta horas por semana, e quando elas vão para casa, isso afeta a forma como tratam os outros.

O autor e professor de negócios Srikumar Rao comentou: "Eu visito empresas com frequência e eles dizem: 'Sabe, nós realmente queremos que nossos empregados sejam felizes'. O que eles querem dizer é 'Nós queremos que nossos empregados sejam felizes para que nós alcancemos nossos resultados'. Pessoas são tratadas como mecanismos. Foi maravilhoso ver que o objetivo aqui é: 'Nós queremos que nossas pessoas sejam felizes no trabalho, e queremos que elas levem esse bem-estar para casa para seus relacionamentos com seus cônjuges e com seus filhos. Queremos isso porque é bom para eles e suas famílias; é a coisa certa para fazer.'"

Recentemente, fomos anfitriões de um evento para os melhores executivos de vendas da Barry-Wehmiller. Eles e seus cônjuges foram reunidos para celebrar suas contribuições para o sucesso da organização. Antes do jantar de comemoração, nos sentamos com o grupo para ouvir suas ideias de como as coisas estavam evoluindo. Os executivos de vendas falaram sobre o quanto eles apreciavam nossos programas motivacionais e de in-

Blindando Nossa Cultura

centivo. Eles também estavam agradecidos pelo reconhecimento por suas contribuições. Falaram sobre a cultura de cuidado e a responsabilidade que eles sentiam pela organização e pelos outros.

Nós, então, perguntamos aos cônjuges como eles se sentiam. Keri, cujo marido, John Kasel, se juntou à nossa subsidiária Northern Engraving/PCMC onze anos atrás, compartilhou o seguinte: "A atitude de John é completamente diferente do que era com a empresa anterior. Você sabe como é quando volta para casa de mau humor. Você chuta o cachorro, o cachorro morde o gato, e assim por diante. O efeito cascata do mau humor é tremendo. E era como costumava ser. Agora, ele volta para casa feliz, mais realizado. E, por causa disso, estamos todos felizes".

Esse é o efeito cascata de cuidar, o poder do contágio emocional. Claro, é fácil celebrar o sucesso quando se é bem-sucedido. A verdadeira conquista é relembrar suas crenças quando a situação fica difícil, e quando todos os outros estão se movendo em uma direção diferente.

Quando a Grande Recessão de 2008-2009 nos atingiu, alguma coisa tinha que ser sacrificada, e não poderia ser nossa estabilidade financeira como empresa. Teríamos que fazer sacrifícios para sobreviver, e os sacrifícios que faríamos iriam nos definir.

Contágio Emocional

Contágio emocional é a transmissão inconsciente de ações ou emoções de um indivíduo para o outro. Pessoas são "indutores de humor ambulantes", continuamente influenciando os julgamentos e comportamentos dos outros." Elaine Hatfield, a líder acadêmica nesta área, diz: "Todas as emoções – alegria, medo, tristeza e estresse – se mostraram contagiosas".

Todos são Importantes

O comportamento positivo, assim como o negativo, é contagioso, embora as emoções negativas sejam mais contagiosas que as emoções felizes. Em casamentos, que são alicerçados em emoções, ter um cônjuge deprimido, sombrio, ou estressado tem um forte impacto no parceiro.[12]

Algumas pessoas são mais aptas a absorver emoções que outras, e algumas pessoas são muito melhores em transmitir suas emoções que as outras. Mulheres são mais suscetíveis ao contágio emocional que os homens, por razões biológicas e sociais. Também são normalmente melhores em decodificar comunicação não verbal e são socializadas para serem emocionalmente receptivas e expressivas.[13]

O contágio emocional é considerado por alguns biólogos como sendo os blocos de construção da interação humana, e os efeitos e consequências do contágio são significativos. Mesmo assim, a consciência do contágio é muito baixa. As pessoas não têm consciência da influência que as emoções dos outros têm nas suas próprias emoções e comportamentos, e frequentemente não percebem quando o processo está acontecendo. Quando questionadas em estudos de pesquisa, poucas pessoas atribuem o humor dos outros como um fator em suas próprias emoções.[14]

Acreditava-se que o contágio emocional ocorria somente entre indivíduos interagindo entre si. Contudo, estudos comprovaram que o contágio emocional também influencia dinâmicas de grupo, e pode levar à melhoria na cooperação, redução de conflitos, e aprimoramento no desempenho de tarefas.[15]

Contágio emocional no ambiente de trabalho é uma grande questão. Deve ser analisado em termos de emoções positivas e negativas, e em termos das interações entre líderes e membros da equipe. Sigal Barsade, um acadêmico de destaque nesta área, nota: "É importante não apenas que os líderes sejam capazes de transmitir suas emoções para seus seguidores, mas também estarem emocionalmente sintonizados para serem influenciados por seus seguidores, de modo a verdadeiramente entenderem, empoderarem e liderarem a equipe... As pessoas não vivem em ilhas emocionais, mas, ao contrário, membros do grupo experimentam humores no trabalho, esses humores se propagam e, no processo, influenciam não só as emoções dos outros membros, mas a dinâmica do grupo e as percepções, atitudes e comportamentos individuais também. Deste modo, o contágio emocional, através de sua influência direta e indireta nas emoções, julgamentos e comportamentos de empregados e equipes de trabalho pode levar a um sutil, mas importante, efeito cascata nos grupos e nas organizações".[16]

Existe uma quantidade impressionante de evidências de que vivenciar e expressar emoções e humor positivos tende a melhorar o desempenho no nível individual.[17]

Há maneiras de controlar o contágio comportamental. Se você estiver consciente da ocorrência do contágio comportamental, pode começar a controlá-lo. Um exemplo disso seria os pais dizendo para si próprios que suas interações ruins com o chefe não deveriam afetar a forma como tratam seus filhos. Em geral, as pessoas não são muito boas em controlar as suas emoções, conseguindo fazer isso apenas em golfadas.

Capítulo 6

| O Teste de Nossa Cultura |

té a década de 1980, era raro que as empresas utilizassem demissões para equilibrar as contas, ou como Simon Sinek coloca, "usar as pessoas como forragem para assegurar os resultados de curto prazo". Na década de 1990, *downsizing* tornou-se uma expressão popular. Para as empresas de capital aberto, anúncios de demissões em massa eram frequentemente seguidos de um salto no valor das ações, uma vez que seus investidores celebravam que essas empresas "obesas" cortavam "funcionários desnecessários".

Rightsizing (tamanho certo), *de-layering* (reestratificação), reengenharia organizacional, *streamlining* (racionalização), estes são alguns dos outros eufemismos para a agora rotineira prática de negócios de eliminar empregos para melhorar o lucro. *Downsizing* (diminuição do tamanho) tornou-se uma resposta reflexa para a adversidade no mundo dos negócios – como bater no joelho e ver a sua perna chutar – para preservar desempenho financeiro, aumentar a confiança do investidor e impulsionar o valor da ação. Sabemos de uma empresa que deliberadamente contrata pessoas em excesso em épocas boas para que possa demiti-las e impulsionar o preço das ações quando desejar. Outras empresas tentam criar paliativos para o choque das demissões dando aos empregados demitidos opções de ações para que eles possam se beneficiar da subida de preço que suas saídas provavelmente causarão.

Simon Sinek expressa desta maneira: "Nas forças armadas, eles dão medalhas para aqueles que estão dispostos a sacrificar suas vidas para o ganho dos outros. Nas empresas, nós damos bônus para aqueles dispostos

Todos são Importantes

a sacrificar os outros para que eles ganhem".

Nossa sociedade usa muitas palavras suaves para disfarçar ações rudes. Uma vez, depois de fazer uma palestra em uma base da Força Aérea, perguntei ao coronel em comando: "Estou curioso. Como você ensina esses jovens homens e mulheres a matar alguém?"

Ele pensou por um minuto e disse: "Bem, nós não os ensinamos a matar pessoas; ensinamos a eliminar os alvos que tomaram decisões ruins".

Eu disse: "Bem, vou para o inferno. Nós fazemos o mesmo nas empresas. Chamamos de *downsizing* ou demissões em massa. Nós não dizemos: 'Estamos destruindo a vida de quinze pessoas hoje.'"

Executivos raramente assumem responsabilidade incondicional pelas demissões. As justificativas mais comuns sempre são condições de mercado adversas, erros da gestão anterior, ou forças fora dos seus controles. Seria inusitado ouvir um executivo sênior dizer: "Nós realmente não conseguimos acertar. Cometemos um monte de erros em nossas suposições sobre o negócio e o mercado, e, infelizmente, nossas pessoas terão que pagar pelos nossos erros".

Você raramente escuta os líderes falarem com compaixão sobre o impacto das demissões nas vidas dos indivíduos e suas famílias depois que a empresa os manda para casa com dano em sua autoestima e dramática perda de renda. Oitenta por cento das pessoas relatam impacto negativo em sua saúde dentro de um ano da demissão, e o risco de morte sobe de 44% para 100%. A frequência de ausências por doença dobra nas empresas que passam por demissões em massa.[18]

Eu frequentemente pergunto para várias audiências: "Quantos de vocês já foram demitidos?" Geralmente, um terço das pessoas levanta a mão. Eu pergunto: "Como você se sentiu?"

As emoções começam a extravasar: "Foi o pior dia da minha vida. É uma grande rejeição. Falaram para eu limpar a minha mesa até as cinco horas da tarde e ir ao departamento pessoal para receber meu pagamento final. Eles disseram: 'Você já era, não precisamos mais de você; não podemos mais pagá-lo'. Depois, eu tive que ir para casa e dar a notícia para minha família. A vergonha que senti era quase insuportável. Eu tive que dizer para eles: 'Eu não sei como iremos pagar o financiamento da nossa casa, do carro, a mensalidade da escola. Eu não sei o que vou fazer, porque ninguém está contratando'".

É ainda mais raro para as empresas considerarem o impacto naqueles que permanecem na organização, mas testemunharam a devastação e o tratamento vergonhoso das pessoas com quem trabalhavam. É difícil avaliar a extensão de tal "dano colateral". Meu filho Scott estava trabalhando como consultor em uma empresa quando eles passaram por demissões em massa. Ele não foi cortado, mas muitas das pessoas que costumavam sentar ao seu lado foram. Ele conhecia bem seus colegas e suas famílias e ficou completamente desmoralizado, assim como muitos outros na empresa. Em situações assim, aqueles que ficaram para trás mudam para o modo de sobrevivência; paixão, criatividade, otimismo e cuidado voam pela janela.

Respondendo Como Uma Família que Cuida

De meados até o final da década de 2000, a Barry-Wehmiller estava crescendo rápida e lucrativamente. Eu estava fora em diálogos sobre os Princípios Orientadores da Liderança com pessoas em toda parte do país e também na Europa. Toda vez que adquiríamos uma nova empresa, eu me reunia com as pessoas e conversava sobre as nossas crenças e o que eles poderiam esperar agora que faziam parte da família Barry-Wehmiller.

Quando você fala sobre algo repetidamente e genuinamente, isso se torna parte integral de você. Essas não eram mais apenas palavras para

Todos são Importantes

mim. Nos anos que precederam a recessão de 2008-2009 – vários anos de disseminação dos nossos Princípios Orientadores da Liderança, e logo depois que lançamos a Universidade Barry-Wehmiller – eu sentia isso profundamente. Nossa cultura estava em harmonia com quem eu queria que fôssemos, com a minha fé, e com a minha paternidade. Tudo na minha vida parecia estar alinhado. Era um sentimento impagável.

Então, fomos atingidos pela pior crise econômica de nossa vida. As notícias nas páginas de economia eram incessantemente sombrias; o país e, de fato, muito do mundo, estava mergulhado na pior recessão desde a Grande Depressão dos anos 1930. O impensável estava se tornando lugar comum. Várias grandes instituições financeiras estavam à beira de um colapso total, governos nacionais ao redor do mundo tiveram que resgatar os bancos de forma massiva, e as bolsas de valores estavam despencando em todas as partes. O mercado habitacional entrou em colapso como um balão furado, e a riqueza dos consumidores declinou em trilhões de dólares. Em outubro de 2009, a taxa de desemprego dos EUA alcançou 10,1%, praticamente o dobro do nível anterior à crise. Na época, uma pessoa mediana estava trabalhando somente trinta e três horas por semana, o menor índice desde que o governo começou a coletar essa informação em 1964.[19]

Claro que a nossa empresa já tinha passado por uma grande quantidade de tempos difíceis. Mas nunca tivemos que lidar com o tipo de condições econômicas externas que virtualmente todas as empresas estavam enfrentando. O presidente da Barry-Wehmiller, Tim Sullivan, relembra esse tempo vividamente. "A crise financeira de 2008-2009 foi, definitivamente, um tempo muito desafiador. Por exemplo, em nossa operação de Baltimore, BW Papersystems, acabávamos de sair de um ano no qual estávamos despachando quatro a seis máquinas por mês. A crise começou em setembro de 2008 e, em abril de 2009, nós tínhamos uma máquina na nossa lista de pedidos pendentes. Você simplesmente não sabia quando

O Teste de Nossa Cultura

aquilo iria terminar. Não havia dúvida – era assustador. Ninguém de nós acreditava que a empresa iria falhar, pois tínhamos um sólido modelo de negócios. Ao mesmo tempo, foi um afastamento radical dos negócios como de costume. Quando você não tem equipamento para construir, seus engenheiros, a sua equipe de chão de fábrica, as equipes de montagem, não têm nada para fazer. O negócio de peças de reposição manteve a equipe de chão de fábrica ocupada até certo ponto. Você se pergunta como manter responsavelmente as pessoas no emprego e remuneradas. Mesmo tendo uma sólida fundação, você fica imaginando qual é a sua responsabilidade perante seus *stakeholders*. Tínhamos bancos que esperavam que nós cumpríssemos nossas obrigações financeiras. Portanto, havia algumas questões bastante reais esperando".

A carnificina corria longa e profunda. Em 2008, o Citicorp demitiu 73.000 pessoas; Bank of America, 35.000; General Motors, 34.000; e Hewlett-Packard, 25.000.[20] Em janeiro de 2009, as empresas da lista Fortune 500 demitiram outras 163.662 pessoas.

Em nossa reunião de conselho em janeiro de 2009, um dos membros do conselho mencionou a palavra D. "Bem, eu acredito que vocês devam considerar demissões. Precisamos alinhar nossos custos a essas receitas minguantes".

Eu disse: "Não, acho que ficaremos OK". Naquele momento, nossa equipe de executivos sentiu que os pedidos atuais e potenciais estavam bons o suficiente para conseguirmos avançar sem impactar as nossas pessoas.

No mês seguinte, enquanto visitava a nossa operação italiana, recebi um e-mail. A PCMC, uma de nossas maiores divisões, teve um importante pedido adiado. De fato, vários clientes estavam cancelando ou adiando grandes pedidos existentes – pedidos contra os quais já haviam realizado grandes depósitos não reembolsáveis.

Uma coisa é não conseguir novos pedidos porque o mercado está enco-

Todos são Importantes

lhendo. Mas quando seus pedidos pendentes (que pensávamos que fossem nos ajudar a superar essa fase) começam a evaporar, o golpe é muito maior. Parecia que todos os nossos clientes haviam parado de fazer tudo e estavam encolhidos em modo de sobrevivência. Nosso nível de preocupação estava subindo, e as notícias da economia estavam se agravando a cada dia. A liquidez financeira praticamente secou; mutuários e credores estavam congelados no lugar, incertos de onde tudo isso iria parar. Parecia uma irresistível correnteza nos puxando para longe da margem e da segurança. Quando isso iria parar? Quando nosso pé tocaria um chão firme de novo? Eu me sentei no quarto do hotel na Itália e pensei: "Oh, meu Deus, isso vai nos pegar, e eu não sei com que força. O que vamos fazer?"

Nós não podíamos simplesmente absorver os custos e correr o risco de violar nosso pacto com os bancos. Uma abordagem "cabeça na areia" para preservar o status quo poderia potencialmente destruir o futuro da empresa. Tínhamos que encontrar uma maneira de manter nossos resultados financeiros toleráveis, enquanto mantínhamos a dor para nossas pessoas no mínimo.

Como poderíamos lidar com essa crise de forma que fosse consistente com a nossa visão de liderança? Antes de adotarmos nossos Princípios Orientadores da Liderança, quando uma coisa como essa acontecia, nós ajustávamos (*rightsized*) nossa organização com pouca hesitação, demitindo pessoas nos escritórios e nas fábricas que passavam por uma queda significativa em novos pedidos. Era considerada uma gestão boa e responsável, e eu havia feito isso por vários anos. Isso significava que o ônus era carregado principalmente pelos membros da equipe de manufatura que estavam diretamente engajados em executar os pedidos; executivos de mais alto escalão raramente eram tocados. Mas nossa cultura e valores mudaram dramaticamente ao longo do caminho devido ao nosso diálogo contínuo sobre nossos Princípios Orientadores da Liderança. Se respondêssemos da mesma forma que antes, isso poderia danificar seriamente e potencialmen-

O Teste de Nossa Cultura

te destruir a maravilhosa cultura de cuidado que estávamos construindo. Seria render a nossa afirmação "Medimos o sucesso pela forma que tocamos as vidas das pessoas" a algo vazio e essencialmente sem sentido.

Além do impacto em nossa cultura, se demitíssemos as pessoas naquele ambiente econômico brutal, isso as devastaria, assim como as suas famílias e até algumas comunidades. Simplesmente não existiam outros empregos disponíveis. Muitas pessoas perderiam suas casas, algumas, seus casamentos. Crianças teriam que desistir da universidade. O custo humano era quase dolorido demais para contemplar.

Simplesmente não podíamos infligir esse tipo de dor às nossas pessoas. Nossa visão havia nos dado uma bússola moral que não tínhamos antes. Ela nos equipou para enfrentar a crise econômica com um senso muito mais profundo de responsabilidade pelas vidas aos nossos cuidados. Eu imediatamente comecei a pensar sobre como melhor responder à crise de uma maneira que fosse consistente com a nossa visão. Eu me perguntei: "O que fariam as famílias que cuidam de seus entes em situações de crise?" A resposta logo me veio: Todos os membros da família absorveriam um pouco da dor para que ninguém tivesse que vivenciar uma perda dramática. Todos contribuiriam com um senso de sacrifício compartilhado e um destino compartilhado.

Então, comecei a elaborar ideias. Fiz uma lista de formas naturais para que todos nós levássemos um pouco da dor, de forma que ninguém sofresse demais sozinho. Veio do meu coração, que havia crescido muito de tanto falar dos POL por todos esses anos. Eu pensei: "E se implementássemos uma licença e todos saíssem por um mês sem remuneração? Também poderíamos suspender a contribuição para o fundo de pensão () e fazer outras coisas menores". Mandei um e-mail para minha equipe de liderança e disse: "Vamos tentar descobrir uma maneira de passar por essa crise através de um sacrifício compartilhado. Aqui estão algumas ideias iniciais.

Estou voltando da Europa logo; até eu voltar, por favor, reúnam o grupo e pensem em como podemos realizar isso de maneira cuidadosa e sensível".

Nossos líderes trabalharam em equipes para determinar como poderíamos refinar e implantar as ideias que eu havia sugerido e como comunicaríamos isso para nossas pessoas. Em poucos dias, eles haviam revisado todas as ideias, transformando-as em planos de ação. O que parecia ser um processo desafiador se tornou bastante simples, dada a aceitação geral da ideia de sacrifício compartilhado. Estava bem claro qual deveria ser a resposta certa. Os membros da equipe por toda a organização compartilhariam o ônus, até mesmo das divisões que não haviam sido afetadas de maneira tão forte. Decidimos que os membros da equipe tirariam uma média de quatro semanas de licença não remunerada. Suspendemos os bônus da diretoria e as contribuições para as aposentadorias privadas (401(k)), colocamos em andamento uma redução das despesas de viagem, e idealizamos um generoso Programa Voluntário de Oportunidade de Transição para associados que estavam próximos da aposentadoria. Eu cortei meu salário de US$ 875.000 para US$ 10.500 (que foi meu salário inicial em 1968, na Price Waterhouse).

Três dias depois, quando retornei para St. Louis, a equipe estava pronta. Ao invés de enviar e-mails, decidimos que a notícia seria enviada através de uma mensagem de vídeo para toda a organização, de modo que eu pudesse me comunicar com eles da forma mais natural possível sobre o que estávamos planejando. Em uma semana, implantamos uma série de iniciativas centradas na visão do que uma família que zela por seus membros faria. A mensagem foi maravilhosamente bem recebida. Como foi distribuída em vídeo, as pessoas sentiram sua autenticidade: eu não acho que eles teriam se sentido assim sem me verem e ouvirem a preocupação e o cuidado na minha voz.

Aqui está uma parte do que eu disse em meu comunicado para a empresa:

O Teste de Nossa Cultura

Queremos compartilhar com vocês as novidades em nossas iniciativas de liderança para enfrentar o crescente impacto que a crise econômica global está tendo nos fundamentos da nossa empresa. Não estamos imunes a esses desafios, mas temos a intenção de moldar a nossa resposta para ser uma de sacrifício compartilhado e compromisso com a nossa liderança centrada em pessoas, que irá determinar as nossas deliberações e consequentes iniciativas.

Vocês devem estar percebendo que o impacto varia enormemente em cada divisão, e o que iremos discutir é o resultado de um processo de considerações profundas de como temos lutado para responder a essa crise global. Acreditamos que, para o melhor de nossas habilidades, desenvolvemos uma resposta bastante estruturada, que nos permitirá mitigar a queda de receita. Nós nos preocupamos muito como isso impacta a todos. Tentamos distribuir o impacto para que todos sintam que estamos nos ajudando uns aos outros.

Este é o momento em que nossas palavras e ações verdadeiramente definirão a nossa cultura, e esperamos que, com o passar do tempo, nossos membros de equipe apreciarão a sinceridade de nossas ações. Na Barry-Wehmiller, nos esforçamos para "medir o nosso sucesso pela maneira que tocamos as vidas das pessoas". Reconhecemos na frase de abertura dos nossos Princípios Orientadores da Liderança que uma das responsabilidades fundamentais da liderança é a sustentabilidade do modelo de negócio. A situação econômica atual nos desafia como líderes em assegurar que cada uma de nossas decisões esteja em harmonia com essas ideias fundamentais.

Para sermos responsáveis, precisamos manter uma posição financeira sólida que sustentará uma relação forte com os nossos provedores de capital. O setor bancário é imprevisível, já que vem tentando se recuperar de seu próprio trauma financeiro, o que cria um desafio. Precisamos assegurar que o nosso desempenho suporte uma relação saudável que manterá acesso a recursos financeiros que abastecem o nosso crescimento e que utilizamos nas operações diárias. Felizmente, fechamos o ano fiscal de 2008 na posição financeira mais forte de nossa história, e temos a maturidade de entender a dinâmica das relações bancárias.

Todos são Importantes

Como nossa equipe executiva tinha clareza sobre nossos valores compartilhados e de como responder de acordo com aqueles valores, a implementação por toda a organização foi rápida e suave. O plano de licença foi implantado em dez dias em toda a empresa. No geral, implantamos quase US$ 20 milhões em redução de despesas e protegemos o sustento de todos. Para enfatizar ainda mais nossa aderência aos Princípios Orientadores da Liderança, dissemos que não iríamos comprometer nosso compromisso com a educação ou com nossos eventos de melhoria contínua L3. Encorajamos nossos membros de equipe a usarem o tempo ocioso cursando programas em nossa universidade. Usamos as lacunas em nossos planejamentos de produção para realizar grandes eventos Lean de melhoria. Continuando com nossos eventos especiais de reconhecimento, membros da equipe encontraram formas criativas de torná-los significativos sem gastar muito dinheiro nas celebrações.

A reação foi impressionante – muito melhor do que havíamos antecipado. As pessoas estavam andando em ovos por meses com medo de perder seus empregos. Parecia que todos ao seu redor estavam sendo demitidos: parentes, muitos de seus amigos, até mesmo o pastor. Em um instante, o medo que estava se espalhando como um câncer sumiu, substituído por sentimentos positivos de segurança, gratidão e união. O programa de licença afirmava para os membros da nossa equipe que, de fato, zelávamos por eles. Eles tiveram um enorme senso de alívio de que poderiam contar com seus empregos e salários. Também houve um senso de alívio de que estávamos agindo para preservar o nosso futuro; antes de nossa ação, algumas pessoas estavam preocupadas achando que estávamos com nossas cabeças enterradas na areia, ignorando a realidade da crise econômica. O moral subiu dramaticamente, porque as pessoas perceberam que não tinham que se preocupar com seus empregos. A maioria estava feliz em oferecer até quatro semanas não remuneradas, sabendo que não era para fazer a empresa mais

O Teste de Nossa Cultura

rentável, mas para impedir seus colegas de perderem seus empregos.

Dissemos para as pessoas: "Tire os dias livres quando for melhor para você". Alguns líderes disseram inicialmente: "Oh, não, Bob, precisamos dizer para eles quando eles devem tirar os dias livres para garantir que tenhamos pessoas suficientes para fazer o trabalho".

Mas eu estava categórico em relação a isso, dizendo: "Olhe, se estamos pedindo para eles se sacrificarem, então temos que lhes dar algo em troca. Vamos dar a flexibilidade de saírem quando quiserem. Apenas faça o que você faria se eles faltassem por doença".

Assim, nossos membros de equipe podiam tirar a licença quando fosse mais conveniente para eles. Alguns apreciaram o tempo livre durante as férias de verão com seus filhos em idade escolar; outros usaram o tempo para fazer trabalho voluntário.

Alguns membros da equipe se apresentaram para "tirar o tempo" para seus colegas em situações financeiras mais delicadas que não podiam perder quatro semanas de salário. Eles disseram: "Eu posso conceder seis semanas de licença não remunerada. Se alguém puder abrir mão de apenas duas semanas, eu assumo as outras semanas deles". Outros ainda precisavam ser persuadidos a tirar o tempo livre, simplesmente preferindo trabalhar durante o tempo não remunerado. Insistíamos para que tirassem o tempo livre e fizessem atividades não relacionadas com o trabalho enquanto estivessem de licença. Tivemos pessoas demonstrando um cuidado incrível e um senso real de altruísmo, ajudando os outros simplesmente porque eles queriam e não esperando nada em retorno. De certa forma, a licença se tornou uma espécie de presente para as nossas pessoas, e elas responderam com generosidade e zelo.

Bill Ury, um renomado negociador e autor do clássico livro *Getting to Yes*, visitou algumas de nossas operações para vivenciar nossa cultura em primeira mão. Sua reação ao saber do que havíamos feito foi: "A ideia de tirar uma licença não remunerada, quando isso aconteceu pelas pessoas,

Todos são Importantes

foi incrível! Foi um momento de criatividade. Foi um momento de confiança. As pessoas sentiram um momento de segurança e perceberam, 'OK, as pessoas realmente contam nesta empresa!'"

Passamos por aquela recessão econômica, e o impacto cultural foi profundo. Quem você é em seus piores momentos nem sempre é o que você é em seus melhores momentos. Seus valores, crenças e cultura não são realmente testados quando os tempos são bons. Como Simon Sinek observou em uma de suas inúmeras visitas à Barry-Wehmiller: "Você não pode julgar a qualidade de uma empresa pelos bons tempos. Você não pode julgar a qualidade da tripulação quando o mar está calmo. Você julga a qualidade da tripulação quando o mar está revolto. Os números nunca virão em seu auxílio. Nunca. As pessoas sim. Se você sente que todos são descartáveis, adivinha? Eles pensam o mesmo de você. É recíproco". Nossas ações através daqueles tempos mais difíceis validaram nosso compromisso com os Princípios Orientadores da Liderança. Testemunhamos o real espírito de coesão na cultura, nos solidificando como empresa. Rhonda relembra sua ida para Phillips, Wisconsin, onde as pessoas não tinham trabalho durante a recessão. Ela viu pessoas pintando linhas no chão que estavam mais felizes do que ela jamais havia visto.

Nosso negócio se recuperou após nove meses, muito antes da recuperação geral da economia. De fato, o ano fiscal de 2010 bateu um recorde nos lucros! Assim, nos perguntamos novamente como deveríamos responder em alinhamento com as nossas crenças. Eu disse para Cynthia: "Sabe, as coisas melhoraram antes do que esperávamos. Eu estava pensando o que seria a coisa certa para fazer agora, porque quando estava difícil, eu pedi às pessoas para se sacrificarem".

Cynthia respondeu: "Bem, por que você não lhes dá um cheque?"

Eu pensei sobre aquilo e disse: "Quer saber? Eles abriram mão da contribuição que fazemos para o fundo de pensão (401(k)). Eu prefiro voltar e

O Teste de Nossa Cultura

devolver a contribuição, pois acredito que a aposentadoria deles é importante para eles e para nós". Assim, fizemos contribuições em excesso até restaurar completamente a quantia que eles haviam abdicado. Até onde sabemos, somos a única empresa no país a fazer isso. Essa foi uma ação de profundo significado, porque as nossas pessoas estavam conformadas com o fato de que o dinheiro havia sido perdido para sempre. Foi outra mensagem tangível de que realmente cuidamos deles. Isso disse às nossas pessoas: "Nós nos importamos que você esteja poupando para a sua aposentadoria. Obrigado por trabalhar conosco; você ajudou a salvar a empresa e a salvar os empregos dos seus amigos".

Olhando para trás, podemos ver que a nossa visão compartilhada e compromisso feroz em medir o sucesso "pela forma que tocamos as vidas das pessoas" nos deu criatividade, clareza moral e coragem para procurar soluções além das normas tradicionais de negócio. Reconhecemos que a forma mais fundamental de tocar a vida das nossas pessoas é pela segurança dos seus empregos conosco, o que Simon chama de "círculo de segurança". Compromisso genuíno à verdadeira liderança humanizada significa desenhar um negócio que oferece satisfação, sucesso e segurança para todos os *stakeholders*.

Quando demissões ocorrem, o impacto na cultura através da perda de talentos e diminuição do moral pode ser devastador. Nossa experiência foi exatamente o oposto. Apesar de estarmos na jornada de liderança centrada em nossos Princípios Orientadores da Liderança por mais de sete anos, muitos membros da equipe ainda não estavam completamente convencidos de nossa sinceridade. "Fazer o que pregamos" (*walking the talk*) durante esse período difícil fez mais por transmitir nossas crenças, fortalecer nossa cultura e cimentar a lealdade de nossas pessoas do que qualquer coisa que pudéssemos verbalizar ou proclamar através da frase de visão enquadrada e pendurada na parede.

Havíamos sido muito francos sobre quem somos e no que acreditamos. A

Todos são Importantes

recessão desafiou todos nós como líderes a vivermos a nossa própria retórica. Felizmente, havíamos estabelecido uma importante fundação para lidar com a crise ao fazer todo o trabalho que fizemos em todos esses anos para construir confiança e colaboração. Transversalmente pelas empresas, os líderes conheciam uns aos outros, se entendiam e confiavam uns nos outros. Quando os tempos ficaram difíceis, não havia recriminação nem dedos sendo apontados, o que rotineiramente acontece eu uma cultura "eu primeiro".

Como eu disse, tivemos o melhor ano de nossa história em 2010. Foi pela forma com que reagimos à Grande Recessão? Eu acredito que a resposta ajudou materialmente. Tivemos, financeiramente, um ano recorde após o outro desde então. Mas o mais importante, as pessoas que estavam no muro sobre nossa jornada cultural vieram para o nosso lado. Conquistamos muitos corações por nosso comportamento e como nos mantivemos firmes aos nossos princípios naqueles tempos difíceis.

Reações

Fomos inspirados pela resiliência dos nossos associados e o desejo enorme e consistente dos indivíduos da organização em contribuírem. Especialmente digno de atenção foi o fato de que mesmo as divisões que não sofreram tanto (como a Design Group) estavam dispostas a contribuir na distribuição do impacto e permitir que todos se sentissem como uma equipe.

Membros da equipe do mundo inteiro mandaram notas de apreciação, muitos descrevendo como usaram ou usariam o tempo livre. Aqui estão alguns exemplos:

Dave Gianini, Corporativo: Eu pessoalmente não ouvi nenhuma reclamação sobre a nossa abordagem sobre a licença não remunerada para ajudar a salvar empregos. Nossos membros de equipe sindicalizados em Green Bay

O Teste de Nossa Cultura

alcançaram o objetivo de 1.400 semanas em poucos dias do anúncio do programa em uma base voluntária, sem considerar tempo de casa, com apoio total do comitê de negociação. A suspensão da contribuição da empresa para o fundo de pensão (401(k)) foi vista pela maioria dos empregados como uma parte necessária do processo. Nossos membros de equipe do sindicato da indústria montadora (UAW – Union Auto Workers) em Green Bay esmagadoramente votaram por participar da suspensão, efetiva dia 1o de junho.

Amber Frederick, Design Group: Como a maioria dos nossos profissionais continua ocupada como nunca, às vezes as iniciativas são difíceis de absorver, mas eles entendem a nossa abordagem de família na qual cada um dá um pouco para assegurar que nenhuma família seja devastada.

Mike Kwaterski, PCMC: Nós apresentamos o plano [aposentadoria voluntária] para os líderes do sindicato um pouco antes de ser apresentado para os associados elegíveis, e a resposta deles foi uma agradável surpresa. Eles comentaram: "Definitivamente, podemos ver no plano que o foco principal para a decisão de aposentadoria de nossos membros mais seniores não é apenas para forçar as pessoas a saírem. Quando nossos advogados examinaram a proposta, eles comentaram sobre como as opções eram específicas para cada estágio da situação pessoal de cada um". O último comentário deles foi realmente interessante. O representante internacional disse: "Nós apreciamos a PCMC oferecer esse programa, que achamos ser muito justo e que podemos apoiar. Mesmo que tivéssemos a oportunidade de negociar, não teríamos chegado com nada que fosse melhor ou mais bem pensado". Que melhor prova de que a nossa filosofia centrada em pessoas estava refletida através do programa? O comentário mais diferenciado que eu recebi foi de um senhor que se enquadrava perfeitamente no critério de aceitação do programa de aposentadoria voluntária. Para a maioria dos associados, aceitar a proposta seria uma decisão simples. Quando conversei com esse indivíduo, ele se debateu por quarenta e cinco

Todos são Importantes

dias contemplando a sua decisão, incluindo consultas com seus amigos, assessores financeiros, e até com seu pastor. Ele veio para formalmente declinar o programa e explicou a razão. Ele disse que tudo em sua vida estava confuso e incerto, incluindo a sociedade e a comunidade na qual ele vivia, o governo, o mercado de ações, o seu fundo de aposentadoria (401(k)) e sua vida familiar. Ele seguiu dizendo: "As únicas duas coisas estáveis com que posso contar em minha vida no presente momento são a minha religião e a PCMC, e eu não consigo abrir mão de nenhuma delas neste momento". Que declaração! Ela demonstra quão responsável e importante cada um de nós é para todos os outros 850 associados e famílias na PCMC e quão importante é para nós agir responsavelmente neste cenário econômico.

Cheryl Steliga, BW Papersystems: A comunicação por vídeo foi excelente, e um dos nossos associados de fábrica que estava pensando em se demitir naquela semana e se mudar para outra área mudou de ideia depois de assisti-la. Somos uma grande empresa em uma pequena comunidade, e a saúde da empresa é crítica para esta área. Não é incomum escutar uma conversa no correio ou no mercado sobre o que está acontecendo na BW Papersystems. Eu tive vários associados que vieram me contar que seus amigos achavam que tínhamos muita sorte de trabalhar aqui.

Greg Myer, PneumaticScaleAngelus: Todos os associados têm pelo menos um membro da família, vizinho, amigo ou parente que foi afetado negativamente pela economia. As pessoas afetadas não são números em uma lista de desempregados; são pessoas com famílias para cuidar, contas para pagar, e esperanças e planos para o futuro. Em um nível muito pessoal, vi a dor e a devastação que as demissões podem trazer. Minha esposa foi demitida depois de trinta e um anos de trabalho, junto com mais 400 colegas. Aquelas demissões foram ruins o suficiente, mas apenas umas semanas depois um artigo apareceu em um jornal local destacando que o CEO da organização dela ia receber um aumento salarial que elevaria sua remuneração para US$ 15 milhões! Alguém ainda se surpreende por que a indústria americana continua a ficar de olho roxo pela forma que trata as suas pessoas? Minha esposa contou a muita, muita gente sobre a abordagem da Barry-Wehmiller para lhes dar esperança.

O que Aprendemos

A crise financeira de 2008-2009 foi uma experiência traumática para muitas empresas. Começou assim para nós também. Mas como tínhamos nossos Princípios Orientadores da Liderança bem enraizados, e como de fato medimos o sucesso pela forma que tocamos as vidas das pessoas, nossa saída se tornou bastante clara logo no início. Por causa da forma que escolhemos para responder, a crise financeira acabou sendo uma benção disfarçada para nós, permitindo que cimentássemos nossa cultura de uma forma que poucas outras coisas poderiam ter feito. Convenceu todas as pessoas que ainda pudessem estar em cima do muro em relação à transformação cultural e os moveu de forma categórica para o campo de verdadeiros fiéis. Nosso moral subiu, nossa cultura se fortaleceu, e a quantidade de altruísmo em nossa organização cresceu exponencialmente.

Empresas demais respondem de forma míope e egoísta às crises. Elas buscam proteger o seu lucro e seus executivos e sacrificam os membros comuns da equipe e suas famílias. George Packer, o jornalista, novelista e escritor americano, escreveu sobre essa tendência corrosiva em nossa sociedade: "Não existe um senso de vergonha nas altas esferas de nossa sociedade. Certas normas e tabus sociais desapareceram. A ideia de que algumas coisas você não deveria fazer se perdeu, como demitir 20% da sua força de trabalho enquanto se dá um grande aumento de salário como CEO, o que é uma coisa muito comum".[21]

Todos são Importantes

Não estamos gerenciando uma empresa para maximizar nossos lucros neste trimestre, ou neste ano, ou mesmo nesta década. Estamos nos empenhando para construir uma instituição que sobreviverá e criará valor para todos os *stakeholders*. Uma vez mais, gostaríamos de citar nosso amigo Simon Sinek: "Da próxima vez que alguém disser, 'Quais são as suas metas?', pare de dizer, 'Aumentar as receitas em um milhão ou dez milhões de dólares', ou qualquer que seja o que você queira realizar no próximo ano. Comece dizendo, 'Estamos criando uma empresa que irá durar cem anos'. Devote seu esforço não em demitir pessoas, mas em dar a elas a oportunidade para contribuir, e se falharem, ajude-as a se levantar; e se falharem novamente, ajude-as a se levantar novamente... Se você pensa que está ocupado demais para dar tempo e energia para as suas pessoas, então você está ocupado demais para dar tempo e energia para você. É uma equação equilibrada".

Um último pensamento antes de prosseguirmos. Muitas pessoas acham surpreendente descobrir que a liderança verdadeiramente humanizada nasceu na indústria americana. Parece-lhes chocante que tenha acontecido em um lugar tão estranho, um lugar com sindicatos e fábricas e mecânicos e equipe de montagem. Mas é onde ela nasceu, não em Nova Iorque ou no Vale do Silício. O fato de ter nascido em um lugar tão improvável é parte do seu poder. Somos uma prova viva de que isso pode ser feito em um dos contextos mais desafiadores. É como aquela antiga estrofe que Frank Sinatra cantava sobre Nova Iorque: Se você pode fazê-lo aqui, pode fazê-lo em qualquer lugar (*If you can make it here, you can make it anywhere*). Se podemos fazer a liderança verdadeiramente humanizada funcionar nesse tipo de ambiente do velho mundo industrial, então, certamente, você pode fazê-lo funcionar nos diversos tipos de negócios que a maioria das pessoas participa hoje em dia.

Na segunda parte deste livro, exploraremos como essa abordagem para os negócios pode ser aplicada por qualquer empresa, em qualquer setor, em qualquer parte do mundo.

Parte Dois

| O Livro de Regras |

Capítulo 7

| Antecipando um Futuro Melhor |

Passamos agora à questão de como qualquer empresa pode se tornar uma empresa verdadeiramente humana como a Barry-Wehmiller. É claro, como todas as jornadas, a jornada da Barry-Wehmiller tem sido uma muito específica, com suas próprias particularidades, desvios, altos e baixos. Mas também existe um aspecto arquetípico para esta história, exatamente como o mitólogo Joseph Campbell encontrou nas histórias de transformação individuais, que rotulou de "jornada do herói". É possível aprender lições que foram aprendidas na Barry-Wehmiller em quarenta anos e implementá-las em outras empresas com histórias, culturas, contextos e líderes muito diferentes?

Nós realmente acreditamos que sim. A abordagem que a Barry-Wehmiller usou é universalmente aplicável e pode ser individualizada, de modo que qualquer organização pode fazer isso. Não importa se a organização é um negócio ou uma entidade sem fins lucrativos, de capital fechado ou aberto, pequena ou grande. Como diz o ditado, se algo existe é porque deve ser possível. O livro de regras da Barry-Wehmiller já foi implementado no mundo inteiro em quase oitenta aquisições (ou, como preferimos dizer, adoções). No restante deste livro, vamos descrever esse livro de regras em termos mais operacionais, de modo que qualquer organização desejando embarcar nessa jornada possa fazê-lo. Não existe a necessidade de ninguém repetir os erros do passado, e todos podem se beneficiar de nossa experiência.

As perguntas que iremos responder são: "Como posso fazer isso acontecer na minha organização? Como posso mudar minha abordagem de em-

Todos são Importantes

presa com foco no lucro e no produto, gestão pesada e baixo engajamento para uma na qual todos são importantes, onde o sucesso é medido pelo impacto que temos nas vidas das pessoas, onde quase todos são líderes e quase ninguém é gestor, onde nossas pessoas são apaixonadas, comprometidas e inspiradas todos os dias, onde politicagem e fofocas abriram caminho para o verdadeiro cuidado com cada pessoa como um precioso ser humano, também reconhecendo e celebrando suas bondades naturais?"

Nós acreditamos, e repetidamente vivenciamos, que, se você cuida das suas pessoas, elas cuidarão do seu negócio. Se você genuinamente as deixa saber que são importantes, elas responderão com bondade. Confiança é a base da liderança; se você confia nas pessoas, elas também vão confiar em você. Se você as engaja na criação de uma visão compartilhada para o futuro da empresa, e depois lhes dá a liberdade para agir em apoio a essa visão, elas o farão responsavelmente, de forma criativa e entusiástica. Pessoas comuns podem fazer coisas extraordinárias se você criar a cultura certa e um modelo de negócios sustentável. Os fundamentos são simples.

Os 10 Mandamentos da Liderança Verdadeiramente Humana

1. Comece todos os dias com um foco nas vidas que você toca.

2. Saiba que liderança é o cuidado que você tem com as vidas que lhe foram confiadas.

3. Adote práticas de liderança que mandem as pessoas para seus lares no final de cada dia seguras, saudáveis e realizadas.

4. Alinhe todas as ações a uma visão inspiracional de um futuro melhor.

5. Confiança é a base de todas as relações; aja de acordo.

Antecipando um Futuro Melhor

> 6. Procure pela bondade nas pessoas e reconheça e celebre-a diariamente.
>
> 7. Não exija mais nem menos de ninguém do que você faria com seu próprio filho.
>
> 8. Lidere com um claro senso de otimismo fundamentado.
>
> 9. Reconheça e curve-se à singularidade de cada um.
>
> 10. Sempre meça o sucesso pela forma que você toca as vidas das pessoas!

A maioria das pessoas acredita em coisas quando elas as veem. Nós estamos pedindo para você aceitar a premissa "Eu vou ver quando eu acreditar". As pessoas pelo mundo estão famintas por mudanças positivas nas empresas e além delas. Elas estão esperando que verdadeiros líderes assumam a liderança. Elas estão ansiosas para compartilhar suas virtudes. Recrute rapidamente aquelas que entenderam, e seja paciente e cuidadoso com aquelas que são desconfiadas. Se seu comprometimento com o bem-estar delas for autêntico e inabalável, elas vão acabar entendendo e, então, excederão as suas mais insanas expectativas. Não importa há quanto tempo a sua empresa existe ou os desafios que você enfrenta. A Barry-Wehmiller existe desde 1885 e não iniciou a sua transformação até quase um século depois. O melhor dos negócios é que, apesar de toda história, de todas as tradições de práticas de gestão disfuncionais profundamente enraizadas, e toda a bagagem de relações doentias e cultura corrosiva, é possível, a qualquer momento no tempo, apertar o botão de *reset*, abraçar uma forma diferente de ser, e vivenciar uma mudança dramática.

Claro que mudanças significativas não são fáceis, muito menos instantâneas. A liderança verdadeiramente humana fica muito fora do domínio que a maioria das pessoas foi ensinada e viveu em toda a sua carreira. As pessoas que você lidera estão preparadas; a verdadeira resistência provavelmente virá da sua equipe de liderança, que nunca aprendeu nem viven-

Todos são Importantes

ciou isso. É necessário um compromisso genuíno, sincero, no nível da alma do CEO (e também dos membros do conselho no caso de uma empresa de capital aberto), que precisa **escolher** conscientemente liderar de forma diferente pelas razões certas. As pessoas são perceptivas; elas conseguem ver **por que** você faz o que faz. Líderes que adotam a linguagem e táticas de uma liderança verdadeiramente humana simplesmente para conseguir tirar mais de suas equipes e, assim, conseguir gerar melhores resultados financeiros, estão perdendo seu tempo. Nós podemos garantir que isso não vai funcionar; fazer as coisas **certas** pelos motivos **errados** inevitavelmente leva a resultados nocivos. Mas se você adotar essa maneira de ser para ajudar as pessoas a descobrirem seus talentos e virtudes e compreenderem os seus propósitos de vida, e se você genuinamente se esforça para ser um bom cuidador de suas vidas para que eles possam ser bons cuidadores das vidas que lhes foram confiadas, você testemunhará um extraordinário florescimento do potencial humano. Isso é o que nos move na Barry-Wehmiller; nosso negócio não é construir máquinas, é construir vidas. Quando eu terminar, vou olhar para trás e me orgulhar de todas as vidas que tocamos, não das máquinas que construímos.

O melhor momento para transformar uma cultura é quando o negócio está saudável, quando não existem crises e não é uma situação de vida ou morte – da mesma maneira que as pessoas deveriam adotar estilos de vida mais saudáveis quando não estão lidando com uma doença. Infelizmente, a natureza humana é tal que frequentemente é necessária uma "plataforma em brasas" para que as pessoas tomem ações significativas. Nunca deveria chegar a esse ponto, mas os líderes que se encontram nesta situação devem se mover rapidamente e tomar medidas que possam ganhar tempo e reacender a esperança enquanto mudanças de longo prazo são implementadas. Aqui estão algumas coisas que funcionaram bem para nós em reviver as inúmeras empresas com dificuldades que adquirimos ao longo dos anos:

Antecipando um Futuro Melhor

1. **Comunique uma mensagem forte de esperança, paciência e cuidado.** Empresas em dificuldade estão permeadas por medo, incerteza e dúvidas. Como líder, é sua responsabilidade expressar um otimismo fundamentado, e repetir sempre que possível: "Nós acreditamos em vocês, nós sabemos como fazer isso, nós temos tempo, e nós iremos ajudá-los a criar um futuro melhor. Agora vocês são parte da família, e vamos fazer tudo o que pudermos para ajudá-los a realizar o seu potencial".

2. **Tome ações tangíveis e imediatas para "deixar o paciente saudável".** Resolva os problemas mais urgentes e remova os gargalos mais óbvios. Você precisa ver um futuro mais promissor e priorizar iniciativas para estabelecer a fundação para aquele futuro. Escute as suas equipes, engaje-as na criação da visão, e dê a elas a liberdade responsável para agir de maneiras que levem a empresa em direção à visão.

3. **Comece a construir trabalho em equipe e um senso de unidade.** Quebre os silos e acabe com as práticas disfuncionais que jogam um lado da empresa contra o outro. Institua "reuniões diárias de contato" para as pessoas começarem a construir relações e ajudá-las a começar o dia na mesma página e com um claro entendimento das prioridades.

4. **Pegue as pessoas fazendo as coisas certas.** Ao começar esta jornada, assegure-se de que você está conectado às suas equipes, ouça-as, compartilhe as suas iniciativas de forma profunda, e identifique as pessoas que estão fazendo a coisa certa. Celebre todo o progresso, mesmo os menores avanços.

Todos são Importantes

O mestre violoncelista Pablo Casals foi questionado uma vez: "Como você consegue tocar o violoncelo com tamanha destreza?"

Ele respondeu: "Eu o escuto antes de tocá-lo".

O campeão de salto com vara John Uelses confia em uma vívida imagem da vitória para estimular o seu desempenho, e o golfista Jack Nicklaus diz que a visualização "me dá uma linha para a taça tão clara que parece estar tatuada em meu cérebro. Com esse sentimento, tudo que preciso fazer é dar a minha tacada e deixar a natureza tomar o seu curso".[22]

Relembre que, no início de 2002, vinte membros da equipe de toda Barry-Wehmiller se juntaram para sistematicamente debater os aprendizados de nossas experiências e levar o entendimento da liderança e da inspiração da organização adiante. Eles se prepararam para o encontro através de leituras antecipadas, reflexões pessoais e compartilhamento de ideias entre si antes de chegarem. A equipe começou com uma mesa redonda de discussão centrada em dois temas: O que define uma boa liderança, e quais as técnicas que podemos usar para inspirar as pessoas? Conforme os participantes deliberavam sobre essas questões, ficava mais aparente que algo poderoso estava emergindo. Ao final de dois dias, nosso influente documento de visão – os Princípios Orientadores da Liderança – nascia.

A primeira linha no documento – "Nós medimos sucesso através da forma que tocamos as vidas das pessoas" – tornou-se nossa marca cultural. A segunda linha é: "Uma visão clara e persuasiva, incorporada a um modelo de negócios sustentável, que promove o desenvolvimento pessoal". Os autores dos POL articularam uma aspiração que vai além de simplesmente criar um excelente lugar para se trabalhar. Eles reconheceram que assegurar que tenhamos um modelo de negócios sustentável é essencial para a viabilidade de longo prazo do nosso negócio e às vidas de nossas pessoas. Não podemos ser bons cuidadores dos membros das equipes em nossa organização se nosso modelo de negócio for falho.

Eu resumo isso na frase "Pessoas, Propósito e Performance". Tudo começa com o nosso foco nas pessoas cujas vidas nos foram confiadas. Depois nos reunimos em torno de um propósito compartilhado para inspirar o melhor em cada um e criar valor através do nosso desempenho para sustentar e evoluir a nossa organização.

Por Que a Visão é Importante

Uma visão é como um farol instalado em uma encosta rochosa, como um guia para ajudar a nos orientar com segurança para onde queremos chegar. A visão de uma organização pinta uma imagem clara de um futuro atraente e desejável para todos na organização.

Muitos de nós – indivíduos e empresas, igualmente – nos deixamos levar de evento em evento em nossas vidas, reagindo a estímulos de curto prazo de maneira que, acreditamos, promovam nossos interesses. Nosso horizonte de planejamento tende a ser limitado àquilo que enxergamos em nossa frente; nós lidamos com as prioridades urgentes atuais para que possamos seguir para as próximas.

Criar uma visão é sobre fazer as grandes perguntas: Para onde estamos indo? Por que estamos indo para lá? Como cada um dos nossos *stakeholders* estará em um lugar melhor quando chegarmos lá? Uma boa visão define metas, inspira todos os membros das equipes, e permite aos líderes tomarem decisões que nos levam na direção de onde queremos chegar.

Muitos consideram que o propósito da empresa seja a maximização dos lucros, ou, no caso das empresas de capital aberto, maximização do valor para o acionista. Mas isso é uma ideia muito simplista que, quando tomada literalmente, pode causar grandes danos às pessoas e prejudicar a habilidade das empresas de gerarem sustentavelmente qualquer tipo de valor,

Todos são Importantes

incluindo o financeiro no longo prazo. **Não** é a forma que líderes de uma verdadeira grande empresa pensam sobre seus propósitos. O propósito de toda grande empresa é geralmente algo mais profundo e mais transcendente, alinhado com um impacto positivo no mundo e nas vidas das pessoas.

O dogma da maximização de valor para o acionista é um fenômeno relativamente recente. Como diz a professora Lynn Stout, da Universidade de Cornell: "A ideia de valor para os acionistas vem dos acadêmicos e dos burocratas. Não é uma exigência da lei, e não é consistente com a experiência de negócios da história americana".[23]

Felizmente, agora existe uma crescente aceitação da ideia de que empresas devem ter um propósito maior que vai além da geração de lucro. Por exemplo, o movimento do Capitalismo Consciente cita o propósito maior como um dos quatro pilares ou princípios de uma empresa consciente, juntamente com orientação para os *stakeholders*, liderança consciente e cultura consciente.

Uma visão clara comunica o propósito e os valores da empresa para todos na organização. Ela se torna um critério para os líderes; cada decisão significativa que tomam deve estar em harmonia com a visão. Isso é particularmente importante em tempos desafiadores, quando os líderes ficam tentados a tomar decisões míopes que podem comprometer a cultura da organização e seus valores. A visão ajuda os membros das equipes a entenderem para onde a empresa está se dirigindo e se sentirem conectados com algo maior do que eles mesmos. Isso pode aprofundar as conexões com os clientes, fornecedores e investidores.

Cada pessoa na organização deve estar consciente da visão e ser inspirada por ela. A visão está encapsulada em uma frase que vividamente descreve como seria a sensação de alcançar as metas da organização. Por exemplo, a visão da unidade da Johnson & Johnson que projeta e constrói próteses é "Restaurar a alegria do movimento". A visão da empresa de equipamentos de aventura REI é "Reconectar as pessoas com a natureza", enquanto a

Southwest Airlines tem trabalhado para "Democratizar a viagem de avião". Ter uma visão não é uma ideia radical. Mas nós temos um ponto de vista específico sobre visão, que é a de que ela deve estar centrada nas **pessoas**. A maioria das visões das empresas está relacionada aos seus produtos e ao impacto em seus consumidores. Nós acreditamos que as pessoas podem ser o seu propósito, não importando que produto ou serviço você ofereça. Outras empresas podem medir sucesso através dos resultados financeiros ou reconhecimentos do setor em que atuam, mas nós temos a clareza de que medimos o sucesso pelo impacto em nossas pessoas.

O Círculo Virtuoso

Crescimento da empresa e crescimento das pessoas não são ideias separadas; elas são peças complementares na criação de valor. Nós nos referimos a isso como o "ciclo virtuoso".

Empresas rotineiramente referem-se às pessoas como seus ativos mais importantes. Na maioria dos casos, o que eles realmente querem dizer é que focam nas pessoas para que elas produzam para eles. Nós acreditamos que precisamos ser bem-sucedidos **para** nossas pessoas. Parafraseando Abraham Lincoln, a Barry-Wehmiller é uma empresa de pessoas, para as pessoas e pelas pessoas. O que significa que, constantemente, procuramos criar oportunidades para nossas pessoas crescerem e realizarem seu potencial.

A maioria das empresas usa as pessoas para construir seus produtos e ganhar dinheiro; nós usamos nossos produtos para construir pessoas. É por isso que alguns nos descrevem como uma empresa "de cabeça para baixo". Estamos construindo uma organização e uma cultura na qual as pessoas podem descobrir as suas virtudes, crescer e prosperar. Certa vez, fui entrevistado por um professor de desenvolvimento organizacional. Depois de

Todos são Importantes

duas horas, ele exclamou: "Eu nunca entrevistei um CEO que não falasse sobre os produtos de sua empresa".

Eu respondi: "Nós estamos falando sobre nossos produtos há duas horas. São nossas pessoas".

Nosso foco é nas nossas pessoas. Mas se pudéssemos dizer apenas que nossa empresa conseguiu empatar as contas ano após ano, você provavelmente pararia de ler este livro. Não somos uma entidade sem fins lucrativos. Construímos uma empresa que cria sólido valor financeiro. Somos uma empresa de capital fechado, mas temos uma simulação de valor de ação por condições de mercado, e crescemos o valor da ação a uma taxa composta de 16% ao longo de 20 anos. Essa é uma trajetória que poucas empresas – de capital fechado ou aberto – conseguem equiparar.24

Nós devemos às nossas pessoas um futuro vibrante. Se não criarmos um negócio de valor sustentável, não podemos criar um futuro para nossas pessoas ou dar-lhes oportunidades de crescimento. Muitas pessoas são apaixonadas por projeto de produtos; nós temos uma paixão maior em projetar um modelo de negócio ao redor das pessoas. Fazemos isso de tal forma que, independentemente do que aconteça externamente, nossas pessoas terão um futuro seguro. Nossas pessoas precisam se sentir seguras, confiar que podem construir uma carreira conosco, que podem comprar carros e casas e mandar seus filhos para a universidade, e tomar outras decisões importantes na vida e assumir compromissos com uma razoável segurança financeira. Nós nos importamos com o desempenho porque entendemos que somos os cuidadores de milhares de vidas que nos são confiadas todos os dias – e um número ainda maior de vidas que essas pessoas, por sua vez, impactam.

Não é suficiente apenas ser um excelente local para se trabalhar; as pessoas também querem fazer parte de uma equipe vencedora. Nosso sucesso importa para todos os nossos *stakeholders*. Nossos clientes querem saber que estaremos presentes para dar suporte aos nossos equipamentos durante a sua vida útil. As comunidades que nós tocamos querem saber que poderemos providenciar uma base econômica para as famílias que a chamam de lar. Nossos fornecedores querem que continuemos a comprar deles e os ajudemos a melhorar. Finalmente, nossos acionistas querem saber que seremos um bom investimento para que eles tenham um futuro seguro. Se não formos bem-sucedidos e deixarmos de existir, perdemos a oportunidade de tocar as vidas das pessoas. Temos orgulho dos excelentes produtos que construímos, da nossa excelência em servir nosso cliente e do nosso histórico de criação de valor. Estar em uma equipe vencedora é uma grande parte da cultura da Barry-Wehmiller, mas como chegamos lá é ainda mais importante do que o que alcançamos.

Visualização de Negócio e de Cultura

Para trazer o ciclo virtuoso à vida na Barry-Wehmiller, fazemos dois tipos de visualização: visualização de negócio e visualização cultural. A visualização de negócio é uma forma de sonhar como o futuro da empresa poderia ser para criar um caminho que nos permita chegar lá. Começamos com um olho no ideal, em vez de começar onde estamos e buscar melhorias incrementais. Desafiamos as equipes de liderança para pensar sobre o que poderia ser possível, não o que poderia entrar em um plano financeiro de três anos. Isso é "o que" nós representamos.

Visualização cultural é sobre nosso "por quê". É sobre valores e comportamentos: Como devemos tratar uns aos outros para que possamos ir para casa verdadeiramente realizados? Visualização cultural na Barry-Wehmiller é um processo disciplinado que tem sido aplicado internamente em áreas como segurança, melhoria contínua e bem-estar. Também a utilizamos para desenvolver visões para a Associação para a Excelência da Ma-

Todos são Importantes

nufatura, para o Comando de Mobilidade Aérea da Força Aérea dos EUA, Our Community LISTENS (uma entidade sem fins lucrativos financiada pela Fundação Família Chapman), e Roquette America, dentre outras.

Vamos ver como funciona o processo de visualização no Design Group da Barry-Wehmiller, onde começamos a usá-lo em 2001. O Design Group fornece serviços de tecnologia e engenharia para muitas grandes empresas, incluindo projeto e construção completa de infraestruturas de manufatura. É um dos poucos negócios que construímos do zero, em vez de ser adquirido, e tem crescido significativamente através de iniciativas orgânicas. Como a maioria das empresas de consultoria, o Design Group não tem propriedade intelectual ou patentes de tecnologia. Em uma organização como esta, é crítico que as pessoas venham para o trabalho todos os dias inspiradas pelo que fazem. Desde o início, os líderes do Design Group estiveram focados em cultura, crescimento e avanço profissional. Preocupados que o crescimento e o tamanho pudessem prejudicar a cultura, eles tomaram uma decisão consciente logo de início para desenvolver uma declaração de cultura que aspiravam a ter conforme cresciam. Eles passaram por um processo de visualização que resultou em um documento a que chamaram de "Regras de Cultura".

Do lado dos negócios, não houve muita visualização nos primeiros dez anos da empresa; os líderes nunca pararam para perguntar: "Para onde estamos indo?" ou "Como será o nosso próximo ano?" Era mais um enfoque oportunista do que disciplinado em formatar o futuro da empresa. O Design Group era alimentado pelo otimismo e paixão de alguns poucos líderes. A única visão era construir algo significativo que fosse puro em suas intenções para ser uma empresa de consultoria verdadeiramente independente que poderia oferecer um bom futuro a seus jovens engenheiros.

Um momento decisivo veio em 2001, no meio de uma apresentação de estratégia de negócio que o sócio principal Joe Wilhelm, do Design Group, estava fazendo para mim. Eu o interrompi no meio de seu raciocínio quando ele me apresentava o orçamento do próximo ano e um plano financeiro de três anos. Como a maioria das organizações, o Design Group tipicamente olhou para o desempenho atual e objetivou um crescimento razoável sobre ele. Eu desafiei Joe a definir uma visão do que o DG poderia ser. "Diga-me o que é possível se a sua capacidade de crescimento é limitada somente pela sua capacidade de atrair pessoas excepcionais para um negócio com modelo comprovado e uma cultura vibrante centrada em pessoas. O que você poderia ser?" Era uma forma crua de visualização, baseada simplesmente na capacidade do DG de atrair ótimos profissionais para a organização.

Joe estava um pouco apreensivo em relação à resposta. Líderes querem cumprir o que eles dizem que podem fazer, especialmente para o CEO da empresa. Eu estava pedindo para Joe e seus colegas saírem das suas zonas de conforto e pensarem nas possibilidades. Joe estava preocupado que o que ele dissesse poderia mudar o seu orçamento e alterar o plano de incentivos da sua equipe de liderança.

Pedi para que ele confiasse em mim. "Eu quero que você dê um passo para trás e pense sobre o que é possível, e como você poderia fazê-lo, com princípios, de maneira que fosse bom para as nossas pessoas, para nossos acionistas, e oferecesse crescimento para todos conectados com a empresa".

Naquele momento, mudamos do convencional "orçamento anual" para uma ferramenta de liderança muito mais poderosa de imaginar o que o futuro poderia trazer. Nunca me ensinaram a criar visão em uma escola de negócios e nunca vivenciei isso nos meus dias de auditoria. Quando descartamos o pensamento incremental tradicional e começamos a explorar juntos o que seria possível, abrimos uma nova forma de pensar e liderar. Eu acredito que criar uma visão é a mais poderosa ferramenta em liderança, essencial para ser um bom cuidador da empresa e de sua cultura. Wilferd Peterson, autor do livro *"The Art of Living"*, captura lindamente o poder

Todos são Importantes

de criar uma visão: "Ande com os sonhadores, com os que acreditam, com os corajosos, com os alegres, com os planejadores, com os fazedores, com as pessoas de sucesso com suas cabeças nas nuvens e os pés no chão. Deixe o espírito deles inflamar o fogo dentro de você para deixar este mundo melhor do que quando você o encontrou".

O momento de mudança dramática em nossa forma de pensar foi estimulado pela contratação de um número significativo de profissionais para atender às demandas de nossos compromissos. Nós nos perguntamos se poderíamos continuar crescendo naquela velocidade. Estudamos nosso período mais rápido de crescimento e fizemos dele nosso objetivo de crescimento para o futuro. Na época, o Design Group era uma pequena parte da Barry-Wehmiller e um pequeno participante em seu setor. Assumimos que havia potencial ilimitado para crescimento em nossos mercados se tivéssemos profissionais talentosos com habilidades competitivas.

O "Plano de Horizonte" do Design Group, como era chamado, criou a oportunidade de dobrar de tamanho em cinco anos. Nós encorajamos os líderes a compartilharem isso com todos. Ele se tornou o mapa para abrir novos escritórios e recrutar mais profissionais. Joe escreveu uma carta para toda a organização, dizendo: "Nós temos a visão de dobrar o tamanho da empresa nos próximos cinco anos. Não sabemos exatamente como essa jornada irá acontecer, mas temos uma ideia de como vai parecer". Foi pedido a cada líder que assegurasse que todos em seus escritórios entendessem o que isso significava para eles.

Joe relembra: "Queríamos que as pessoas se sentissem inspiradas, sentissem serem parte de uma organização próspera e em crescimento que tinha um plano para o futuro que impactaria suas vidas de forma positiva. Queríamos que sentissem que existe crescimento. Onde existe crescimento existe vibração e oportunidade para realização individual. As pessoas afluíram à visão como pessoas sedentas atraídas para a água. Elas eram inspiradas pela visão. Meu papel se tornou mais o de um chefe de torcida e alguém que garantisse que os pedaços da visão estivessem em harmonia".

Inicialmente, os líderes tinham um certo receio de falhar, ou de morrer na praia dos objetivos tão ambiciosos. Eu dizia consistentemente: "Se não conseguirmos completar a visão, mas, ainda assim, experimentarmos um crescimento saudável, isso ainda é um resultado positivo". Eu assegurei a todos de que não haveria penalidades ou consequências negativas se não alcançássemos o objetivo maior. Então, o "Plano do Horizonte" se tornou o mapa do Design Group, o modelo de como dirigir o negócio. O resultado disso foi que o Design Group realmente dobrou de tamanho nos três anos seguintes, e continuou a dobrar de tamanho mais duas vezes nos anos que se seguiram.

Avançando rapidamente para o presente. O Design Group realiza agora um plano de negócio móvel de três anos e uma sessão de visualização todos os anos. A sessão de 2014 envolveu cerca de 135 líderes da empresa em nove sessões de interação diferentes com quinze a vinte profissionais em cada grupo. As sessões são divididas por região e grupos de práticas nacionais. Em cada sessão, as pessoas param e perguntam: "O que é possível? O que poderíamos ser, e como poderíamos conseguir isso? Que tipo de pessoas precisamos contratar? O que isso significaria para nossos profissionais?" Cada grupo contribui para a sua própria parte da visão e tem total posse sobre ela. A empresa tem um plano concreto em andamento para crescer do atual nível de 900 profissionais para 2.500 nos próximos anos.

A visão do negócio tem implicações financeiras, mas a visão não é determinada por isso. Joe Wilhelm esclarece: "Nós usamos a visualização do negócio para criar e definir nosso roteiro. Ao longo do ano, monitoramos nosso desempenho em relação ao plano ideal. Usamos isso para nos ajudar a decidir onde iremos abrir um escritório, como iremos expandir o nosso negócio. Quando conduzimos as nossas sessões de visualização, sempre começamos dizendo: 'Nunca iremos comprometer a nossa cultura. O que

Todos são Importantes

isso significa para nossas pessoas? Como isso fornece oportunidades para progredir?' Nós nunca começamos ou terminamos uma sessão dessas perguntando: 'Como iremos ganhar mais dinheiro?' Isso nunca nem entra na equação. Acreditamos que fortes resultados sucedem uma visão de sucesso quando ela é implementada com significado, propósito, disciplina, cuidado e uma cultura forte. Mas se você cria uma empresa com a intenção principal de gerar lucro, então você não vai saber bem o que vai acontecer no futuro. De fato, pode até gerar o efeito oposto".

O Processo de Visualização

Um bom processo de visualização alcança uma série de objetivos. Primeiro, ele torna o implícito explícito, forçando a organização a articular suas hipóteses, crenças, valores, tabus, medos, sonhos e aspirações. Segundo, a visualização nos ajuda a pintar uma imagem vívida da organização que queremos ser, sem sermos excessivamente restringidos pela organização que somos hoje ou fomos no passado. Nós nos empenhamos para colocar em palavras como seríamos se pudéssemos juntar as melhores ideias e reflexões para criar um futuro melhor. Terceiro, o processo de visualização cria coesão. Congrega todos os indivíduos da organização para focar no futuro de longo prazo. Além do resultado que gera, o processo é muito valioso porque melhora a comunicação e o entendimento dentro da organização e abre os olhos das pessoas para possibilidades que elas podem não ter considerado antes. Cria um senso de propriedade compartilhada no futuro, inspirando novas iniciativas. E deixa claro, "Nós zelamos", porque escutamos as sugestões de cada participante para desenvolver a visão compartilhada.

A participação de todas as partes da organização é crucial. As pessoas precisam estar bem informadas sobre a situação atual do negócio. Como

Antecipando um Futuro Melhor

você pode falar sobre para onde você quer ir se não sabe de onde está partindo? Por essa e outras razões, operamos com um grau de transparência incomum, oferecendo muito mais informação para as pessoas do que normalmente é disponível na maioria das empresas. Transparência assegura que as pessoas estão conscientes do estado atual da empresa e também entendem o seu papel em assegurar a sua viabilidade. Como nos esportes, as pessoas precisam do placar e um senso de onde estão na jornada.

Após cada aquisição, fazemos uma apresentação sobre nossa cultura e o sucesso da empresa para engajar os novos membros da equipe. Também compartilhamos informações sobre o desempenho passado da empresa a que pertenciam. Compartilhar esse tipo de informação constrói confiança e demonstra integridade. Na maioria dessas apresentações, as pessoas nos olham estupefatas. Elas podem ter trabalhado lá por quinze, vinte, vinte e cinco anos e nunca terem visto nenhuma informação financeira. As pessoas ficam impressionadas que nós confiamos o suficiente para compartilhar essas informações. A maioria das empresas de capital fechado é fanática por deixar as informações financeiras privadas. Mas você consegue imaginar as pessoas jogando algum esporte com paixão sem saber o placar?

Criar uma visão atraente e traduzi-la para um plano de ação viável demanda um processo disciplinado. A visualização na maioria das organizações leva meses e envolve múltiplas sessões com diferentes grupos. Nós desenvolvemos um processo de visualização focado que junta as pessoas de uma forma pessoal significativa, profundamente engajadora e frequentemente resulta em uma experiência emocional para criar um poderoso documento em poucos dias. Ele funciona porque engaja as pessoas, valoriza todas as contribuições e cria uma poderosa dinâmica de grupo conforme as ideias são refinadas em um documento claro, conciso e convincente.

Refletindo sobre nossa jornada, encontramos os seguintes elementos críticos para um processo de visualização cultural:

Todos são Importantes

1. **Preparação Intencional.** Uma visão perdura, em parte, porque é cuidadosamente preparada e facilitada através da sessão de visualização. Enquanto o resultado final é a razão para reunir as pessoas, existe um tremendo valor no processo propriamente dito. Utilizamos o pré-trabalho de forma significativa para trazer as pessoas para um lugar de inspiração antecipadamente, com leituras inteligentes, vídeos e comentários reflexivos. Esse pré-trabalho dá às pessoas a chance de ouvir as vozes de seus colegas participantes antes mesmo de se conhecerem, ajuda-os a atingir o chão correndo, e cria forte unidade em um curto espaço de tempo.

2. **Uma Grande Variedade de Participantes.** A visão não é desenvolvida por uma equipe de líderes seniores, mas por um comitê representativo de pessoas comprometidas com perspectivas diferentes convidadas para participar com base em seus potenciais de liderança. Elas representam uma variedade de papéis e negócios dentro da organização. Nós atrelamos o conhecimento coletivo e desenhamos o processo de maneira que todos sejam ouvidos e nenhuma voz seja dominante.

3. **Foco nas Pessoas.** Enquanto a maioria das declarações de visão foca em produtos ou serviços, nossa visão se relaciona ao impacto que temos nas vidas das pessoas.

4. **Descrever o Estado Ideal.** Nós focamos não em quem achamos que somos, mas em quem queremos ser. Encorajamos os participantes a pensarem grande, sem medo de ficarem presos a objetivos financeiros ou em como iremos alcançar a visão. Engajamos em conversas sobre o que é possível e pintamos uma imagem vívida da organização ideal que gostaríamos criar se pudéssemos remover todos os gargalos.

Usando Visualização para Resolver Qualquer Problema

Na Barry-Wehmiller, usamos a visualização para discutir todos os desafios significativos que enfrentamos, incluindo segurança, bem-estar dos membros da equipe, e alinhamento de incentivo. As raízes deste uso de visualização datam de 1999.

Havíamos acabado de completar as aquisições de Thiele, Accraply, Hayssen e Bemis Packaging Machinery Company. Pela primeira vez, tínhamos um grupo de presidentes de divisão se conectando como pares e começando a criar relacionamentos. Antes dessas aquisições, havíamos abordado o mercado com uma organização centralizada de vendas para alavancar a nossa presença no mercado e a base de clientes de cada uma de nossas empresas. Conforme fomos crescendo, começamos a experimentar conflitos no mercado que não eram saudáveis para nossa equipe de vendas ou eficientes para nossos clientes. Havíamos superado a nossa abordagem de mercado. O grupo de colegas presidentes tentou desenvolver uma melhor estrutura para a organização de vendas, mas não conseguiu chegar a um consenso e pediu a minha ajuda.

Eu havia perdido a minha voz aquele dia, então, fechei a porta da minha sala para evitar ter que falar e comecei a pensar sobre o problema. Em vez de abordar o problema do atual estado com todos os seus desafios organizacionais e relacionais, eu pensei: "Como deveria ser a nossa abordagem ideal para o mercado?" Comecei a anotar o que considerava "comportamentos ideais de um executivo de vendas".

Quando terminei, convidei um grupo pequeno e diverso de membros da equipe para me ajudar a refinar as ideias. Chegamos a afirmações como "Operaremos a partir de uma base de confiança. Compartilhamento de informações e comunicações abertas criam vantagem competitiva. Participe quando você puder agregar valor".

Todos são Importantes

Com uma simples visão de como queríamos nos comportar no mercado, nós nos perguntamos: "O que levaria as pessoas a se comportarem daquela maneira?" Baseados nas respostas que coletamos, reorganizamos a estrutura de vendas, implementamos um novo meio de comunicação, efetivamos um programa de incentivo que encoraja o comportamento certo, e desenvolvemos programas de reconhecimento e celebração para aqueles que abraçaram a mudança. Nosso foco era criar uma abordagem mais **eficiente** (*efficient*) para atender o mercado, **exacerbar** (*enhance*) a experiência de vendas para nossos executivos de vendas e clientes, e para **empoderar** (*empower*) executivos de vendas: dessa forma, denominamos o programa de E3.

Durante todo o processo de visualização, Rhonda Spencer estava preocupada com os desafios existentes no estado atual. Eu a encorajei a focar no que **poderia** ser, não onde estávamos no momento. Por exemplo, quando desenhamos o programa de incentivos, ela defendeu tomar algumas precauções para assegurar que as pessoas seguissem as regras. Eu disse: "Não. Nós dissemos que iríamos confiar nas pessoas. Vamos confiar que elas farão a coisa certa, e faremos as mudanças se forem necessárias". Confiamos nas pessoas, e elas responderam agindo de maneira digna de confiança.

No primeiro ano do programa, emergiram US$ 20 milhões em oportunidades que foram compartilhadas por várias divisões, oportunidades essas que não teriam sido identificadas sem o programa E3. O ambiente cultural mudou virtualmente da noite para o dia.

Agindo Conforme o Discurso (*Walking the Talk*)

Esboçar uma declaração de visão é relativamente fácil. O que é crítico é o que se faz com ela uma vez que o documento é redigido. É essencial propagar rapidamente a ideia através da organização e entranhá-la nas mentes e nos corações das pessoas. Fazemos isso através de sessões com pequenos grupos, onde os líderes comunicam a visão e pedem às pessoas para identificar lacunas entre a realidade de suas experiências e a visão declarada. Quando as lacunas são identificadas, os líderes tomam decisões imediatas para fechá-las. Se não puderem fazer isso, eles explicam por quê.

Uma Visão para Segurança

Como uma empresa de manufatura, a segurança está sempre na linha de frente de nossas mentes. Ninguém sai da cama pela manhã e decide voltar para casa sem um dedo ou sofrer um acidente sério. Mesmo assim, as pessoas ainda correm riscos demasiados, apesar do trabalho intenso dos nossos comitês de segurança e cartazes em toda parte mostrando como se manter seguro.

Em uma rápida sucessão, experimentamos alguns acidentes sérios em algumas fábricas. Em um caso, um membro da equipe estava prestes a trabalhar em uma grande peça de metal e não percebeu que a pessoa que havia trabalhado na máquina antes dele não a havia travado. A peça escorregou e o atingiu no pé, causando um esmagamento que foi tão sério que ele perdeu a metade do pé. Outro membro da equipe estava trabalhando dentro de uma grande prensa. Ele perguntou a um colega que estava trabalhando no painel elétrico: "Você tem certeza que é seguro?"

O engenheiro respondeu: "Claro que sim, está desligado". Mas não estava; o membro da equipe foi puxado para dentro da máquina e se cortou tão profundamente que quase sangrou até a morte.

Estes foram incidentes terríveis, e lidamos com eles da melhor forma que podíamos. Pouco depois, um de nossos executivos de finanças entrou no escritório do diretor de RH e disse: "Temos um problema. Nosso custo de com-

Todos são Importantes

pensação de pessoal está subindo significativamente. Teremos que fazer algo ou iremos estourar o orçamento".

Como é a nossa prática, paramos para pensar sobre o problema de uma forma mais profunda. Para conectá-lo com nossos valores e visão, decidimos fazer uma sessão de visualização de segurança. Nós dizemos: "Nós medimos o sucesso pela forma que tocamos as vidas das pessoas". O que isso significa para a segurança? O problema é realmente o custo de compensação dos trabalhadores e o número de dias perdidos por causa de acidentes? Não achávamos que fosse.

Por fim, a equipe chegou à seguinte visão, que chamamos de nosso Pacto de Segurança: "Nós nos comprometemos a mandar nossos membros de equipe todos dias de volta para casa em segurança". Em essência, estamos simplesmente dizendo: "Não queremos que nossos amigos se machuquem".

Adotamos essa nova visão de segurança e, em um ano, o custo de compensação dos trabalhadores caiu pela metade e se mantém abaixo da média da indústria. Por que? Porque **inspiramos** segurança, em vez de simplesmente informar as pessoas sobre práticas de segurança e de inspecioná-las. Fizemos isso de um lugar de zelar mais pelas pessoas do que se preocupar com custos. Nós despertamos as pessoas para a nossa responsabilidade compartilhada de cuidar uns dos outros. Agora, todas as nossas pessoas estão vigilantes para corrigir qualquer coisa, em qualquer lugar, que possa ser insegura, que poderia, possivelmente, machucar a si ou a um dos seus amigos.

Um bom processo de visualização cria defensores para a maneira de ser da organização. As pessoas que participam das sessões são frequentemente tão energizadas pela experiência que se tornam embaixadoras apaixonadas pela nova visão. Elas começam a vivê-la e se transformam em símbolos vivos e defensoras ardentes da visão dentro da organização.

John Quinn, presidente da Engle Martin (uma empresa do portfólio da Forsyth Capital), fala sobre como foi ter os participantes voltarem para a organização inspirados pela nova visão: "A sessão cultural para criar 'The EM Way' foi verdadeiramente poderosa, mas a forma como compartilhamos a visão pela organização nas semanas e meses que se seguiram foi ainda mais poderosa. Eu criei uma mensagem em vídeo para compartilhar com cada colaborador da organização. Tivemos os executivos seniores da organização falando para cada um dos nossos escritórios regionais em conversas frente a frente. Esses diálogos foram essenciais por duas razões. Primeiro, nossos profissionais podiam ver nossa linguagem corporal e sentir nosso compromisso com isso. Segundo, podíamos testemunhar em primeira mão como eles respondiam e lidar com as questões imediatamente com informações e ações. Incorporamos isso nos principais processos organizacionais, incluindo recrutamento, orientação para novos empregados e gestão de desempenho. Com o tempo, isso se transformou em tudo, menos papel de parede corporativo. É uma coisa em que todos nós acreditamos profundamente, e que passou no teste do tempo através dos altos e baixos do mercado e das múltiplas aquisições".

Existe uma vitalidade e uma vibração em todas as nossas declarações de visão. Nossas pessoas não as veem como abstrações teóricas, e nossos líderes são frequentemente desafiados a viver de acordo com elas. As pessoas dirão coisas como: "Isso não é muito POL". É como a luz de um farol, assegurando que quando saímos do caminho – como inevitavelmente acontece de tempos em tempos – podemos corrigir rapidamente o nosso curso. Fechamos com essas reflexões de Joe Wilhelm, do Design Group, sobre o que a visualização tem significado para o negócio e para ele, pessoalmente, como líder:

O exercício original de visualização, em 2001, foi inicialmente um tanto perturbador. Definir um grande e audacioso objetivo é uma coisa, mas ninguém quer

Todos são Importantes

se comprometer além da conta com o CEO da empresa e depois falhar. Mas, ao longo do tempo, aprendi a valorizar o fato de que eu tinha a completa confiança e apoio de Bob. Ficou óbvio que a busca de objetivos altamente ambiciosos era saudável para a organização, e que Bob não tinha a intenção de nos "penalizar" se falhássemos em alcançar essas metas. Conforme alcançávamos um nível de sucesso, isso gerava uma maior confiança em toda a equipe de liderança. Ter uma visão ambiciosa baseada em princípios me empoderou a falar para a organização com um grande senso de propósito. Isso encorajou toda a equipe de liderança a pensar grande, a "sonhar alto". Eu, pessoalmente, comecei a pensar "fora da caixa" – de uma forma responsável – sem ser limitado pelo processo convencional de planejamento associado a objetivos orçamentários.

Alcançar um sucesso maior através do processo de visualização nos permitiu crescer a equipe e avançar as carreiras dos nossos profissionais em um ritmo acelerado. Crescimento levou a promoções e avanço das carreiras dentro dos níveis organizacionais. Esta parte do processo de visualização – o que ele significa para as pessoas – tem sido a mais gratificante para mim. Essencialmente, o processo de visualização me tornou um líder muito melhor. É um elemento fundamental de liderança em todas as organizações.

Capítulo 8

| Uma Nova Forma de Liderar |

Steve Kreimer era um mestre montador e expedidor que se tornou um supervisor em uma de nossas fábricas da BW Papersystems. Com sua atitude calorosa e seu sotaque sulista, a personalidade de Steve lhe deu um toque mais sutil que a maioria dos gerentes tradicionais. Ele havia trabalhado na fábrica de Baltimore por mais de vinte anos antes da empresa ser adquirida pela Barry-Wehmiller.

Steve Kreimer sabia como ser um supervisor, pois havia modelado sua rotina diária em seu predecessor. Ele assegurava que as pessoas chegassem na hora, processassem o retrabalho, expedissem peças, e cuidassem de outros problemas que aparecessem. Steve sempre queria fazer a coisa certa; fora do trabalho, era um bombeiro voluntário. Ele tentava ser o mais focado possível nas pessoas em uma empresa com uma mentalidade de negócios tradicional. Após a aquisição, apresentamos os Princípios Orientadores da Liderança na fábrica e sugerimos que ele fosse o líder, o cuidador da nova cultura, um treinador e mentor. Ele olhou diretamente para nós e respondeu: "Eu adoraria, mas não tenho a menor ideia do que devo fazer".

Ele continuou: "Eu entendo a visão; de fato, eu amo a visão. Mas o que exatamente vocês querem que eu **faça** todos os dias? Eu sei exatamente como ser um supervisor. Mas um líder? Eu não tenho ideia de como ser um líder. Eu não faço ideia do que é liderança".

Oitenta por cento das pessoas na maioria das empresas responde para líderes da linha de frente como Steve. A forma que eles lideram é a cultura da empresa. A pergunta de Steve era pungente e profunda ao mesmo

Todos são Importantes

tempo. Ele estava inspirado e ansioso para aceitar essa fantástica responsabilidade de liderança. Mas isso não pode ser traduzido em ação, a não
ser que sejamos capazes de ensinar às pessoas não apenas as habilidades
técnicas para o seu papel, mas também o que **significa** ser um líder.

A Ideia de um Checklist de Liderança

Quando os pilotos se preparam para voar, eles precisam realizar uma
rigorosa revisão de segurança, orientada por uma detalhada lista de verifi-
cações (checklist) – não uma vez por mês ou mesmo uma vez por dia, mas
a cada vez e toda vez que eles voam. Pilotos e seus passageiros não são as
únicas pessoas que se beneficiam de um checklist. Nos Estados Unidos,
aproximadamente 440.000 pessoas morrem anualmente por causa de erros
médicos em hospitais.[25] Infecções hospitalares são quase que totalmente
evitáveis. Em 2001, Peter Pronovost, um médico especialista em cuidado
intensivo no Hospital Johns Hopkins, em Baltimore, Maryland, desenvolveu um checklist simples, de cinco itens, para lembrar os médicos de medidas básicas de segurança. O resultado: nos locais de teste em Michigan, as
infecções hospitalares caíram de 2,7 por 1.000 pacientes para virtualmente
zero em três meses. Mais de 1.500 vidas foram salvas nos primeiros dezoito
meses, economizando US$ 100 milhões ao Estado de Michigan. Estima-
-se que a simples ideia do Dr. Pronovost tenha salvado mais vidas do que
o trabalho de qualquer cientista de laboratório na última década.[26] Além
disso, uma quantidade enorme de pessoas foi poupada de sofrimento desnecessário e prolongadas estadias em hospitais. Claro, parece apenas bom
senso, mas a realidade é que "bom senso é raramente uma prática comum".
Mesmo hoje, muitos médicos e hospitais ignoram essa prática simples.

Com esses dois modelos, fomos inspirados a criar um "checklist de li-

Uma Nova Forma de Liderar

derança", que descreve as ações essenciais que os líderes em nossa organização devem observar todos os dias. Não é nenhum exagero dizer que os líderes também têm vidas preciosas aos seus cuidados todos os dias, assim como pilotos e médicos. Como essas pessoas são tratadas ao longo do dia de trabalho determina como elas estarão ao voltar para casa – ranzinzas e esgotadas ou felizes e realizadas. Decidimos transformar o nosso documento de Princípios Orientadores da Liderança de uma declaração de visão pendurada na parede em um documento de trabalho que as pessoas pudessem levar em seus bolsos e seguir todos os dias.

Começamos perguntando aos líderes de nossa organização: "O que um líder da Barry-Wehmiller É, Conhece e Faz?" Essas são as três dimensões do modelo de liderança do Exército dos Estados Unidos. "Ser" está relacionado ao seu caráter como líder, quem você é como pessoa. É estar consciente dos seus valores pessoais e alinhado com os valores da organização, que para o Exército são lealdade, responsabilidade, respeito, altruísmo, honra, integridade e coragem pessoal. "Conhecer" está relacionado ao conhecimento e habilidades necessárias para ser um bom líder. Para o Exército, estas são habilidades interpessoais, conceituais, técnicas e táticas. "Fazer" está relacionado às ações – os comportamentos em que os líderes se engajam. Eles incluem influência, operação e melhorias.[27]

Checklist de Liderança

Eu aceito a incrível responsabilidade da liderança. As diretrizes a seguir descrevem as minhas ações essenciais como líder.

- Eu pratico o cuidado com os Princípios Orientadores da Liderança

Todos são Importantes

através do meu tempo, das conversas e do desenvolvimento pessoal.

- Eu defendo a segurança e o bem-estar através das minhas ações e palavras.

- Eu me espelho em liderar minha equipe a alcançar resultados fundamentados em propósito.

- Eu inspiro paixão, otimismo e propósito.

- Minha comunicação pessoal cultiva relações gratificantes.

- Eu promovo uma comunidade de equipe na qual estamos comprometidos uns aos outros e na busca de um objetivo comum.

- Eu exercito liberdade responsável, empoderando cada um de nós para atingir nosso potencial.

- Eu me empenho ativamente no crescimento pessoal dos membros da minha equipe.

- Eu facilito interações significativas em grupos.

- Eu estabeleço objetivos, treino e mensuro resultados que definem a vitória.

- Eu reconheço e celebro a grandeza dos outros.

- Eu me comprometo com a melhoria contínua diária.

Quando engajamos nossas mentes, corações e mãos em torno desses hábitos, alcançamos níveis extraordinários de confiança e realização.

Uma vez que havíamos gerado a lista de qualidades, competências e comportamentos através desse processo, asseguramos que eles estivessem em harmonia com os nossos Princípios Orientadores da Liderança. Usando nosso processo de visualização, e a contribuição dos nossos líderes em mais de 250 traços e característica diferentes, criamos nosso Checklist de Liderança – comportamentos de liderança que poderíamos treinar em nossa organização e que impactariam a vida cotidiana das pessoas em nossa empresa.

Na Barry-Wehmiller, frequentemente mencionamos a "incrível responsabilidade de liderança". Esse é um reconhecimento de que ser um líder significa escolher ativamente ser um bom cuidador das vidas confiadas a você. Você pode ter um título de liderança, mas isso não significa necessariamente que você tenha aceitado a verdadeira responsabilidade de liderar. Quando ensinamos liderança, encorajamos os participantes a pensar profundamente nas escolhas que fazem e considerar a liderança como um compromisso consciente ao invés de um título ou uma descrição de um papel na organização.

Aceitar a incrível responsabilidade de liderança na Barry-Wehmiller significa internalizar e focar em todos os itens do Checklist de Liderança todos os dias. Significa educar-se e desenvolver-se continuamente para se tornar um líder melhor. Pedimos para as pessoas desaprenderem muito do que já aprenderam, examinarem criticamente as suas práticas passadas, e determinarem o que podem fazer diferente para viver nosso modelo de liderança verdadeiramente humanizada. Nosso curso de Fundamentos de Liderança inclui uma imersão em cada um dos doze itens do Checklist de Liderança.

Um importante aprendizado para os participantes sobre nossa abordagem de liderança é que eles podem ser – de fato, devem ser – a mesma pessoa no trabalho e em casa. Eles não precisam usar uma máscara no trabalho. O Checklist de Liderança não é apenas para as oito ou dez horas que as pessoas passam no escritório ou na fábrica. É para as vinte e quatro horas e para todos os aspectos das suas vidas.

Todos são Importantes

Como reflexo disso, os comentários que as pessoas fazem após passarem pelo curso de Fundamentos da Liderança têm mais a ver com seus casamentos, filhos e suas relações com membros da família do que com trabalho. Claro que nós vemos o tremendo benefício de desempenho e crescimento pessoal no trabalho. Cada um de nós é, apesar de tudo, uma pessoa, apesar de vestirmos diferentes chapéus em casa e no trabalho. Levamos naturalmente habilidades e perspectivas que desenvolvemos no trabalho de volta para casa, e trazemos coisas que desenvolvemos em casa para nosso local de trabalho. Essas habilidades impactam nossas mais importantes relações em casa e no trabalho.

Carol O'Neill é nossa VP de estratégia, tecnologia e iniciativas-chaves. Ela dá um enorme valor ao Checklist de Liderança como uma forma de desenvolver bons hábitos de liderança:

Quando vi o checklist pela primeira vez, pensei que, de certa forma, ele era bastante óbvio: uma lista de coisas que você deveria fazer como um líder. Para mim pessoalmente, mesmo achando que fui programada para ser uma boa pessoa, não sou muito boa em reconhecimento. Infelizmente, acabo enfatizando aquilo que não funcionou tão bem em vez do que funcionou. Eu decidi transformar o Checklist de Liderança em uma planilha com "semanas" escrito na linha superior. No final de cada semana, me pergunto: "No decorrer da semana, eu pratiquei essas coisas como líder? O que eu fiz proativamente para criar um ambiente no qual todos voltam para casa inteiros, com tantos dedos quantos tinham quando vieram para o trabalho?" Se, no final da semana, eu não pudesse dizer o que havia feito para progredir de maneira proativa, eu me perguntava: "O que eu deveria ter feito com base nas experiências que tive esta semana, e o que eu deveria me esforçar para fazer na próxima semana?" Acho que é realmente importante manter o controle desse processo.

Jay Deitz, diretor de manufatura na BW Papersystems, foi parte da equipe que desenvolveu o Checklist de Liderança. Ele relembra se sentir muito bem ao incluir "inspiração" como um elemento-chave no checklist:

Estávamos em um grupo explorando ideias sobre o Checklist de Liderança. Uma vez que tínhamos todas as ideias apontadas, nós as categorizamos usando o processo de afinidade. Tínhamos umas dez categorias no quadro. Descobri que "inspiração" estava faltando na lista. Naquele momento, eu era um líder da linha de frente na organização. Apesar do receio, decidi pressionar o grupo para incluir inspiração.

Em minhas experiências de vida, não encontrei nada mais importante do que a inspiração. Fui treinador em nível nacional e internacional de esqui cross-country. Minha filha foi campeã nacional e, portanto, tive o privilégio de trabalhar com atletas de elite e reconhecer até onde as pessoas poderiam chegar quando estavam inspiradas. Especialistas nos dizem que atletas não são capazes de exceder certos níveis de desempenho. Ao longo da minha vida, vi que, uma vez que a emoção aparece e você tem paixão, o potencial simplesmente se abre. Por causa disso, eu estava muito empenhado em incluir inspiração em nosso checklist.

Foi necessário algum convencimento para que o grupo aceitasse a ideia, o que acabou acontecendo. Pouco depois, Bob Chapman veio se encontrar com o nosso grupo para saber como estavam avançando os trabalhos. Depois de rever os doze pontos da liderança que havíamos incluído, o comentário de Bob foi de que "inspiração" era um dos pontos mais importantes, se não o mais importante.

Minha inspiração pessoal vem de servir nossas pessoas e viver de acordo com nossos princípios. Eu tenho duas coisas emolduradas na parede do meu escritório. Atrás de mim, tem uma foto do tamanho de um pôster de toda nossa equipe. Assim, eu tenho toda minha equipe sempre olhando por cima do meu ombro! À minha direita, tenho um grande cartaz com os Princípios Orientadores da Liderança. Todos os dias, quando as pessoas vêm ao meu escritório e estamos conversando sobre decisões que precisamos tomar ou desafios que estamos enfrentando, eu posso me referir tanto ao quadro atrás de mim como ao cartaz com os Princípios Orientadores da Liderança do meu lado direito.

Todos são Importantes

Nós encontramos três chaves mestras para nossa cultura de liderança – escuta profunda, vulnerabilidade autêntica e paciência corajosa.

Escuta é uma habilidade muito desvalorizada em nossas organizações e na nossa cultura. A sabedoria convencional é que líderes dizem às pessoas o que fazer e como agir. Nós descobrimos que a coisa mais poderosa que um líder pode fazer é escutar de forma profunda e verdadeira. Essa é a essência do nosso poderoso programa de Treinamento em Habilidades de Comunicação, que é um pré-requisito para uma série de cursos na Universidade Barry-Wehmiller. Como o especialista em liderança Kevin Cashman diz: "Com que frequência nós paramos para estar genuinamente presentes com alguém? Com que frequência realmente escutamos o que a outra pessoa está dizendo e sentindo em vez de filtrar pesadamente através das nossas preocupações imediatas e pressões de tempo? Escuta autêntica não é fácil. Escutamos as palavras, mas raramente diminuímos a velocidade para escutar e sentir com nossos ouvidos para entender emoções, medos e preocupações ocultas... Isso não só vai ajudá-lo a entender o valor e a contribuição que a outra pessoa traz, mas também vai criar uma nova abertura no relacionamento que permitirá que você expresse a si mesmo e seja escutado de maneira mais autêntica".[28]

Vulnerabilidade também é fundamental. Nós ensinamos nossos líderes a compartilhar suas forças e também seus desafios. Isso cria um ambiente onde outros se sentem à vontade para compartilhar. Dizemos meio de brincadeira que a nossa experiência de aprendizado é medida em "lágrimas-homem". Não é fácil para as pessoas superarem anos de condicionamento e se permitirem ser vulneráveis na frente dos colegas. Mas não é possível criar uma cultura verdadeiramente aberta e de cuidado se as pessoas constantemente colocam uma máscara e uma armadura quando vão trabalhar.

A terceira qualidade é a paciência corajosa. Isso é tão raro no mundo dos negócios de hoje que vale ser explorado em mais detalhe.

Paciência Corajosa

Nossa filosofia de "paciência corajosa" tem sido um fator-chave em nossa transformação. Cultura é um grande volante: se você estiver disposto a ser paciente e se manter verdadeiro à sua visão, no final, verá tanto resultados culturais como financeiros. Mas leva tempo para criar momento e ganhar velocidade. Paciência requer a habilidade de ver além do imediato para a grande oportunidade prometida pela visão. Nós focamos no que está funcionando e somos incrivelmente pacientes com aqueles que parecem "não entender".

Você **deve** ser paciente com as pessoas, porque você não sabe pelo que elas passaram. Em seu livro *"See You at the Top"* (Te vejo no Topo), Zig Zagler ilustra isso com uma parábola. Se você colocar algumas pulgas dentro de um pote e fechar a tampa, elas imediatamente começam a pular tentando escapar. Depois de baterem repetidamente na tampa do pote, elas acabam percebendo que não conseguem escapar e param de tentar. Elas continuam saltando, mas não tão alto. Se você agora remover a tampa, as pulgas seguirão saltando, mas não alto o suficiente para escapar do pote. Elas nem percebem que o pote não está mais fechado.

Você vê isso todo o tempo nas organizações. As pessoas são o produto das suas experiências. Não sabemos a que tipos de "tampas" elas foram submetidas. Mesmo que outra pessoa tenha colocado a tampa no pote, é nosso trabalho como líderes remover essa tampa e deixar que as pessoas saibam que é seguro saltar mais alto novamente.

Nós encorajamos as pessoas a pensar sobre a paciência em termos de anos, em vez de meses. Existem pessoas nas empresas que adquirimos que estão tão "quebradas" e carregam tanta bagagem das experiências do passado que pode levar anos para superarem o cinismo e restaurar a confiança. A espera vale a pena, porque esses indivíduos se tornam os mais

Todos são Importantes

apaixonados e efetivos exemplares e defensores da nossa cultura. Eles nos dizem: "Seja paciente com esta próxima pessoa – eu consigo entender onde estão, porque era exatamente onde eu estava". Estes ex-cínicos se tornam extraordinários facilitadores da nossa jornada de melhoria contínua, celebrados professores em nossa universidade, líderes seniores em nossa empresa, e fontes de inspiração para todos.

Bill Ury usa uma metáfora muito vívida para descrever a nossa filosofia de paciência corajosa: "É como estar dirigindo um ônibus em volta de um quarteirão repetidamente. Você segue pegando pessoas quando elas estão prontas, quando elas optam por subir. Mas você se mantém fiel aos seus valores e direção e pacientemente espera que elas subam a bordo". As pessoas sabem que o ônibus vai voltar, e que vai ter lugar para todo mundo, e ninguém vai culpá-las por não subirem antes. Para estender a metáfora, é um negócio seguro (um negócio estável), e o motorista (líder) sabe o destino (visão) e a melhor rota para chegar lá (processo e cultura).

Rhonda Spencer relembra uma experiência na BW Papersystems nas matas no norte do Wisconsin:

> *Conforme começamos a aplicar a cultura prevista em nosso documento do POL, tentamos uma série de coisas diferentes. Em Phillips, Wisconsin, tivemos uma sessão com um grupo focado para falar sobre como estávamos avançando em viver essa cultura. Bem, isso abriu uma caixa de Pandora! Colocou nosso pequeno grupo em uma dura posição de ter que ouvir um monte de reclamações e preocupações sobre as lacunas entre a visão e a realidade. Eu me comprometi a ir até Phillips para ouvir esses membros da equipe e ajudá-los a entender onde estávamos na jornada. Depois de ter sentado, ouvido e falado para o grupo por algumas horas, eles disseram: "Você deveria ter essa conversa com cada uma das pessoas da organização de Phillips".*
>
> *Eu respondi: "Está bem, vou fazer isso". (Isso é uma interessante lição em co-*

municação. Nós sempre imaginamos que estamos fazendo um bom trabalho comunicando, mas, de fato, nunca conseguimos comunicar o suficiente.) Então, eu tive uma série de conversas (agora conhecidas como "sessões de cabana") na Cabana de Marschke, em Phillips, com todos os 400 membros da equipe, vinte de cada vez.

Em uma das sessões, eu estava falando sobre confiança quando uma mulher do fundo da sala gritou: "Senhora, eu não confio em você de maneira alguma!"

Pensei por um minuto e disse: "Bem, eu não a culpo. Você passou por muitas coisas aqui, e eu imagino que seja difícil de acreditar que o que estamos dizendo é verdade e que somos sinceros. Acho que precisamos ganhar a sua confiança". Essa foi uma revelação tão interessante para mim, pessoalmente; tendo crescido na Barry-Wehmiller e tido o benefício de ser liderada por tantos líderes que sempre tiveram o interesse do melhor para mim em seus corações, desenvolvi um novo nível de empatia pelo que as pessoas das empresas que adquirimos já haviam passado.

A história de Randall Fleming, um soldador no departamento de fabricação da BW Papersystems, exemplifica nosso compromisso com a paciência corajosa. Randall, que era conhecido como Randy, é um ex-membro do Exército dos Estados Unidos. Ele tem mais ou menos 1,90 m de altura e tem sido fisiculturista a vida toda. Andy se descrevia como um *stormtrooper* (em referência ao filme Star Wars) e ficava na parte de trás de nossa fábrica; a maioria das pessoas não queria nem passar por perto da sua área de peças, e ele gostava disso dessa forma. Fora do trabalho, tocava em uma banda heavy metal e usava um chapéu preto de caubói, óculos escuros e um casaco longo de trincheira. Parecia o próprio demônio saído do inferno e encarando o público. Esse foi o modelo mental que ele trouxe para a Barry-Wehmiller. Foi formatado pelas experiências de sua vida pessoal e no trabalho, que aparentemente drenaram toda a humanidade dele.

Em 2006, nossa jornada de melhoria de processo estava sendo lançada em Phillips. A resposta de Randy foi: "Eu não quero ter nada a ver com

Todos são Importantes

isso. Isso é apenas um artifício corporativo para nos fazer trabalhar mais e tirar mais de nós". Ele disse isso de forma alta e repetitiva, e ativamente desencorajou as pessoas de participar dos eventos de melhoria.

Aqui está Randall, descrevendo a sua jornada em suas próprias palavras:

Eu vim para cá direto do exército, sem nenhuma educação ou profissão. Estava trabalhando para me tornar um montador, e era um ambiente de trabalho bastante agressivo. Tínhamos quatro supervisores que circulavam pelas áreas de trabalho o dia todo, assegurando que todos estavam trabalhando. Havia pouco compartilhamento de informação, porque eles acreditavam que não precisávamos saber de nada. Eu não sabia quem eram os líderes seniores. Nós não tínhamos um bom relacionamento com a equipe de engenharia, principalmente porque culpávamos uns aos outros por todos os problemas que tínhamos. Era manufatura à moda antiga: Você vem para o trabalho todo dia, não faz perguntas ou qualquer movimento, e assegura que finalizará o seu trabalho.

Esses foram os meus primeiros dez a quinze anos no mundo da manufatura. Quando a Barry-Wehmiller nos comprou, grandes mudanças aconteceram. Eles trouxeram a ideia de Manufatura Enxuta (Lean), que era um conceito totalmente novo para nós. Eles também começaram a ir na direção do que eles chamam de "cultura com foco nas pessoas". Para alguém que cresceu no exército e depois no ambiente de manufatura onde você não faz perguntas, apenas o seu trabalho, esse era um conceito bem estranho. Além de não acreditar, também lutei contra ele, porque era tão diferente de tudo o que eu havia aprendido. Agora eu posso dizer que esse é um dos ambientes mais abertos que já vivenciei, 180 graus de diferença de onde eu estava antes.

O momento da virada para mim foi quatro anos atrás, quando decidi sair da empresa porque eu queria fazer mais com a minha vida. Eu havia evoluído bem pessoalmente, percebido que queria ajudar pessoas, mas não conseguia encontrar a forma de fazê-lo. Quando conversei com um de nossos líderes mais antigos, Jay

Dietz, sobre a demissão, ele me ofereceu oportunidades para ficar aqui e fazer a diferença. Era inacreditável para mim; alguém realmente havia dito: "Nós vamos te dar a oportunidade para você fazer o que quer fazer".

Um bom amigo meu – meu quiroprático, Tim Wakefield – havia escutado uma apresentação de Bob Chapman, e me disse: "Por que você não tenta fazer um desses cursos? Se você não achar que valeu a pena, eu te ajudo a procurar outro trabalho."

Bem, eu fiquei, e estou muito feliz por ter ficado! Sou agora um professor na Universidade Barry-Wehmiller. Eu ensino o módulo de Inspiração para o curso de Fundamentos da Liderança, e também ensino Inspirando Mudanças Responsáveis. Fui da pessoa que não queria fazer isso para a pessoa que agora ensina isso!

Tudo em mim é diferente e tudo mudou na minha vida. Eu vejo minhas filhas, Alicia e Jenna, a cada dois meses, e todas as vezes que estou com elas, elas me dizem que eu mudei um pouco mais. Elas não conseguem acreditar o tipo de pessoa que estou me tornando. Isso me faz feliz, e também me deixa triste, porque eu queria ter sido assim com elas o tempo todo. Elas são minhas melhores amigas agora. Meus pais e eu temos um relacionamento muito melhor do que jamais tivemos. Eu não tenho mais os mesmos amigos, tenho amigos diferentes que são muito mais parecidos comigo agora: eles querem ter um impacto no mundo e nas pessoas ao seu redor. Isso abriu os meus olhos para a possibilidade que, mesmo depois dos meus cinquenta e dois anos de vida, ainda posso fazer a diferença no mundo. Estou mais animado sobre onde estou hoje na minha vida do que jamais estive.

Randy agora é um líder na nossa jornada de melhoria contínua, sendo um mestre facilitador dos eventos de *kaizen* e outros projetos de melhoria. (*Kaizen* é um termo em japonês composto de dois caracteres distintos: *kai*, significando "mudança", e *zen*, significando "boa". Assim, "*kaizen*" simplesmente significa "mudança para melhor".) Ele é provavelmente o mais sonoro defensor da nossa jornada de melhoria contínua por toda a Phillips. Como professor de inspiração do nosso curso de Fundamentos da Lideran-

Todos são Importantes

ça, ele ensina outras pessoas a alcançarem a sua própria inspiração pessoal e como inspirar os outros. O *stormtrooper* que ficou de pé no fundo da sala gritando "Não confie neles!" é hoje um dos maiores defensores de inspiração e melhorias em toda a nossa organização. Ele tocou inúmeras vidas em toda a organização – quase cada uma das mais de 630 vidas da BW Papersystem, em Phillips, além de muitas outras pela América do Norte. Ele agora também ensina e apresenta para nossas pessoas das operações na Europa. Ele interagiu com líderes seniores, clientes de alto escalão, líderes de negócios locais e outros interessados em aprender sobre a nossa cultura. As pessoas têm insistido para que escreva um livro sobre a sua jornada de transformação e crescimento, da mudança do isolamento e hostilidade para a sinceridade e cuidado. Randy é um homem que renasceu, e é incrivelmente inspirador de ver. De fato, ele mudou tanto que não usa mais o nome Randy e prefere ser chamado de Randall.

Se tivéssemos dado a Randall somente três ou seis meses, se não tivéssemos demonstrado a paciência corajosa, ele nunca teria tido a sua transformação pessoal, e nunca se tornaria um líder exemplar, uma luz brilhante para toda a organização. Isso tem sido imensamente pessoalmente recompensador para Randall e outros como ele, e tem gerado benefícios duradouros para nossa cultura. As pessoas veem que estávamos dispostos a ter paciência com Randall, que não houve ressentimentos, e que ele é um exemplo para toda a organização. A metamorfose de Randy em Randall tem inspirado muitos outros a passarem por suas próprias transformações.

As Pessoas são Boas

Uma grande verdade que aprendemos é: **As pessoas são boas; é a nossa liderança que é falha**. Quando as pessoas desempenham mal, a

Uma Nova Forma de Liderar

maioria dos líderes é rápida em culpá-las, e talvez até demiti-las sumariamente. É necessário introspecção e humildade para admitir: "Talvez isso seja uma consequência da minha fraca liderança". Isso é o que separa Jay Dietz dos líderes comuns. Em vez de ficar de lado durante a criação do Checklist de Liderança ou assumir que Randy era uma maçã estragada que deveria ser descartada, Jay estava disposto a aceitar a incrível responsabilidade da liderança. Sem líderes como Jay na organização, os Randys seriam empurrados ou descartados muito tempo atrás.

Vamos continuar com nossa história sobre Steve Kreimer, um dos nossos supervisores em Baltimore, Maryland. Steve, assim como Jay, foi uma das primeiras pessoas a se alinhar fortemente com os Princípios de Orientação da Liderança e o Checklist de Liderança. Ele fez deles aspectos diários do que fazia como líder em nossas áreas de montagem e de manufatura. Steve mudou a sua parte da organização de uma tradicional estrutura de silo para uma organização de "corrente de valor", que colocou todos no seu grupo em uma mesma equipe, esforçando-se para melhor atender as necessidades da organização e de seus clientes. Ele começou a destacar as pessoas como luzes brilhantes, celebrando as grandes coisas que elas faziam. O seu sucesso no trabalho cascateou em sua vida pessoal e como bombeiro voluntário. Baseado nas habilidades desenvolvidas na Barry-Wehmiller, ele liderou a maior angariação de fundos para a sua estação de bombeiros em toda a sua história, garantindo verba suficiente para construção de uma base completamente nova. Por fim, foi selecionado como o chefe daquela base. Apesar de estarmos tristes em vê-lo deixar a nossa organização, estávamos felizes por termos tido a oportunidade de compartilhar a sua jornada por um período de tempo. Ele ainda é parte de nossa família, um valoroso "ex-aluno" que está continuamente nos ajudando a avançar o nosso propósito maior de possibilitar maior alegria e realização através da forma que lideramos e trabalhamos.

Todos são Importantes

Jay Deitz continua maravilhado com o enfoque da Barry-Wehmiller para as pessoas:

O ambiente que tínhamos antes da aquisição pela Barry-Wehmiller era tão fraturado quanto você conseguir imaginar. Após a aquisição, vi a cultura ir de um extremo a outro. Um ponto importante, e isso realmente destaca a maneira como Bob lidera, é que não mudamos nenhum membro da equipe após a aquisição. A Barry-Wehmiller era relativamente nova nisso quando nos adquiriu; na época, éramos a maior aquisição que já tinham realizado. Eu tive a oportunidade de participar de muitas outras aquisições desde então. Aprendemos muito sobre como fazer aquisições. Mas uma coisa que não mudou foi que quando a Barry-Weh-miller entra, nós não mudamos os empregados, substituindo-os; nós os mudamos de uma maneira significativa com o passar do tempo em termos de atitudes, enga-jamento e realização. Tipicamente, os administradores dizem que o problema são os funcionários. A Barry-Wehmiller compra empresas que enfrentam severos desa-fios e não são vistas como oportunidades de alto potencial, trazendo uma mistura única de estratégia e cultura que permite que elas criem um futuro muito melhor.

Vamos fechar o capítulo com estes comentários de Randall Fleming:

A mensagem que eu gostaria de ver levada para o mundo é a mensagem que acredito que todos nós na Barry-Wehmiller que estamos nesta jornada queremos ver: que ainda existe esperança — não só para a manufatura nos Estados Unidos por causa do renascimento da manufatura de que somos parte — mas para pessoas ao redor deste mundo. Nós podemos verdadeiramente criar um mundo melhor se adotarmos o que estamos tentando fazer na cultura de manufatura da Barry-Weh-miller; podemos mudar o mundo para melhor, uma pessoa de cada vez. Podemos acordar todos os dias para um futuro mais brilhante. Podemos fazer isso fazendo o que ensinamos aqui na Barry-Wehmiller, que é: "Viver dos nossos valores e fazer

o que é certo". Isso inclui cuidar uns dos outros. Eu não costumava cuidar de nin-
guém além da minha família, e agora me preocupo com todos. Se todos nós levan-
tarmos todos os dias e fizermos o que é certo, como qualquer coisa pode dar errado?

Capítulo 9

| Humanizando o Processo |

Na luxuosa sala de conferência, era tudo sorrisos e apertos de mão entre a equipe de vendas da Barry-Wehmiller e um potencial cliente diante de uma venda iminente de US$ 5 milhões. Vestidos com seus sapatos de bico fino e ternos chiques, todos os vendedores seguravam a respiração conforme se aproximavam do aspecto final e mais crítico da visita: o tour pela fábrica. "Vamos apenas mostrar o desempenho da máquina e sair logo", era o sentimento geral. "Vamos rezar para que eles não percebam nenhuma outra coisa que está acontecendo ali".

Mas mesmo antes das portas duplas para a fábrica se fecharem atrás do grupo, era tarde demais. Um dos clientes apontou para um canto de trás na esquerda e sussurrou para seu colega com um sorriso malicioso. Estava claro que eles o haviam visto: Jimmy Hughes, mecânico veterano há trinta anos na nossa divisão BW Papersystems, em Baltimore. Ele estava tirando um cochilo encostado em sua máquina, cabeça enterrada no antebraço, olhos fechados. Um executivo de vendas balançou a cabeça. "Imprestável preguiçoso. Ele não dá a mínima. Por que mantemos esse cara por aqui?", ele pensou, enquanto apressava o grupo de clientes, envergonhado pelo que estava acontecendo na fábrica.

Avance rapidamente dez anos. Jimmy Hughes é a parada número um em todas as visitas à fábrica, e as pessoas frequentemente ficam para trás no grupo para lhe fazer perguntas extras. Ele agora lidera uma equipe de seis pessoas e nunca esteve mais realizado, animado ou otimista. "O que aconteceu?", você deve estar pensando. Mas, primeiro, aqui está Jimmy

Todos são Importantes

descrevendo como a sua vida costumava ser:

Eu me considero um operário. Eu não uso palavras chiques como "empoderamento" e "realização" como os chefes no escritório. Mas sempre tentei realizar um dia de trabalho honesto por um dia de pagamento honesto. Mal-entendido. Esse era eu por grande parte de minha carreira. Vários ternos ficavam mudando no escritório central, usando um monte de palavras floreadas sobre cultura. Mas eles nunca entenderam muito o que eu fazia. Eu trabalho com as minhas mãos, me sujo e me orgulho disso – porque eu pego um pedaço cru de aço e o transformo em alguma coisa útil, alguma coisa que ajuda a fazer caixas que embalam quase tudo. Eu aposto que você conhece pessoas como eu – drenando-se no trabalho, tentando sustentar a família, carregando alguns quilos extras na barriga e muito pouco cabelo na cabeça, pegando o caos e fazendo algo de valor disso. Mas através de tudo isso, sempre mal interpretado e não apreciado.

Dez anos atrás, se você viesse à minha área, isso é o que você veria. Um homem com todo seu peso encostado na lateral da máquina, olhos fechados, tentando agarrar uns poucos minutos de paz. Parecia que eu estava tirando uma soneca, e de vez em quando acabava assim. Preguiçoso. Encrenqueiro. Era assim que as pessoas me viam. Mais de uma vez, eu sei que eles se perguntavam se precisavam manter alguém como eu na empresa.

Ninguém nunca chegou perto ou ficou tempo o suficiente para entender. Minha máquina funciona de trinta a quarenta e cinco minutos de cada vez. A informação que recebi era que eu deveria ficar por perto para garantir que nada desse errado. É infernalmente tedioso - como ficar vendo uma máquina de lavar funcionando. Mas eu estava completamente sozinho no canto de trás dessa fábrica escura e cheia de graxa. Eu não podia sair e buscar material para o próximo trabalho enquanto a máquina estava operando, e eu não podia controlar o que vinha para a minha estação ou para onde os itens iriam depois que eu terminava. Isso não parava as reclamações. Praticamente a toda hora, alguém com um título vinha até a minha estação e gritava, perguntando por que a peça dele ainda não estava pronta. Então eu parava o que estava fazendo e começava a trabalhar na parte dele. Na hora seguinte, outra pessoa com um título chique iria passar e me dizer para parar o que eu estava fazendo e trabalhar no item dele.

Você quer saber o pior de tudo isso? Todo dia no caminho para o almoço, eu passava pela prateleira do estoque onde minhas peças acabavam estocadas. As peças que eram tão importantes para os chefões? Elas continuariam paradas lá uma semana depois, acumulando poeira. Não tinha nada para mostrar depois de ser massacrado e manter a minha máquina funcionando oito longas horas a cada dia.

O Poder do Processo

Pense em todos os Jimmys em sua organização e o que eles enfrentam. Você conhece um amigo ou um membro da família que se sente dessa maneira? Na maioria das organizações de hoje, existem muitos Jimmys batalhando e sendo consumidos por sistemas arcaicos e lideranças indiferentes.

Em todos esses anos, ninguém deu a Jimmy a oportunidade de fazer as coisas de maneira diferente. Não havia nada para ele fazer enquanto a máquina estava operando, exceto se encostar nela e parecer que estava cochilando. Ele não havia desenhado o seu fluxo de trabalho daquela forma; os líderes anteriores da empresa o fizeram. Aqui estava uma grande oportunidade para um líder cuidadoso encontrar uma nova maneira de liderar Jimmy, para permitir que ele tomasse a responsabilidade pela sua área e redesenhasse o trabalho do qual era parte. Nós apenas tínhamos de descobrir como fazer isso acontecer.

Em outra parte da mesma fábrica em Baltimore, lançamos uma jornada de melhoria contínua, usando as ferramentas de Lean, com a coragem de perguntar para nossos colaboradores o que poderia ser melhor. A pri-

Todos são Importantes

meira resposta foi silêncio. As pessoas estavam hesitantes em se manifestar, imaginando se isso era o último artifício para cortar custos ou mais ar quente dos líderes seniores. Muitos faltaram à reunião em que o programa foi anunciado, confiantes de ele fracassaria em poucos meses.

Demandou humildade para que os líderes mais seniores ficassem de pé na frente de uma sala repleta de veteranos e dissessem: "Todos estes anos, fazíamos tudo errado. Ajudem-nos a corrigir isso. Mostrem-nos como". Esse foi o início do primeiro evento de melhoria contínua: dez pessoas trabalhando juntas por cinco dias para melhorar as coisas. Não havia hierarquia, títulos, diplomas ou graduações na sala. No quarto dia, muitos na equipe continuavam céticos – até que um dos maquinários de seis toneladas que estava enraizado em sua posição há décadas foi lentamente erguido e recolocado na posição que a equipe havia sugerido. Naquele instante, você quase podia ouvir a cabeça das pessoas mudando – talvez essa nova maneira de fazer as coisas fosse real, afinal de contas!

Quer seja manufatura, educação ou saúde, todos nós podemos nos identificar com as vacas sagradas de seis toneladas em nosso ambiente, velhas maneiras de fazer negócio que todos sabem estar fora de lugar, mas que parecem grandes demais para serem movidas. Elas ficam como enormes arranha-céus bloqueando o caminho para a humanização em nossos processos.

O segundo evento de cinco dias para melhoria foi na área de Jimmy, e não foi até o terceiro dia que ele falou mais de três palavras. Mas alguma coisa aconteceu naquele terceiro dia que o empurrou da borda. Ele relembra:

Durante aquele primeiro evento, eu só queria manter minha cabeça baixa, mas, finalmente, no terceiro dia, imaginei que não poderia ficar muito pior, então por que não compartilhar uma ideia? Eu não teria acreditado, mas eles pegaram a minha ideia e a colocaram no topo da lista – então eu continuei compartilhando. Contei a eles muitas outras coisas nos dois dias seguintes e nas próximas semanas e meses: como poderíamos planejar melhor, como eu poderia fazer coisas enquanto a máquina estava em operação, como poderíamos operar mais rápido.

Hoje eu continuo usando o macacão para trabalhar, e ainda me sujo transformando aço em algo de valor. Mas lidero seis pessoas que operam as doze máquinas no nosso setor da fábrica. Nós programamos nosso próprio trabalho, decidimos quando é necessário comprar mais material, e vemos o resultado do nosso trabalho ser montado em uma máquina dentro de poucos dias, às vezes horas, depois de terminarmos a nossa parte.

Tantas pessoas querem saber como fazemos isso. Nós temos visitas aqui quase todos os dias. Dois anos atrás, tivemos um astronauta aqui para aprender conosco. No ano passado, o governador de Maryland veio e me cumprimentou, porque agora sou a parada número um nas visitas à fábrica. Eu nem sempre sei por que eles querem me ouvir, mas eles sabem.

Eu não tenho muitos anos mais de trabalho, mas meu filho agora trabalha na empresa. Ele fez o curso de Lean e agora lidera os esforços de nossa equipe de manutenção para tornar o trabalho melhor para todos. E adivinhe, o novo líder de Lean aprendeu o trabalho de mecânico comigo, vinte anos atrás, no turno da noite. Quando ele tem alguma dificuldade, continua vindo até mim para ajuda.

"Nós Não Pagamos Você Para Pensar"

Larry Pierquet, um montador de mandril em nossa organização PCMC em Green Bay, estava conosco há quarenta e cinco anos e ficou afetuosamente conhecido como o garoto-propaganda de nossos esforços de melhoria contínua. Ele vivenciou um de nossos primeiros eventos de melhoria. Antes de começar, ele se perguntou: "Sobre o que iremos conversar por cinco dias inteiros? Eu faço essas peças há anos. Elas não são complicadas, e nós sabemos como fazê-las. O que poderia ser o foco de todo esse tempo

Todos são Importantes

juntos?" Ele nos disse que não queria nem mesmo participar por causa de uma coisa que havia acontecido com ele quarenta e dois anos antes: Como um jovem mecânico, ele estava tendo dificuldades em criar uma peça e foi ao seu supervisor segurando a peça deformada. Ele começou dizendo: "Eu acho que se apenas mudarmos isso...", mas o supervisor o interrompeu: "Pode parar. Nós não pagamos você para pensar. Volte para a sua máquina e faça a peça certa desta vez".

Daquele momento em diante, Larry nunca mais compartilhou nenhuma ideia de melhoria com a organização. Ele manteve seu silêncio por quarenta e dois anos! No decorrer do curso de melhoria contínua, Larry finalmente se abriu e compartilhou algumas de suas ideias. Ele viu que elas eram levadas a sério e implementadas imediatamente. Ele se levantou ao final do evento e disse que seria um "embaixador desse programa, porque todos eram tratados com respeito e dignidade, uma coisa que frequentemente era perdida em nossa organização". Alguns meses mais tarde, suas palavras ecoavam pelos corredores da conferência internacional do Lean Enterprise Institute. Após todas essas décadas de silêncio, Larry se tornou um entusiástico embaixador para a nossa forma de abordagem de Lean.

Outro mecânico em nossa organização PCMC chamado Chris Charniak disse: "Sabe, às vezes quando opero minhas máquinas, eu simplesmente me sinto como um robô. Tudo que eu faço durante o dia é apertar um botão e ligar alguma coisa, daí acontece e eu pego a peça e aperto o botão novamente. Não é muito gratificante". Chris ainda é um mecânico em nossa organização, mas ele também assumiu a posição de facilitador dos eventos Lean. Em vez de continuar a funcionar como um robô, ele focou em maximizar o impacto da sua máquina em sua área e depois começou a ensinar aos outros como fazer isso. Ele tocou toda a organização com sua habilidade de ajudar os outros a tornarem seus locais de trabalho mais efetivos.

Humanizando o Processo

Nós podemos trazer humanidade e dignidade de volta para o local de trabalho ao convidar as pessoas a se apropriarem do processo. Máquinas, sistemas e procedimentos existem para servir às pessoas, não o contrário. Através da abordagem correta da melhoria contínua, podemos encontrar a humildade, coragem e criatividade para colocar as coisas em seus lugares apropriados e restaurar a supremacia das pessoas sobre todo o resto.

Onde nós perdemos o nosso caminho com os processos da empresa? Quando começamos a usá-los para algemar as pessoas em vez de servi-las? Isso remonta à época da revolução industrial, que era toda a respeito dos processos de alavancar a produção em massa; as pessoas vinham das fazendas, onde tinham profissões agrícolas, e muitas perderam a dignidade do trabalho. Relembrando o choque de Alexis de Tocqueville quando visitou fábricas em Manchester, na Inglaterra, em 1835: "Aqui, a humanidade alcança o seu mais completo desenvolvimento e o seu mais brutal; aqui, a civilização realiza seus milagres, e homens civilizados quase voltam a ser selvagens".[29]

Usado de maneira correta, Lean oferece uma oportunidade única de libertar as pessoas para verdadeiramente contribuírem com suas virtudes e talentos, para ver e participar em diferentes partes do processo, e superar serem robôs, para contribuir de novas maneiras e sempre estar pensando em como fazer as coisas melhores. Infelizmente, a grande maioria das empresas que começa essa jornada falha em se tornar verdadeiramente enxuta (Lean). Vamos desembrulhar isso por um momento. Por que alguém consideraria começar uma jornada com 3% de taxa de sucesso?[30]

Antes de mais nada, praticamente todas as organizações adotam Lean exclusivamente para melhorar qualidade e rentabilidade. Segundo, as pessoas veem as ferramentas, mas perdem a oportunidade maior de ouvir aquelas que sabem como fazer as coisas melhor. Apenas eliminar desperdícios não é inspirador; a inspiração vem quando pessoas como Jimmy e Larry são verdadeiramente ouvidas e engajadas no processo. Por fim, as

Todos são Importantes

pessoas não têm paciência e comprometimento; uma jornada como essa não se encerra em seis meses ou um ano, mas dura a vida toda.

Lean com Compaixão

Lean é um processo disciplinado de melhoria contínua tradicionalmente focado na minimização do desperdício e na maximização do valor para o cliente. A organização sem fins lucrativos Lean Enterprise Institute declara: "Lean significa criar mais valor para os clientes com menos recursos. Uma organização Lean entende o valor para o cliente e foca em seus processos-chaves para continuamente aumentar esse valor. O supremo objetivo é prover um valor perfeito para o cliente através de um processo de criação de valor perfeito que tem desperdício zero".[31] Como você pode ver, **pessoas** – que são as que efetivamente criam o valor – não aparecem em nenhum lugar nessa descrição.

O fundamento do Lean é a ferramenta 5S do Sistema de Produção da Toyota. É baseado nas cinco palavras em japonês: *seiri, seiton, seiso, seiketsu,* e *shitsuke*, que podem ser grosseiramente traduzidas como "utilização", "ordenação", "limpeza", "saúde" e "autodisciplina".[32] (Nota da tradução: para se tornarem 5S, se adota em português a ideia de 'Senso de' utilização, limpeza, e assim por diante) 5S é uma ferramenta sistemática de gestão visual focada na eliminação do desperdício nos processos para gerar maior eficiência; seu objetivo é fazer com que os problemas sejam de fácil identificação e correção.

Na Barry-Wehmiller, expandimos os 5S para 7S, adicionando "segurança" e "satisfação" para alinhar melhor com nossa visão centrada nas pessoas. Nós começamos com a ideia de manter nossos amigos seguros, assim segurança é nosso primeiro S, e nenhum evento é concluído sem assegurar

Humanizando o Processo

que alcançamos a satisfação das pessoas que trabalham na área afetada.

7S é nosso fundamento para o Lean, porque alcança várias coisas essenciais:

- Ajuda as pessoas a olharem para seu local de trabalho através da lente da melhoria contínua.

- Permite que as pessoas vejam mudanças tangíveis em seus locais de trabalho em poucos dias.

- Empodera as pessoas para olharem para os seus ambientes de trabalho e selecionarem itens para serem eliminados; você precisa limpar a bagunça antes de ter espaço para acrescentar novos comportamentos.

- Quebra os silos: todos os 7S têm equipes multidisciplinares. É onde os engenheiros que estiveram desenhando peças por vinte anos e os mecânicos que as estiveram construindo por vinte anos se encontram, frequentemente pela primeira vez.

- Estabelece um ritmo e uma disciplina para melhorar, verificar e melhorar um pouco mais.

Ideias Lean são tipicamente usadas em evento *kaizen*. Como explicamos anteriormente, a palavra *kaizen* significa "mudança para melhor". Praticantes tradicionais de Lean geralmente definem melhor como sendo melhorias mensuráveis do negócio. Para nós, ele prioriza o melhor do indivíduo realmente fazendo o trabalho, tornando o trabalho mais fácil e menos frustrante.

Quando começamos essa jornada, nós nos sentamos com nossos associados, compartilhamos a nossa visão, assim como havíamos feito com

Todos são Importantes

os Princípios Orientadores da Liderança, e escutamos. Muitas pessoas já haviam vivenciado implementações tradicionais de Lean em outras empresas, e mais uma porção tinha familiares ou amigos que haviam sido despedidos de empresas que foram "enxugadas" (*lean and mean*, algo como enxuta e má). O cinismo delas era compreensível. Nós trabalhávamos para convencê-las de que nossa abordagem seria diferente. As diferenças estão resumidas na tabela abaixo.

CATEGORIA	LEAN TRADICIONAL	BARRY-WEHMILLER	PORQUE
Como é chamado?	Lean	L3— *Living Legacy of Leadership* (Vivendo o Legado da Liderança)	O que você chama alguma coisa que é importante. L3 é a forma de liderar e viver de forma mais humana, não um processo de redução de custo.
Qual é o foco em achar áreas de melhoria?	Desperdício	Frustração	Desperdício é em relação a coisas; focando nas frustrações, tornamos o processo mais humano.
Como engajamos as pessoas para a melhoria contínua?	Demandando	Escutando	Alguns líderes tradicionais de Lean chegam como ditadores, dizendo: "É assim que faremos as coisas", e começam e exigir que as pessoas participem dos programas de treinamento. Nós tentamos criar uma "atração" para a mudança. Isso começa através da escuta com vulnerabilidade e ajudando as pessoas a se livrarem das suas bagagens.

Humanizando o Processo

CATEGORIA	LEAN TRADICIONAL	BARRY-WEHMILLER	PORQUE
Como pensamos sobre o processo?	Processos vs. Pessoas	Pessoas e Processos	Alguns líderes de Lean veem o foco no processo como uma forma de eliminar o erro humano e o engajamento; nossa abordagem é sobre trazer maior humanização para o processo. O processo deve servir às pessoas, não o contrário.

Realizando a Visão através da Melhoria Contínua

Nossa jornada de melhoria contínua tem sido essencial para o sucesso de tantas coisas que acreditamos. Visão é essencial e é o primeiro passo. Mas uma coisa é ter uma visão de um estado de futuro ideal; sem uma forma de engajar as pessoas na criação desse futuro ideal, a visão não passa de simples palavras penduradas na parede. Lean nos dá as ferramentas para engajar os membros da nossa equipe na criação de um futuro que imaginamos coletivamente. Nós mudamos o nome de Lean para L3 (*Living Legacy of Leadership* – Vivendo o Legado da Liderança) porque nos primórdios da adoção dessas poderosas ideias de liderança, ficou claro para nós que Lean como praticado pelo mundo afora era, em sua maior parte, sobre números, e não sobre pessoas. Se os processos de produção da Toyota tivessem sido estudados e nomeados apropriadamente, teriam sido chamados de "Escuta". Nós acreditamos que poderia ser o mais poderoso processo de melhoria contínua se tivesse sido cuidadosamente alinhado com uma liderança verdadeiramente humana.

Um exemplo é o nosso processo de gestão de caixa. Dinheiro é o sangue de qualquer empresa, e nós temos um processo disciplinado para gerenciá-

Todos são Importantes

-lo. Isso surgiu de nossa experiência desafiadora dos anos 1980 e 1990. Com o tempo, houve uma sensação de que nossas políticas de gestão de caixa não estavam alinhadas com a nossa visão de tocar positivamente a vida das pessoas pelas quais somos responsáveis e que eram impactadas por essas práticas. Quando esse desafio foi levantado, decidimos ter um evento *kaizen* para solucioná-lo. O foco foi definir um processo que mantivesse as disciplinas críticas para a segurança financeira da empresa, empoderar os membros da nossa equipe na linha de frente do relacionamento com os fornecedores com maior autonomia na liberação de pagamentos, e alinhar nosso comportamento com a nossa visão de tocar positivamente as vidas de nossos vendedores.

Naturalmente, uma visão cria lacunas entre onde estamos hoje e onde gostaríamos de estar. Lean é a combinação de mentalidades, ferramentas e interações facilitadas que nos ajuda a:

- Definir onde estamos atualmente (você não pode descrever as lacunas se não souber onde está).

- Considerar as lacunas por múltiplas perspectivas (multifuncionais, não só na mentalidade baseada em silos).

- Engajar as pessoas no processo (as pessoas ficam muito mais envolvidas quando são parte do processo de definição e fechamento das lacunas).

- Debater medidas defensivas para fechar as lacunas.

- Implementar, observar, testar e refinar medidas defensivas.

- Reconhecer e celebrar realizações em marcos específicos.

Líderes que não apreciam Lean cometem o erro de lançarem grandes visões e deixarem todas as pessoas entusiasmadas, mas depois caem na mesmice da gestão de comando-e-controle. Tradicionalistas em Lean erram ao implementar esse conceito sem uma visão atraente, de modo que as melhorias são realizadas, mas, no final das contas, debilitam a cultura ao invés de galvanizá-la.

Jay Deitz relembra o impacto que o L3 teve após vários anos de dificuldades para implantar a mentalidade tradicional do Lean: "A visão L3 mescla de forma única o toque pessoal, tornando o indivíduo importante, e Lean. Foi isso que nos permitiu triunfar. Havia uma série de coisas do Lean que eram muito difíceis para nós. Lean surgiu do contexto da manufatura repetitiva – fabricantes de carros, produção de ferramentas, coisas assim. Nós não somos uma fábrica de ferramentas. Nós construímos equipamento de alta variabilidade e baixo volume. Nós não repetimos o nosso processo com muita frequência. Então, não havia uma bala de prata mágica para o Lean em nossa organização, e não víamos ninguém que tivesse. Reconhecemos rapidamente que o casamento da mentalidade centrada em pessoas com o Lean criou essa combinação única que nos permitiu vivenciar um novo crescimento e satisfação. Quando os ingredientes se juntaram, nós começamos a ver resultados. Continuamos a melhorá-la, mas essa é uma receita única que ninguém mais conhecia quando nós começamos nessa jornada".

Na conclusão de cada evento ou projeto L3, os participantes organizam uma sessão de relatos para compartilhar suas melhorias com outros membros da organização. Tradicionalmente, isso termina com os números finais – quanto tempo ou espaço ou dinheiro foi economizado – e todos aplaudem e agradecem a equipe.

Um dia, na mesma fábrica de Baltimore que Jimmy chama de casa, eu me juntei a uma dessas sessões. Depois que a equipe terminou de compartilhar seus resultados de melhoria – que eram dramaticamente suficientes para se orgulhar – eu perguntei do fundo da sala: "Como isso fez vocês se sentirem?"

O líder do evento foi pego de surpresa. Depois de um momento de reflexão, ele disse: "Se eu soubesse antes o que sei hoje sobre como interagir com pessoas e resolver problemas, meu casamento não teria terminado em divórcio".

Dick Ryan, nosso líder da jornada Lean, passou décadas no campo do Lean e é um forte defensor. Ele disse que seu momento de epifania foi quando nós fizemos aquela pergunta para as pessoas. Homens crescidos choram ao tentar responder. Agora, em uma prática que é única na Barry-Wehmiller, nós asseguramos que cada sessão de relatos seja mais do que resultados numéricos; nós sempre fazemos questão de perguntar: "Como isso faz você se sentir?" As respostas são inestimáveis, reflexos genuínos do impacto que nossa jornada L3 tem nas vidas das pessoas. Capturamos os comentários mais persuasivos em vídeo e os compartilhamos pela organização.

Já completamos mais de 500 eventos de melhoria contínua com mais de 3.000 participantes. Dick Ryan diz: "No princípio de nossa jornada Lean, percebemos que para construir uma grande empresa de manufatura, manter os empregos nas comunidades locais, e positivamente tocar as vidas das pessoas, precisávamos mudar. Ao combinarmos essas práticas de liderança com as ferramentas Lean, a Barry-Wehmiller está levando Lean para um novo nível". Dennis Butz, líder do fluxo de valor de manufatura da PCMC, diz: "É incrível ver como chegamos longe em nossa jornada em um período tão curto. Quem pensaria que perguntar para as pessoas 'O que você pensa?' poderia nos trazer tão longe?"

Parábolas do Processo

O escritório de contas a pagar em uma das nossas divisões era uma bagunça desorganizada. O trabalho se acumulava a cada hora, sem um fim à vista. As pessoas pegavam as faturas da parte de cima da pilha, trabalhavam nelas pelo tempo que fosse necessário, e depois pegavam a seguinte. No final do dia, a pilha poderia estar tão alta ou ainda mais alta do que quando eles entraram, dando à equipe nenhum senso de progresso ou avanço. Era deprimente e desumano, com as pessoas fazendo roboticamente a mesma coisa dia após dia. Elas não tinham oportunidade ou inspiração para usar a sua mente ou coração para melhorar as coisas.

Lançamos uma iniciativa Lean lá e convidamos pessoas para se apropriarem do processo. Nós as ajudamos a desenvolver uma visão, as colocamos em um ambiente estruturado de um evento *kaizen*, e perguntamos: "Como podemos mudar esse processo?"

Primeiro, dividimos as faturas em baldes, reordenando o trabalho para que as pessoas tivessem um senso de realização quando terminassem a última fatura do dia. Elas também podiam ver o trabalho do dia seguinte e dos próximos para ter uma ideia do que estava por vir. Segundo, separamos as faturas mais complexas das que podiam ser processadas rapidamente. Uma fatura simples leva apenas cinco minutos para ser processada; as complexas podem levar até meia hora e requerer cinco ligações telefônicas para resolver. As pessoas podiam ter um senso de realização e movimento processando tantas faturas quantas fossem possíveis. Elas podiam, então, colaborar com outros membros da equipe em uma reunião diária chamada de Reunião de Cama de Hospital (para tratar os pacientes mais doentes, neste caso as faturas mais complexas) e rapidamente conseguir as respostas que precisavam. Elas não precisavam fazer nenhuma ligação, porque todos já estavam na sala. Juntos, pegamos um processo quebrado, o tornamos bastante libertador, e o enchemos de humanidade. O resultado: uma dramática melhoria na eficiência, menos erros e atrasos, e uma satisfação muito maior com o trabalho.

Todos são Importantes

Um segundo exemplo vem de finanças. Muitos membros da equipe passavam seus dias produzindo relatórios financeiros detalhados. Em um caso, uma equipe de oito pessoas enviava trinta e um relatórios todos os meses. Esses variavam de cinco páginas e mais de cem; os relatórios tinham tipicamente trinta a quarenta páginas. Demos um exercício para os membros da equipe em antecipação ao evento planejado de *kaizen*: Eles deveriam parar de mandar esses relatórios por um mês e ver o que acontecia. As pessoas validariam que esses relatórios tinham valor pedindo por eles?

No final do mês, as pessoas haviam pedido apenas treze dos relatórios. Desses, alguns continham informação redundante, assim, a equipe realmente só precisava enviar dez relatórios por mês para gerar valor. Pode ser difícil de ouvir que muito do seu trabalho duro não tem valor para as pessoas na sua organização. Mas encorajamos a equipe a pensar nisso como uma oportunidade. "Vamos começar com os dez relatórios. Vamos usar o tempo extra para focar em criar relatórios com conteúdo de maior valor agregado que tenham melhor aparência, sejam mais curtos e transmitam a informação de forma mais efetiva". Depois de fazerem isso, pediram o retorno do restante da organização. Eles passaram a ter um impacto muito maior na organização e receberam um reconhecimento positivo ainda maior por enviarem relatórios em menor quantidade e melhores.

Nosso terceiro exemplo mostra como é crítico que as pessoas que efetivamente estão realizando as tarefas sejam as que redesenham o processo. Estávamos desenhando a oficina para a cadeia de valor de peças de reposição na PCMC em Green Bay, Wisconsin. Dez dos nossos presidentes de divisão focaram uma grande parte da semana em como poderíamos melhorar a cadeia de valor: recebendo pedidos de peças de reposição, produzindo e despachando para os clientes. Eles usaram suas experiências de negócio para analisar o problema minuciosamente, executaram rotinas detalhadas para todas as diferentes peças que tínhamos que produzir,

Humanizando o Processo

e elaboraram um plano abrangente. Nós olhamos para o plano um mês depois e percebemos que, apesar de ser uma ótima solução do ponto de vista conceitual, não iria funcionar na prática.

Tentamos novamente. A cadeia de valor acabara de escolher sua própria equipe de liderança. Os líderes se reuniram em um evento *kaizen* de uma semana para desenhar como eles achavam que a fábrica deveria operar. Eles olharam várias coisas diferentes, incluindo diferentes formas de utilizar o chão de fábrica e o espaço do escritório. Depois de mais ou menos um mês, percebemos que o que estávamos discutindo seria um desafio para ser implementado, e que não estávamos respeitando nossos membros da equipe da forma que deveríamos. Então, tivemos o terceiro evento *kaizen* com apenas dois líderes seniores e cerca de dez pessoas que eram operadores de máquina, condutores de empilhadeiras, montadores e outras, cujo papel era "pegar, selecionar e despachar", além de pessoas que juntavam os pedidos no escritório. Eles cortaram formas da fábrica em cartolina e mediram o espaço que precisariam para circular com os diferentes carrinhos e empilhadeiras. Eles podiam ver os diferentes problemas com os espaços e reconheceram que o trabalho de uma área muitas vezes fluía para outra. Peças mais leves seriam mais fáceis de movimentar a distâncias maiores. Eles contaram os passos, viram quão seguro era ter uma empilhadeira em uma área, ou se ela poderia dar a volta por fora em uma configuração mais segura.

Dessa vez, a solução funcionou perfeitamente. A forma que eles desenharam é exatamente como permanece até hoje, cinco anos depois. Isso impacta as vidas daqueles membros da equipe diariamente. Eles tinham a sabedoria que puderam compartilhar para melhorar o processo e criar um processo mais humano, significativo e duradouro para todos naquela organização.

Para reiterar: Lean não é de fato relacionado à eliminação de desperdícios, mas à eliminação de frustrações, remoção de obstáculos que impedem as pessoas de darem o seu melhor, que nos previnem de ter uma

Todos são Importantes

experiência prazerosa e significativa. Não se trata de mandar fazer, mas de ouvir. É uma combinação única de conhecimento com sabedoria coletiva. Quando permitimos que as pessoas e suas equipes se apropriem do processo, elas podem criar resultados melhores do que qualquer executivo ou grupo de consultores experientes.

Fazendo as Perguntas Corretas... e Escutando

Como ensinamos em nossos cursos de liderança, há frequentemente impacto em fazer a pergunta certa, em oposição a encontrar a resposta certa. Uma pergunta pode ser tão provocativa que leva nosso pensamento a lugares que não chegaríamos de outra maneira. É importante estimular uma cultura na qual estamos abertos para fazer perguntas em ambas as direções. Muitas das nossas mais memoráveis experiências e mudanças significativas resultaram de coisas que as pessoas nos perguntaram.

Normalmente, nossas sessões sobre os Princípios Orientadores da Liderança são abertas com os líderes fazendo perguntas para o grupo: Onde não estamos vivendo a nossa visão? Onde estão as lacunas? Onde estão as oportunidades? Que parte disso não está clara? Perguntas como essas lançaram muita inovação e maneiras novas de pensar em nossa organização. Essas sessões sempre terminam com a oportunidade dos participantes fazerem perguntas para o líder sênior. Tal abertura e transparência nos movem para frente, já que criam um ambiente onde questionar o status quo não só é aceitável, mas também encorajado, nos ajudando a melhorar a forma que interagimos uns com os outros todos os dias.

Assim, encontramos avenidas para as pessoas compartilharem as suas experiências, para que outras possam aprender e ser inspiradas a mudar. Nós temos pessoas falando sobre como elas se sentem, quer seja uma as-

Humanizando o Processo

sistente administrativa em St. Louis, que diz: "Eu não posso acreditar que os líderes me escutaram e patrocinaram a minha ideia para o grupo e agora vamos implementá-la", ou alguém da área de Recebimento, que diz: "Agora que reestruturamos a maneira que as carretas descarregam em nossa fábrica, eu termino meu trabalho em um tempo razoável e posso passar mais tempo com o meu pai em casa".

Concluímos com uma história sobre Bonnie Peterson, uma das primeiras ganhadoras do nosso programa de reconhecimento. Ela é responsável pelo controle de qualidade dos aspectos de operação de manufatura na BW Papersystems em Phillips, Wisconsin. Uma das linhas em nosso Pacto de Segurança diz que queremos que todos os membros de nossa equipe "vão para casa seguros, bem e realizados a cada dia". Organizamos um evento L3 para tornar essa visão uma realidade para Bonnie. Durante todo o evento, ela parecia estar sofrendo, já que as mudanças sugeridas poderiam afetar profundamente a sua área.

Em seus comentários ao final, Bonnie disse: "Vocês querem saber como isso me fez sentir? Eu nunca escutei tantas palavras de quatro letras em minha vida!" Depois de uma nervosa gargalhada coletiva, ela disse: "Todos estavam dizendo 'Como podemos tornar isso **seguro** (*safe*) para Bonnie? Como podemos fazer isso **fluir** (*flow*) para Bonnie? Como fazemos isso **funcionar** (*work*) para Bonnie? Como fazemos isso **melhor** (*good*) para a Bonnie? Como podemos fazer isso mais **rápido** (*fast*) para a Bonnie?' Essas são as palavras de quatro letras que eu levo para mim deste evento: que todos estavam focados em melhorar para mim. Mesmo tendo sido desafiador ouvir algumas das recomendações, o evento me deixa com um senso permanente do que isso pode ser. Eu sou tão grata a todos vocês".

Capítulo 10

| Cultivando a Liberdade Responsável |

Imagine o seu estereótipo de programador de TI: aficionado por Star Wars, jogador de videogame online à noite, passa horas na frente de um computador usando acrônimos que você não entende. Todas essas características descrevem Ken Hoff, um veterano em nosso departamento de tecnologia da informação corporativo em St. Louis. Ken passava seu horário de almoço trabalhando em roteiros e projetos de vídeo que ele produzia nos finais de semana. Depois, retornava para os seus 1s e 0s, imaginando quão significativo era tudo aquilo. Por anos, muitas pessoas sabiam sobre as paixões de Ken, mas também sabiam que o trabalho não era o lugar para elas.

Foi assim até que seu líder lhe ofereceu uma oportunidade. O departamento de TI iria realizar uma festa para arrecadar fundos para uma entidade beneficente local. Será que Ken gostaria de ajudar com a publicidade? Ken mal podia conter o seu entusiasmo ao perguntar: "Posso fazer um vídeo?"

A resposta veio rapidamente: "Claro que sim! Eu esperava que você fizesse".

Ken passou finais de semana e noites escrevendo enredos e buscando assistentes pelos departamentos administrativos. Ninguém tinha nenhuma experiência em atuação, mas eles desenvolveram um vídeo de cinco minutos debochando da equipe de TI como festeiros. O link do vídeo foi enviado para toda a organização – e arrasou! Nossa equipe de TI nunca foi tão celebrada quanto naquela semana. As pessoas só falavam deles.

De onde veio esse tipo de talento? A verdade é que talento de todos os tipos estão à espreita em nossas organizações – no subsolo com a TI, no

Todos são Importantes

canto do fundo na contabilidade, e na rua com vendas. Precisamos criar um clima de liberdade para liberar esse talento.

Agora imagine você como um operador de máquina. Se você não sabe o que um operador de máquina faz, imagine-se recebendo uma educação técnica e depois um emprego para trabalhar em recantos sombrios de uma fábrica no norte do Wisconsin. Você estagia lá por alguns anos, trabalhando na mesma máquina ano após ano. A fábrica é mal iluminada, e há óleo e graxa por todo o chão. A máquina propriamente dita provavelmente está na terra há tanto tempo quanto você, quebrando constantemente e precisando de um jeitinho para ligar, como um carro velho. Você é solicitado todo dia a usar a máquina que faz peças de desenhos que outros criaram, usando aço que outros compraram. Você nunca consegue fazê-lo rápido o suficiente ou exatamente como alguém imaginou em seu computador. Daí, as pessoas vêm até você com uma visão que inclui frases como "empoderamento" e "liberdade responsável". Você fica sentado ali imaginando: "De que diabos essas pessoas estão falando?"

Tantas pessoas têm aquele mesmo espírito derrotista de "Como é que eu vou achar alguma oportunidade de empoderamento no meu papel? Como é que isso algum dia vai ser diferente?" Como discutimos nos capítulos anteriores, só pode ser diferente se estivermos dispostos a mudar como pensamos sobre o processo, e se tivermos líderes dispostos a liderar pelo código do Checklist de Liderança.

Na Barry-Wehmiller, usamos a palavra **empoderamento** há muito tempo, mas hoje ela se tornou um jargão sem sentido em nossa sociedade. Percebemos que precisamos de muito mais do que empoderamento. Vários anos atrás, nós topamos com uma expressão, **liberdade responsável**, que se tornou fundamental em como descrevemos a nossa cultura hoje. Ela veio a nós do filosofo Peter Koestenbaum:

Cultivando a Liberdade Responsável

Assumir pessoalmente a responsabilidade para fazer outros implementarem uma estratégia é a polaridade principal do líder. É o paradoxo essencial de manter-se 100% responsável pelo destino da sua organização, por um lado, e assumir absolutamente nenhuma responsabilidade pelas escolhas feitas por outras pessoas, por outro lado... Você não pode escolher pelos outros. Tudo o que você pode fazer é informá-los que você não pode escolher por eles. Na maioria dos casos, isso por si só seria um forte motivador para as pessoas que você quer cultivar. O papel do líder é menos de curar ou ajudar do que aumentar a capacidade pela liberdade responsável.[33]

Liberdade responsável encapsula duas ideias: liberdade, a oportunidade de exercer escolha pessoal, de apoderar-se do trabalho que você faz e das decisões que você toma; e responsabilidade, assegurando que a escolha pessoal é exercida com cuidado e preocupação com os outros e com os requerimentos da organização. Independentemente de como você chama esse conceito – Empoderamento ou liberdade responsável – ele é fundamental para gerar satisfação em qualquer organização, e requer uma via de duas mãos de confiança. A maioria das pessoas é meramente condescendente no trabalho; seus potenciais permanecem enterrados sob camadas de apatia e cinismo.

"Liberdade de" e "Liberdade para"

Ambos, a sociedade americana e o capitalismo, são fundamentados na ideia de liberdade, mas, ironicamente, a instituição na qual vemos a menor quantidade de liberdade é a empresa. De fato, alguns diriam que as empresas são os últimos baluartes da ditadura do comando-e-controle. Isso é tão prejudicial para o bem-estar das pessoas nas organizações como para as organizações propriamente ditas. Sem a liberdade adequada, as pes-

Todos são Importantes

soas não conseguem contribuir da forma que elas são capazes, tampouco podem viver vidas gratificantes e significativas. Portanto, é um imperativo moral que tragamos uma maior liberdade para nossos ambientes de trabalho. Como Dov Seidman coloca: "Liberdade é uma disposição primordial e direito humano fundamental".[34]

Existem dois tipos de liberdade: "liberdade de" e "liberdade para". Liberdade **de** está relacionada a libertar as pessoas da hierarquia excessiva, onerosas regras, rigidez burocrática e opressão. Um estilo de gestão baseado em comando-e-controle impõe muitas dessas limitações de liberdade no local de trabalho. Quanto mais dessas restrições removermos, melhor será para qualquer ambiente de trabalho. Muitas empresas usam agora variações de uma prática que o Commerce Bank (agora parte do TD Bank) desbravou há alguns anos: "Mate uma regra estúpida". Empregados eram recompensados por apontar regras tolas, obsoletas ou contraproducentes.

Através de nossos eventos de melhoria contínua, nós nos esforçamos pelo que chamamos de estrutura "apenas o suficiente". Uma vez que definimos o processo correto, permitimos o máximo de liberdade responsável naquele processo. Definimos "vencer" e damos a liberdade para as pessoas executarem. Apenas o suficiente significa que estabelecemos alguns caminhos seguros, mas não impusemos tantas regras que pudessem reprimir individualidade, julgamento pessoal, inovação ou criatividade.

Enquanto "liberdade de" libera os indivíduos de regras opressivas, ela por si só não oferece oportunidades para as pessoas se expressarem. É onde a "liberdade **para**" entra em jogo. As pessoas devem ter liberdade para inovar, experimentar e falhar. Mas na ausência de valores compartilhados e de uma bússola moral, "liberdade para" pode degenerar para uma anarquia egoísta. Dov Seidman diz: "Uma mão cheia de valores compartilhados vale mais do que 1.000 regras". Qualquer organização que queira dar um alto grau de liberdade para suas pessoas precisa primeiramente assegurar uma fundação sólida de valores e visão compartilhados. Com essa fundação, os indivíduos são liberados e inspirados a se expressar, estender a confiança e contribuir com a visão compartilhada de maneiras extraordinárias.

Com o que a Liberdade Responsável se Parece

Na Barry-Wehmiller, a liberdade responsável compreende três comportamentos específicos: compartilhar nossas virtudes e talentos, ter um viés para a ação, e ser responsável pelo resultado. Compartilhar nossas virtudes e talentos é a liberdade de oferecer quem realmente somos no trabalho, de ser o ser humano completo que somos no mundo. Ter um viés para ação não é ficar de lado, mas ser proativo e estar disposto a agarrar as rédeas e tomar ação na direção da visão compartilhada da organização. Finalmente, liberdade responsável significa mudar a essência da responsabilidade: de um mecanismo de jogar a culpa para uma oportunidade de trabalhar com outros para criar uma organização que seja melhor para todos. Para fazer isso, temos que reconhecer que somos os cuidadores das vidas próximas a nós e ao nosso redor todos os dias em nossas organizações. Somos todos responsáveis uns pelos outros. Não é apenas a responsabilidade do líder executivo ou da pessoa com o título mais alto na organização.

Frequentemente dizemos em nossa organização que pagamos as pessoas por suas mãos por anos, mas elas estariam felizes em nos dar as suas mentes e corações gratuitamente se simplesmente soubéssemos pedir. As pessoas estão ansiosas para fazer isso em todas as organizações, mas isso realmente só funciona em um ambiente com liberdade responsável.

Carol O'Neill vê a liberdade responsável como um aspecto fundamental da cultura da Barry-Wehmiller:

Todos são Importantes

Na Barry-Wehmiller, você sabe qual é o objetivo e como o progresso é medido no mais alto nível para o seu negócio. Você também sabe qual é o objetivo para a sua função. Você sabe como o progresso parece, e você sabe como deve ser ter sucesso ou não. Essas coisas lhe dão um outro elemento que é crucial, que é a ideia de liberdade responsável. Você dá às pessoas a latitude para descobrir como fazer alguma coisa, porque elas sabem o objetivo que todos estamos trabalhando para alcançar. Isso empodera e causa satisfação. Obviamente, todos são diferentes, mas pessoas que prosperam em um ambiente onde os objetivos são claros, mas o caminho não é, tendem a ser pessoas empreendedoras, entusiasmadas, motivadas. Eu quero saber o que nós estamos almejando fazer, mas você tira metade da diversão se me disser exatamente como chegar lá.

Acendendo o Fogo Versus Combatendo o Fogo

A sabedoria popular diz que os melhores líderes são os bombeiros, heróis que movem montanhas para realizar o impossível. Eles entram quando um problema já está atroz e milagrosamente arquitetam um resultado desejável. Mas, através da nossa jornada de criar um ambiente de liberdade responsável, aprendemos que os melhores líderes raramente têm que apagar o fogo ou são vistos como heróis arrancando o sucesso das garras do fracasso. Eles tomam o tempo para desenvolver uma visão inspiradora, desenhar seu modelo de negócios para resistir a choques externos, e constroem um ambiente de liberdade responsável. É sempre melhor ter todos os olhos da organização procurando pelos potenciais focos de fogo e oportunidades de melhoria do que ter apenas um par de olhos observando. Essas organizações evitam a maioria dos incêndios logo de saída.

Se liderança não é sobre apagar incêndios, o que ela é, então? Nós acreditamos que seja sobre **acender** o fogo. Em nossa organização, nós cele-

Cultivando a Liberdade Responsável

bramos aqueles que acendem o fogo em outros através do zelo, da escuta, do reconhecimento e da inspiração. Acender o fogo tem que começar dentro de nós mesmos, encontrando a luz dentro de quem somos como seres humanos. Uma vez que encontremos essa luz, podemos compartilhá-la com outros e encorajá-los a permitir que seus fogos sejam acesos e alimentados para crescerem e serem compartilhados com a organização.

Para conseguir os comportamentos que eles buscam, líderes de comando-e-controle usam recompensas extrínsecas como posição hierárquica (status) ou dinheiro, ou ameaçam com a perda do emprego – o antigo modelo da "cenoura e da vara" (*carrots and sticks*). Daniel Pink destacou em seu livro *"Drive"* que pesquisas nos últimos trinta a quarenta anos demonstraram conclusivamente que motivadores intrínsecos triunfam sobre motivadores extrínsecos para os trabalhos que exigem criatividade e pensamento fora-da-caixa. Está embasado em três fatores primários: autonomia, maestria e propósito.[35] Liberdade responsável dá às pessoas autonomia para formatar seus próprios destinos e abordar seus trabalhos de maneira que lhes faz sentido. Isso também oferece a oportunidade de desenvolver a maestria, moldar seus trabalhos e desenvolver uma competência profunda. Finalmente, a liberdade responsável deve ser sempre exercida a serviço do propósito compartilhado da organização.

David Marquet, um comandante aposentado de submarino da Marinha dos Estados Unidos, assumiu o comando de um dos piores submarinos e audaciosamente proclamou que ele seria um dos cinco melhores submarinos dentro de um ano. Sua tripulação olhou para ele e disse: "Sem chance! Como você vai fazer isso para nós?"

Ele respondeu: "Eu não vou fazer nada para vocês. Eu vou convidá-los para fazer isso para vocês mesmos". Dentro de um ou dois anos, ele estava liderando a embarcação com a mais alta qualificação na Marinha, não por causa das suas habilidades de apagar incêndios, mas por causa da sua

Todos são Importantes

habilidade de inflamar os outros. O que David fez demonstra o poder da liberdade responsável até mesmo em um ambiente tradicional de cultura de comando-e-controle.[36]

Liberdade Responsável Necessita de Confiança

Como fazemos para que líderes tradicionais aceitem a ideia de liberdade responsável? Como fazemos para que eles soltem as rédeas e ofereçam um pouco do seu poder, informação e responsabilidade para os outros? Eles precisam se conectar com a visão da organização e desenvolver uma profunda confiança entre si e com as pessoas de toda a organização. Em nosso módulo de cinco horas sobre liberdade responsável no curso de Fundamentos da Liderança, passamos mais tempo discutindo confiança do que qualquer outra coisa. Líderes na Barry-Wehmiller precisam criar um ambiente de confiança como um pré-requisito para criar a oportunidade de liberdade responsável para os membros de sua equipe.

Confiança é um atributo humano essencial e uma virtude. Ser tanto confiante como confiável é fundamental para o que significa ser um ser humano. Ainda assim, existe um enorme déficit de confiança em nossa sociedade hoje. Há uma crise de confiança no governo, em nosso sistema educacional, no sistema de saúde e no sistema financeiro. Há uma grande desconfiança em relação às empresas e seus líderes. Dentro das empresas, existe uma desconfiança mútua entre empregados, e entre empregados e clientes, fornecedores e líderes.

Um ambiente deficiente em confiança promove comportamento defensivo, suspeito, isolado e temeroso, que esgota a energia da organização e destrói a criatividade. A falta de confiança impõe uma carga de monitoramento mais intenso e maiores custos jurídicos. Torna as empresas apáticas,

Cultivando a Liberdade Responsável

indiferentes e desatenciosas. Lança as sementes para uma eventual destruição da organização.

Construir confiança requer comunicação constante e autêntica. Comunicação não é apenas sobre palavras; ela também é baseada em ações. Toda ação comunica algo aos empregados. Muitas empresas dizem uma coisa e fazem outra, criando um profundo cinismo entre os empregados ao longo do tempo. Como as cracas, que ao longo do tempo vão se agarrando à parte submersa do casco do navio, esse cinismo é muito difícil para as empresas removerem.

Para conseguir confiança, você deve oferecê-la espontaneamente. Líderes devem começar confiando nas suas pessoas para que usem seu próprio julgamento e sigam seus instintos ao invés de controlá-los com um excesso de regras e diretivas. Empresas com alto grau de confiança são construídas sob respeito e cuidado, e não com medo e ansiedade. Elas exibem altos níveis de trabalho em equipe, sinergia e cooperação. Elas são organizações energéticas, otimistas e com mão na massa, e aparentemente conseguem superar desafios invencíveis. A confiança dentro da empresa irradia para todos os *stakeholders*, incluindo clientes, investidores, parceiros comunidades, governos e sociedade como um todo. A reputação da empresa é realçada, dando-lhe um prestígio que permite atrair empregados, clientes, fornecedores e investidores ainda melhores – iniciando um círculo virtuoso que ao longo do tempo constrói uma empresa verdadeiramente grande que gera um tremendo valor e bem-estar para a sociedade como um todo.

Na Barry-Wehmiller, nós usamos uma abordagem para criar confiança que chamamos de CCCI: compaixão, competência, consistência e integridade.

Compaixão: Nós nos importamos com as preocupações dos outros, e demonstramos esse cuidado através de nossa habilidade para escutar, considerar a percepção dos outros e ter empatia.

Competência: Nós podemos executar as tarefas que nos foram solicitadas. Isso inclui competência técnica e de liderança: Somos competentes nos quesitos do Checklist de Liderança que definem a cultura que vivemos?

Consistência: As pessoas sentem que receberão uma reação consistente quer elas tragam uma questão hoje ou amanhã.

Integridade: Nós fazemos o que dissemos que faríamos, e está alinhado com os valores, visão e direção declarados da nossa organização.

A abordagem CCCI é particularmente útil em como nós formamos e pensamos sobre as equipes. Confiança é essencial para o desenvolvimento da equipe. Para uma equipe continuar a se desenvolver, a confiança não deve estar apenas entre o líder e os associados, mas também entre todos os seus indivíduos. Essas áreas formam um diagnóstico para avaliar como levar a equipe de um nível de confiança para o próximo.

Liberando o Potencial Latente

Na Barry-Wehmiller, nós não colocamos simplesmente caixas de sugestões e perguntamos por ideias anônimas. A parte mais importante de qualquer programa de sugestão é a devolutiva para a pessoa que ofereceu a ideia. Devemos às pessoas o respeito de responder para elas sobre o progresso, situação e avaliação de suas ideias. Claro que nem todas as ideias podem ser implementadas. Percebemos que quando respondemos publicamente, individualmente e com rigor, recebemos ainda mais ideias e de melhor qualidade.

Nós damos às pessoas a oportunidade de ter o domínio em áreas pelas quais elas são verdadeiramente apaixonadas e nas quais elas estão dispostas a assumir a responsabilidade e liderar. Retornamos para a nossa história do operador de máquina no norte do Wisconsin. Felizmente, ele tem um líder que embarcou em uma jornada pessoal de construir a liber-

Cultivando a Liberdade Responsável

dade responsável. Seu nome é George Senn, e ele é um filho da floresta do norte, onde viveu toda a sua vida, tornando-se primeiro um aprendiz e depois mestre operador. Como muitos antes dele, ele foi promovido a supervisor porque era o melhor operador na época. Tendo trabalhado na fábrica por vinte e cinco anos, ele conhecia bem as pessoas da sua equipe. Ele sabe que no fundo do prédio, onde é escuro, sujo e desafiador, as pessoas não sabem como ser inspiradas e oferecer seus melhores talentos. Mas ele está disposto a embarcar nessa incrível responsabilidade da liderança; ele está disposto a deixar para trás a estrutura de comando-e-controle que lhe vem tão naturalmente e mudar para uma forma diferente de liderança – aquela que acende o fogo nos outros.

Quando começamos nossa jornada cultural na BW Papersystems em Phillips, fizemos algumas mudanças que tiveram um grande impacto. A equipe de atendimento ao cliente estava se divertindo muito com seus jogos e criando um senso de vitória. Havíamos acabado de desenvolver nossos Princípios Orientadores da Liderança e estávamos começando a trazer a bordo alguns adotantes iniciais. George adorou essa nova forma de liderança e pediu ajuda para implementá-la no chão de fábrica.

O chão de fábrica era um lugar difícil de trabalhar. Dan Kundinger era um operador que havia participado de uma das primeiras sessões de cultura. Ele sofreu muitas provocações de seus colegas quando voltou. "Você bebeu o refresco?" Essa era uma equipe muito resistente à mudança, muito lenta em aceitar esta nova cultura.

George perguntou a Rhonda Spencer: "Como podemos criar esse tipo de cultura no chão de fábrica?"

A jornada era tão nova, ela não tinha uma resposta para ele. Ele andou com ela pela área, e ela pensou: "Isto parece o trabalho no correio. Independentemente do quanto você conseguir fazer hoje, sempre existe mais uma pilha de caixas [neste caso, desenhos de peças a serem produzidas]

Todos são Importantes

esperando. Você só recebe devolutiva das coisas que deram errado – peças com erros ou com atraso – nunca do que deu certo. Você continua a fazer o trabalho todos os dias e nunca sabe se venceu uma batalha quando está indo para casa à noite – não existe um placar mostrando com o que um bom dia de trabalho se parece. Neste ambiente, é difícil estar inspirado, é difícil se sentir conectado ao panorama geral".

George fez algumas coisas para criar uma cultura da "Equipe de Operadores" e construir alguns laços pessoais entre a equipe, mas sem as ferramentas para resolver os principais problemas, esses esforços não avançaram muito. Uma vez que começamos nossa jornada Lean, George tinha as ferramentas para começar a mudar a maneira como o chão de fábrica funcionava. Ele podia colocar mais controle nas mãos dos membros da equipe, mudar a forma que as prioridades eram estabelecidas, e criar melhores linhas de comunicação com os engenheiros e os planejadores a montante e os montadores a jusante. Foi então que a cultura verdadeiramente começou a mudar.

Depois de completar nosso treinamento de melhoria de processo, George passou a interagir com a sua equipe de forma diferente. Ele começou a pedir a colaboração das mentes, corações e mãos de todos. Nós produzimos mais de 10.000 peças individuais naquele chão de fábrica no norte de Wisconsin a cada ano para ajudar os nossos clientes a manter suas máquinas operando sem percalços e, frequentemente, em vários turnos. Havia uma enorme disparidade de informações e entendimentos de como melhor montar cada peça na máquina e operá-la. A disparidade levou a uma série de problemas que os clientes e a organização podiam ver, como quando não conseguíamos produzir uma peça em um determinado turno porque o pedido de fabricação especificamente dizia: "Essa deve ser feita pelo Ted". Era desmoralizante para os colaboradores: Eles queriam atender às necessidades do cliente, ter domínio do processo, e enviar as peças e produtos para os nossos clientes, mas eles não tinham essa oportunidade porque não tínhamos um ambiente de liberdade responsável.

George convidou todos para preencherem uma página com os requerimentos de preparação para cada peça que produziam. Eles deveriam tirar fotos da preparação e descrever as ferramentas e as configurações, compartilhando a sabedoria de seus quinze ou vinte ou trinta anos de experiência na produção daquela peça. Desta maneira, qualquer um poderia pegar aquela descrição e preparar a máquina de forma efetiva para fazer o que o cliente precisava. Compartilhar esse tipo de informação não é uma prática comum nesse tipo de ambiente de trabalho. Muitos disseram: "George, isso nunca vai funcionar. Você está pedindo para as pessoas reduzirem a segurança de seus próprios trabalhos disponibilizando o que está em suas cabeças para os outros. As pessoas se sentirão ameaçadas por isso; elas nunca vão participar".

George respondeu: "Eu acho que posso inspirar as pessoas a participar".

Eles estabeleceram um objetivo de criar 7.000 instruções de produção em nove meses. No primeiro ano, a equipe de George tinha produzido mais de 10.000 instruções documentadas. Estamos agora com mais de 12.000 instruções documentadas. Agora eles são capazes de atender a qualquer demanda e vencem todos os dias. Esse é o poder de um ambiente com liberdade responsável. A qualidade melhorou por um fator de três, como medida pelo número de erros ou retrabalhos que eles tiveram que executar.

O novo estilo de liderança de George teve um efeito cascata pela organização. Um dos grupos de operadores da área de George é liderado por Lance Johnson, que ficou inspirado em fazer o curso de Fundamentos da Liderança e criar um ambiente de liberdade responsável em seu grupo. Lance e mais dois colegas operavam o cortador a laser – provavelmente a máquina mais tecnicamente complexa em toda a fábrica, e uma das que ficava mais tempo parada em manutenção. Nós precisávamos avaliar a possibilidade de trocar essa máquina.

Todos são Importantes

Os dois, George e Lance, sabiam que uma das prioridades da nossa empresa era ser intensamente diligente sobre gastos de capital. Nós continuamente nos desafiávamos para assegurar a sustentabilidade do nosso modelo de negócio e tomar as decisões certas para construir internamente ou terceirizar para fornecedores locais. Essas compras são tão importantes que, por mais de uma década, todas as compras de máquinas e ferramentas tinham que ser aprovadas pessoalmente por mim. Em 2011, eu empoderei uma equipe para utilizar as ferramentas Lean de melhoria contínua para desenhar um novo processo que colocaria o poder de tomada de decisão nas mãos das nossas pessoas.

Lance tomou a liberdade responsável de trabalhar com a sua equipe e solicitar uma aprovação para compra da maior máquina na história daquela fábrica da Barry-Wehmiller. "Eu não sabia se seria aprovada, mas eu disse 'Vamos tentar!' Assim, nossa equipe entrou no modo tarefa de casa. Nós queríamos provar para a liderança sênior que podíamos tomar a decisão certa, então, aplicamos o triângulo da 'escuta, empoderamento e confiança' da Universidade Barry-Wehmiller".

A equipe de Lance começou a usar o seu tempo ocioso, e até mesmo finais de semana, para pesquisar todas as possibilidades que atenderiam as suas necessidades. "Eu havia comprado uma casa na minha vida, eu havia comprado carros, mas nunca tive a oportunidade de comprar um equipamento de investimento capital. Comecei a fazer minha lição de casa no que era bom sobre os lasers. Estávamos comprometidos em fazer a coisa certa — não para algum grupo de compras corporativas, mas para nós, para nossa subsistência".

Depois de receber uma aprovação inicial para a compra, a equipe de Lance reagiu com entusiasmo: "Você podia ver o sorriso radiante deles quando perguntávamos: 'O que você acha?' Era um grande passo para eles".

Lance e Derek, o operador de máquina, localizaram um equipamento à venda a umas duas horas de carro da fábrica. O vendedor ficou boquiaberto quando eles chegaram para verificar a máquina, porque todos os outros interessados mandaram os seus gerentes de compras. Lance relembra: "Nós chegamos com uma ordem de compra na mão de um quarto de milhão de dólares, e eu estava tremendo quando saímos. Derek inspecionou a máquina toda. Ele disse: 'Eu preciso de mais informações sobre se esta máquina terá os recursos de manutenção que precisamos antes de concordar em comprá-la.' Eu achei que o cara ficou bastante surpreso".

Três meses mais tarde, eles supervisionaram a instalação da máquina e utilizaram as ferramentas Lean para criar novos processos que utilizassem completamente as suas funcionalidades. Um profissional externo veio para preparar a equipe e observou: "Eles poderiam fazer o meu trabalho! Eles já sabem tudo".

Agora, o cortador a laser é a principal parada das visitas para nossos clientes e convidados e se tornou um símbolo do que é possível fazer em um ambiente de liberdade responsável. Em 2014, uma delegação da Harvard Business School, liderada pela professora Amy Cuddy, veio até a fábrica, e a equipe de Lance se destacou como a parada mais memorável da visita à fábrica. Amy destacou: "Nós nem permitimos que os funcionários dos escritórios escolham seus próprios computadores, mas aqui temos um exemplo onde colaboradores apaixonados assumiram a propriedade do seu trabalho".

Deixe a Liberdade Fluir

No final, a pessoa mais impactada por toda essa experiência foi o próprio George. Sem o Lean para fazer mudanças reais no trabalho do chão de fábrica, os membros da equipe nunca teriam a confiança para engajar no processo de transformação. Sem a liberdade responsável, Lance e sua

Todos são Importantes

equipe de corte a laser nunca teriam selecionado sua própria máquina.

George é um exemplo de um líder cujo coração sempre esteve no lugar certo, ele só não sabia como liderar dessa forma. Ele tinha assumido riscos ao tentar liderar de uma forma diferente e, no final, encontrou uma conexão muito maior com a sua equipe e um senso de realização ainda maior, não só em termos do que eles realizaram, mas de como eles o fizeram em conjunto. Esta é a promessa para qualquer líder. Estar disposto a confiar nos outros, não só afrouxar os arreios, mas jogá-los fora, e convidar a liberdade responsável não só vai transformar a sua empresa; também vai afetar o seu comportamento no trabalho e em casa.

George está tão entusiasmado com o que a sua equipe continua a realizar que ele sai do seu caminho para frequentemente compartilhar novidades com a organização. A cada trimestre, novas instruções de trabalho são completadas, melhoradas e refinadas, e a qualidade e desempenho continuam a crescer na sua equipe.

Através da criação de um ambiente de liberdade responsável, nós demonstramos verdadeiro respeito pelos verdadeiros artesãos e artesãs de nossa organização, frequentemente pela primeira vez. Isso é especialmente verdade na manufatura, onde estereotipamos grupos e os colocamos em uma posição de vivenciar um processo orientado pela frustração. A capacidade de expressar a criatividade, o trabalho artístico e a habilidade do que as pessoas fazem foi perdida nos processos e estruturas detalhados nos quais as colocamos. Mas também é verdade em tantas outras áreas de nossa organização. Pode haver tanta arte e habilidade em como amarramos as informações financeiras e apresentamos e compartilhamos com outras pessoas de forma inspiradora e inovadora. O denominador comum é a liberdade responsável.

Capítulo 11

| Reconhecimento e Celebração |

Alguns anos atrás, eu estava em um jogo de futebol americano, assistindo ao Green Bay Packers jogar. O *quarterback* (jogador que faz os lançamentos) Brett Favre jogou um passe longo para a zona final. O recebedor pegou a bola, cravando-a com euforia e, depois, seguindo uma tradição de longa data no Lambeau Field, deu o exuberante "salto Lambeau". Ele saltou para a torcida para mergulhar na adulação dos fãs, que o pegaram, deram uns tapinhas nas costas e o devolveram para o campo.

Isso me fez pensar: "Ele é um recebedor incrivelmente talentoso que trabalhou duro para estar em uma posição para pegar o passe. Foi um grande recebimento, um que poucos poderiam ter feito, mas a verdade é que ele não fez isso sozinho. Muitas pessoas fizeram a coisa certa para que ele pudesse estar na posição certa para receber a bola".

Apenas uma vez, eu gostaria de ver o recebedor colocar a bola no chão, correr de volta para a linha de defesa, ajudar os defensores a se levantarem do chão (após remover alguém que pesa 150 quilos e que estava deitado sobre ele) e dizer: "Excelente bloqueio! Eu nunca estaria aberto para receber a bola se não fosse pelo seu bloqueio". Ele deveria voltar para o *quarterback* e dizer: "Que passe brilhante, exatamente onde eu imaginava que você lançaria!" Quando retornasse para a linha lateral, ele deveria dizer para o técnico: "Obrigado por desenhar aquela jogada, ela me permitiu estar livre. O outro time realmente não poderia imaginar o que ia acontecer!"

Essa ideia se tornou a base para nossa premiação High Five, que reconhece aqueles que ajudam os outros a terem sucesso. Por exemplo, quando

Todos são Importantes

um vendedor recebe um pedido, ele pode voltar para a organização e reconhecer as pessoas que fizeram o bloqueio, criaram a jogada e jogaram o passe que permitiu que ele tivesse sucesso. Qualquer um pode indicar um colega que ele acha que tenha saído do seu caminho normal para ajudá-lo a ter sucesso em alguma iniciativa. Eu envio uma carta para as suas famílias celebrando o reconhecimento, e eles recebem presentes simples, como um jantar para dois ou ingressos para um evento local. Mais que o presente, eles se sentem profundamente tocados pela carta e pelo fato de que seus pares reconhecem a sua bondade.

Nosso Recurso Mais Abundante

As pessoas precisam se sentir pessoalmente significativas no trabalho – sentir que fazem uma contribuição de valor. Um dos itens em nosso Checklist de Liderança é "Eu reconheço e celebro a grandeza nos outros". Nossos muitos programas de reconhecimento oferecem um modelo e oportunidades para identificar e celebrar membros da equipe que exemplificam a nossa definição de sucesso verdadeiro. É um dos aspectos mais exclusivos da cultura da Barry-Wehmiller.

Na maioria das organizações, as pessoas fazem as coisas certas a maior parte do tempo, mas a maior parte da comunicação é sobre as coisas que saíram erradas. Em uma cultura como a nossa que é focada na melhoria contínua, você pode passar tanto tempo procurando lacunas ou problemas ou desafios que se esquece de parar e celebrar os sucessos no decorrer da jornada. Fui ensinado muito tempo atrás que se mais da metade da sua comunicação com qualquer indivíduo é negativa, trata-se de um relacionamento opressivo. Então, nós fazemos um esforço consciente para ocupar nossas ondas sonoras com bondade.

Introduzimos nossos Princípios Orientadores da Liderança Prêmio SSR no Capítulo 4. Ele permanece o nosso principal programa de reconhecimento, onde membros da equipe indicam seus pares por serem exemplos extraordinários de nossa cultura POL. Concedemos versões desse prêmio em nossas empresas em todo o mundo. Os vencedores não são escolhidos por voto popular, mas pela qualidade do que foi escrito nas indicações. Membros da equipe dedicam uma enorme quantidade de esforço na captura da bondade única dos seus pares. Recebemos dezenas de indicações para cada premiação; mesmo aqueles que não são selecionados recebem uma cópia do que foi escrito sobre eles, o que lhes é profundamente significativo.

Os prêmios são apresentados em celebrações por toda a organização, com membros da equipe vindo em multidões para vivenciá-las. É uma alegria ver a cara do vencedor quando o resultado é anunciado, assim como observar os rostos da multidão – sorrindo, chorando, aplaudindo, balançando a cabeça em aprovação para dizer: "Sim, ela realmente merece isso!" As pessoas fazem fila para cumprimentar o ganhador, que se sente uma celebridade.

Rhonda Spencer diz: "Para mim, estar junto ao público nesses eventos é ser dominada por completo com um senso de gratidão pelas coisas boas da vida. Eu me sinto feliz pelo ganhador, orgulhosa pela família que está de pé ao lado dele, grata por aqueles na organização que planejaram essa incrível celebração para seus pares, e admirada por essa cultura que criamos".

O ganhador tem o direito de dirigir um exclusivo carro conversível por uma semana, levando seu "troféu" pela cidade. A resposta típica é que seus vizinhos saem de casa para ver se eles estão tendo uma crise da meia-idade! As pessoas os param nos postos de gasolina para perguntar sobre o carro. Eles levam o carro para locais remotos para suas famílias verem. Cada vez, o vencedor tem a oportunidade de dizer: "As pessoas do trabalho me reconheceram por minha liderança..." O que eles escutam com mais frequência como resposta é: "Eu adoraria trabalhar em um lugar como esse".

Todos são Importantes

A Fundação Cultural

Quando lançamos o programa de premiação dos Princípios Orientadores da Liderança em Phillips, Wisconsin, encontramos uma organização na qual as pessoas estavam famintas por reconhecimento. Muitas empresas que compramos foram criadas por empreendedores que se tornaram muito desconfiados conforme a empresa entrava em tempos difíceis. Em ambientes assim, reconhecimento e celebração eram raros.

Quando entramos nessa organização e introduzimos o prêmio POL SSR, ele não foi bem recebido de início. Ele representava muito para o ganhador, mas o que se desencadeou pela organização podia se chamar de inveja. Pensando no ambiente no qual acabáramos de entrar, nós entendemos o porquê da reação. O que você esperaria se entrasse em um grupo de pessoas famintas e servisse a ceia de Natal a apenas uma delas? Percebemos que precisávamos criar uma cultura organizacional na qual reconhecimento e celebração são abundantes.

De fato, desde então, tornamos reconhecimento e celebração nosso recurso mais abundante. Quando as pessoas perguntam: "Por que existe uma premiação para atendimento ao cliente, mas não para finanças?", nós respondemos: "Sim, claro que devemos ter uma premiação para finanças. Vamos definir o que faz uma equipe de finanças excelente e reconhecer e celebrar isso". Não são apenas os líderes fazendo o reconhecimento; todos, em todos os lugares, começam a procurar pela bondade nas outras pessoas e mostrar para todos.

Quanto mais reconhecemos e celebramos, mais as pessoas experimentam não apenas como é bom estar no lado que recebe, mas também do lado que dá. A pessoa que dá um grande reconhecimento ganha tanto ou mais no processo do que a pessoa que recebe. Reconhecimento cria uma enorme energia positiva na organização. A nossa se tornou uma empresa de doadores, de pessoas constantemente procurando por oportunidades de fazer alguma coisa boa para outra pessoa.

Nossos reconhecimentos cobrem uma gama de opções, desde a grande celebração – o Prêmio POL SSR sendo o maior deles – até um simples elogio. Quando uma coisa dessas é bem feita, ela pode ser um momento decisivo na vida de uma pessoa, porque as pessoas precisam sentir que elas são importantes. Nesse negócio de encorajar o coração, nós esperamos que nossos líderes vão primeiro e deem o exemplo. Parafraseando Gandhi, nós lhes dizemos: "Seja a mudança que você quer ver na organização". Assim que a bola começa a rolar, outros logo seguem.

O consultor de empresas Marcus Buckingham fala sobre "o simples, charmoso segredo de pessoas extraordinárias. Nos cantos de toda grande empresa que estudamos, existem centenas ou milhares delas trabalhando duro em relativa obscuridade. Se você as encontrar e jogar um foco de luz sobre elas, elas apontarão a direção da empresa para o futuro".[37] Nós continuamente iluminamos cada canto de nossa organização, procurando por bondade, aqueles indivíduos que estão "trabalhando duro em relativa obscuridade". Quando os encontramos, enaltecemos as suas bondades para que todos vejam, aplaudam e sejam inspirados por ela. Estamos criando uma cultura onde qualquer um, em qualquer lugar, fica encantado em reconhecer os outros e celebrá-los como faróis de bondade.

Por Que o Reconhecimento e a Celebração São Críticos

Por que fazemos qualquer coisa em nossa cultura é sempre importante, e reconhecimento e celebração não são exceções. A maioria das empresas busca retornos sobre seus investimentos em tudo que fazem. Se reconhecem e celebram as pessoas, é para melhorar o engajamento e, assim, obter

Todos são Importantes

maior produtividade delas. Nós acreditamos que se você reconhece e celebra as pessoas para conseguir maior resultado delas, elas vão perceber e sentir isso. Nós o fazemos simplesmente porque é a coisa certa a fazer; é a forma que acreditamos que as pessoas devam ser tratadas, e a forma que gostaríamos de ser tratados. **Nunca** é para tirar maior resultado das pessoas. Nós reconhecemos e celebramos as pessoas simplesmente para elas **saberem que são importantes**. Saber que seus colegas entendem o seu trabalho e o valorizam é profundamente significativo para elas.

Reconhecimento e celebração engajam o coração e as mentes das pessoas. Estudos demonstram que existe uma forte correlação entre essas duas ideias: "Eu sinto que estou contribuindo para a missão da minha empresa" e "Essa empresa dá reconhecimento suficiente para o trabalho bem executado".[38] Não é apenas a grande celebração do prêmio POL SSR; manifestações cotidianas de apreciação que são genuínas, sinceras, e significativas dão às pessoas energia e asseguram que quando voltam para suas casas elas saibam que são importantes. Queremos que nossas pessoas percebam que pequenos gestos de apreciação que são manifestados de forma genuína têm um efeito cascata que é mais poderoso do que eles possam imaginar.

Nós não assumimos que isso vai acontecer por acaso. Tudo que fazemos em nossa cultura que acreditamos ser importante, nós apoiamos sistematicamente. Ensinamos às pessoas como fazê-lo bem feito, colocamos programas para apoiá-las, e apoiamos suas práticas diárias. Somos muito bons em aprender de nós mesmos e das nossas experiências. Quando se entrevista alguém que foi indicado pelos seus pares por ser um grande exemplo de liderança, abre-se uma janela para o entendimento do que as pessoas na organização valorizam, o que está dando certo, e como as melhores pessoas da nossa organização operam no seu trabalho diário. Capturamos o aprendizado e o tornamos parte do que ensinamos aos outros.

Nossos prêmios ajudam as pessoas a se tornarem líderes ainda melhores.

Jay Dietz descobriu que praticamente em todos os casos, o Prêmio POL "desenvolveu o indivíduo em um líder melhor". Esses indivíduos exemplificam ainda melhor o que as pessoas reconheceram neles, porque se sentem desafiados e encorajados a fazer jus ao que seus colegas disseram sobre eles. É um tipo de revigoramento e fortalecimento da identidade.

Veja o caso de Richard Pike, um montador e testador de máquinas na Hayssen Flexible Systems, na Carolina do Sul, e um dos primeiros vencedores do Prêmio POL SSR de sua fábrica. Um ano após ele ter recebido o prêmio, eu o encontrei e perguntei: "E então, Richard, como você se sente tendo sido um ganhador do prêmio POL?"

Richard respondeu: "Eu não achei que o merecia. Ler todas aquelas indicações e ver o que as pessoas pensavam sobre mim realmente me mudou. Eu não fazia ideia que as pessoas me enxergavam daquela maneira. Agora, um ano depois, eu penso sobre o que eles disseram **e venho todos os dias e tento ser a pessoa que eles pensam que sou**".

O Que Reconhecemos e Celebramos

Aqui está o que existe de mais avançado no bom senso: organizações devem reconhecer e celebrar as coisas que elas mais querem. Em nosso curso de reconhecimento e celebração, ensinamos que existem muitas coisas que podemos reconhecer. A primeira pergunta que pedimos para as pessoas considerarem é se o comportamento pode ser descrito como um bombeiro combatendo o fogo ou alguém acendendo o fogo. Muitas organizações reconhecem os comportamentos dos bombeiros: alguém que salvou o dia de forma heroica. Contamos a história em nossa aula sobre a vez em que a filha do nosso CIO (diretor de tecnologia) Craig Hergenroether, que trabalhava em outra organização, disse: "Estamos levando nossa equipe de

Todos são Importantes

TI para um happy hour hoje à noite, porque recebemos esse enorme vírus no e-mail, mas eles fizeram um grande trabalho e conseguiram eliminá-lo".

Nosso CIO pensou: "Nós nunca recebemos o vírus. Nós aplicamos todas as disciplinas e práticas necessárias para assegurar que isso nunca nos aconteça. Não deveríamos celebrar isso?"

O que escolhemos manter e celebrar passa a ser imitado. Por isso, é importante considerar como essas decisões impactam a cultura. Ao invés de comportamentos de combate ao fogo, nós reconhecemos e celebramos excelência sustentada: pessoas que consistentemente se destacam através de suas ações. Celebramos as pessoas que fazem seu trabalho muito bem todos os dias sem muito drama. Craig, o CIO, levou seu time para o happy hour e disse: "Parabéns, nós não pegamos o vírus que atacou a maioria das empresas de St. Louis e Tampa Bay".

Nós também reconhecemos e celebramos comportamentos exemplares (a forma de agir/conduta própria), processos inovadores (forma de ação com intenção de alcançar resultados), resultados excepcionalmente positivos (resultados finais de ações ou comportamentos), e conquistas tangíveis.

Como Nós Reconhecemos e Celebramos

Reconhecer é "identificar, admitir, conceder credenciais a". Celebrar é "designar grande impacto social a". Em larga escala ou íntimas, celebrações aumentam sentimentos de pertencimento e constroem um grande espírito de equipe. Mas apenas dizer: "Obrigado, cara" não é suficiente. Ensinamos as pessoas a elaborar o reconhecimento de forma significativa, permitindo que aquele que recebe sinta que é genuíno. É uma habilidade que pode ser ensinada e uma cultura que pode ser desenvolvida.

Nossas premiações não têm um componente financeiro, porque acredi-

Reconhecimento e Celebração

tamos que o dinheiro não é tão memorável ou impactante. Remuneração de incentivo é diferente de reconhecimento e celebração. Usamos a remuneração de incentivo para alinhar os objetivos individuais com as métricas da organização, de modo que, quando eles ganham, também estejam criando valor para a organização.

Nós nos esforçamos para tornar nossos reconhecimentos e celebrações pessoais, memoráveis, criativos, sinceros, oportunos, proporcionais, expressivos e significativos. Oportuno significa que o reconhecimento deve acontecer o mais próximo possível do fato gerador. Criatividade é importante, para que as pessoas saibam que você pensou e fez algo especial e único. Reconhecimento deve ser pessoal; mesmo em grandes celebrações, sempre deve existir alguma coisa que deixe os indivíduos saberem que é para eles e não apenas mais um evento corporativo.

Recentemente, em nossa sede em St. Louis, Tim Sullivan, o presidente do grupo, foi reconhecido como o ganhador do prêmio POL SSR. Muitas coisas foram escritas e ditas sobre o sucesso da empresa que ele ajudou a criar e as oportunidades que ele havia dado para as pessoas, mas muito mais comentários foram sobre o seu estilo e como ele lidera. Quando perguntaram a Tim o que havia sido mais relevante para ele sobre a celebração, ele disse que foi o esforço que as pessoas fizeram para organizar a celebração especial e única para ele. Eles fizeram um tema de "cientista maluco" com a esposa de Tim, Mary, vestida com um jaleco branco, touca e máscara. A surpresa de ter a sua família no evento, fazendo alguma coisa potencialmente embaraçosa diante de toda a empresa para celebrá-lo, foi muito especial. Por todo o sucesso que Tim desfrutou em toda a sua carreira, esse foi particularmente significativo. Ele disse: "A equipe aqui em St. Louis dedicar esse tipo de esforço para me celebrar significa muito para mim".

Quando Diana Hill, da equipe de suporte de TI, foi selecionada para receber o prêmio POL SSR, seu líder, o CTO (diretor de tecnologia) Robert

Todos são Importantes

Richards fez parte do planejamento da celebração. Além de poder dirigir o SSR, Robert deu a ela uma luva de beisebol rosa, montada em um suporte que ele construiu em sua garagem. Ele disse: "Tudo neste departamento passa por suas mãos, e você nunca deixa a bola cair". O que Robert disse para ela aquele dia foi: "Eu vejo o que você faz aqui e valorizo. Você faz a diferença. **Você é importante**". O que mais alguém quer ouvir de seu líder?

Significância é algo com que lutamos no início. Tínhamos uma pessoa de vendas que comparava cada pedido que recebia com o lendário Ice Bowl, considerado o melhor jogo de futebol americano que já existiu. Numa das vezes em que ele estava comemorando um pedido – "Foi o Ice Bowl!" – e falando sem parar sobre isso, seu líder lhe disse: "Sabe, a sua equipe precisa conseguir um pedido como esse toda semana para atingir a sua meta. Cada pedido não pode ser um Ice Bowl". O objetivo é ser proporcional à realização e significativo para a pessoa que o realizou. Se nós exageramos nas realizações das pessoas, o reconhecimento perde o sentido.

A maioria dos nossos prêmios é baseada na indicação dos pares. Eles não são concursos de popularidade. O processo desafia as pessoas a sentar e escrever sobre seus colegas coisas que eles podem nunca ter tido tempo para dizer a eles. Independentemente de ganhar ou não, ler o que as pessoas escreveram sobre elas cria um verdadeiro senso de significado associado ao prêmio. Frequentemente, as pessoas que são indicadas também são entrevistadas. Isso nos permite mergulhar de verdade nas coisas boas que estão acontecendo na organização e expandi-las, e também ajuda os outros a entender mais profundamente o que faz uma pessoa florescer.

Uma de nossas práticas que tem o maior impacto é mandar cartas para a casa das pessoas. Representa tanto para as pessoas que seus pais ou cônjuges ou filhos saibam sobre a contribuição que eles estão fazendo e o impacto que eles têm nos seus colegas. Como parte da celebração High Five de Mike Wilwerth, um líder de serviço de campo na Hayssen Flexible Systems, enviei uma carta para a esposa dele. Posteriormente, ele nos contou: "Eu nunca tive a certeza de que a minha esposa entendia o que eu fazia, ou se importava com isso, mas ela teve uma completa nova apreciação pelo impacto que eu tenho na organização quando viu essa carta. Ela estava realmente orgulhosa, e isso significou muito para mim".

Polo Juangorena é um membro da nossa organização de vendas da BW Papersystems na América Latina. Ele fez muito para contribuir com o sucesso dessa empresa através dos pedidos que fechou. Para reconhecer a sua contribuição, mandei para a sua esposa uma carta e um buquê de flores. Eu escrevi: "Nós gostaríamos de compartilhar nosso orgulho e gratidão por tudo o que Polo realizou". Quinze anos depois, durante uma celebração de aniversário da aquisição, Polo se levantou e falou sobre aquela carta. Depois de todo sucesso que ele teve e de todo reconhecimento recebido, a carta ainda se destacava. Ele falou como foi significativo ter aquela carta que o celebrava enviada para a sua esposa – e o buquê de flores agradecendo-a por todo apoio que ela dava para que ele pudesse estar na estrada triunfando por nós.

Estabelecendo Segurança para Zelar

Quando ensinamos reconhecimento e celebração em nosso curso de Fundamentos da Liderança na BWU, chegamos a um ponto em que tudo parece arco-íris e unicórnios. Aqueles que dão se sentem bem, aqueles que recebem se sentem bem, e todos seguimos em nosso caminho feliz, certo? Mas se isso fosse tão óbvio, seria muito mais predominante no mundo dos negócios de hoje. Então, perguntamos às pessoas: "O que te impede?" As respostas típicas são:

Todos são Importantes

- Por que eu agradeceria a alguém por apenas fazer o seu trabalho? Eles são pagos para fazer isso.

- Eu digo "Obrigado" para as pessoas o tempo todo, e "Bom trabalho." Isso não é o suficiente?

- As pessoas ficam desconfortáveis em ser reconhecidas em público.

- Você não quer dar a impressão de estar bajulando.

- Pode gerar um problema se você tiver que adverti-los depois.

Às vezes, as pessoas se sentem desconfortáveis sendo reconhecidas porque nunca o foram antes e não lhes parece natural ou certo. Muitas pessoas foram ensinadas que a emoção não tem lugar no ambiente de negócios, que pessoas de sucesso deixam isso de lado e que a honestidade bruta é o único caminho.

Queremos dar a segurança para as pessoas zelarem e expressarem seu cuidado. Nós trazemos a emoção para dentro da empresa de forma construtiva. Parece tão óbvio e fácil reconhecer as pessoas, e, em muitos casos, custa muito pouco. Algumas pessoas temem que se você exagerar no reconhecimento, ele vai perder o significado. Nós ensinamos às pessoas como fazer isso de maneira significativa para que nunca nada seja minimizado por reconhecer e celebrar alguém.

Em uma cultura Lean, algumas pessoas pensam que reconhecer indivíduos pode ser prejudicial à equipe. Essas pessoas têm uma visão mais socialista de reconhecimento e celebração; elas acreditam que destacar um indivíduo em uma equipe cria um ambiente de animosidade. Isso pode acontecer, mas não significa que a ideia é errada, somente a sua implemen-

Reconhecimento e Celebração

tação. Destacamos os indivíduos porque essa é a única maneira de fazê-los saber que são importantes. Também combinamos premiações individuais e por equipes. Frequentemente, quando destacamos indivíduos, eles voluntariamente compartilham o reconhecimento com a equipe que ajudou a torná-los bem-sucedidos.

Leva tempo e demanda esforço organizar uma grande celebração. Não é só pensar no que dizer e rastrear o endereço dos pais e esse tipo de coisas. É também correr o risco emocional de que as pessoas receberão o prêmio com a intenção que você quer dá-lo. Frequentemente, as pessoas têm medo de se colocar em destaque e assumir o risco.

Um dia, entrei em uma conversa com a equipe de liderança de uma de nossas fábricas sobre a cultura e o desafio de dizer "obrigado" e reconhecer as pessoas. Brett Dexheimer, agora o VP de operações de Thiele, me contou sobre alguém na fábrica chamado Bruce. A fábrica havia passando por uma greve trabalhista alguns anos atrás. Foi um impasse bastante tenso, com os grevistas batendo no carro do presidente enquanto ele atravessava o piquete. Bruce era um sindicalista apaixonado e estava na frente do grupo batendo no carro. A greve finalmente acabou e todos voltaram ao trabalho.

Um gerente de projeto disse a Brett: "Eu estive trabalhando em um projeto com Bruce. Estávamos com dificuldade de conseguir fazer a máquina operar para mandá-la para o cliente, e estávamos todos frustrados – o engenheiro, o gerente de projeto, e Bruce, que estava lá como um membro da equipe de testes no projeto. Eu finalmente disse: 'Ok, vamos dar um descanso. Estamos todos esgotados, está ficando tarde. Voltamos amanhã e recomeçamos'. Bruce disse: 'Vocês se importam se eu ficar? Quero tentar algumas coisas. Talvez eu consiga fazê-la funcionar para vocês pela manhã'. Agora, isso é o que eu considero verdadeira liderança".

Brett me disse: "Eu vi uma mudança real em Bruce desde que tivemos todos os nossos problemas. Tudo o que eu pude fazer um tempo atrás foi

Todos são Importantes

puxá-lo de lado no final do dia quando ele estava saindo pela porta e dizer: 'Ei, Bruce, eu agradeço a liderança que você está demonstrando, a contribuição que você está fazendo. Eu só queria te agradecer por isso'".

Eu disse: "Por que não chamamos o Bruce aqui? Pergunte se ele se lembra disso. Isso faz parte do nosso aprendizado e da evolução da nossa jornada". Bruce entrou e ficou encostado desajeitadamente na parede enquanto eles lhe relatavam a história. Eu perguntei se ele se lembrava de quando Brett o havia elogiado. Já fazia cerca de seis meses.

Bruce disse: "Se eu me lembro? Você sabe como é quando o chefão puxa você de lado e diz uma coisa daquelas? Eu pensei naquilo durante todo o caminho para casa na minha caminhonete, e pensei sobre isso no caminho para o trabalho no dia seguinte. Eu ainda penso naquilo quase todos os dias".

Em qualquer organização, existem pessoas que reagem melhor a certas formas de reconhecimento, seja face a face, um gesto mais privado, ou uma grande celebração. Mas a necessidade das pessoas sentirem pertencimento, sentirem que são importantes, é a mesma em todas as organizações e ao redor do mundo. No Reino Unido, as pessoas nos disseram que esse tipo de reconhecimento não funcionaria, porque a cultura deles era diferente. Tais comentários são sintomas de culturas onde a celebração é rara. Quando estávamos concluindo nossa mais recente aquisição na Itália, eles também estavam dizendo: "Nós não acreditamos que essas coisas funcionarão em nossa cultura". Simon Lagoe, que lidera nossa operação Hayssen Flexible Systems no Reino Unido, sorriu ironicamente e lhes disse: "Bem, senhores, eu preciso lhes contar algo. Nós costumávamos dizer isso porque somos ingleses, mas o fato é que nós simplesmente não queríamos fazê-lo. Mas funciona para nós da mesma forma que funciona em qualquer outro lugar. Apenas experimentem".

Reconhecimento e Celebração

A Liberdade de Reconhecer e Celebrar

Muitas pessoas se preocuparam que nossos programas de reconhecimento seriam cortados quando implementamos as licenças e vários tipos de medidas de austeridade durante a recessão de 2009. Um programa de reconhecimento é frequentemente uma das primeiras coisas a serem cortadas quando a empresa está tentando economizar dinheiro, porque é visto como fútil. Mas se você olhar para o verdadeiro custo do nosso programa de premiação POL SSR verá que não é muito, enquanto seu poder duradouro é enorme. Durante a recessão econômica, nós adequamos a dimensão das celebrações de modo a sermos menos extravagantes e mais apropriados ao momento que estávamos passando, mas não as reduzimos. As pessoas ficaram altamente criativas e vieram com ideias de custo eficiente que continuamos a usar depois.

Agora, em nossa cultura, liberdade responsável se juntou com reconhecimento e celebração de formas gratificantes. Nossas pessoas sabem que qualquer um pode criar uma premiação; não precisa vir do corporativo.

Você se lembra de George Senn, o líder do chão de fábrica em Phillips? O setor tinha uma cultura dura e da velha escola, mas George é um líder com coração, e ele queria fazer a diferença. Depois de concluir o curso de Fundamentos da Liderança e aprender sobre reconhecimento e celebração, ele perdeu um membro da equipe chamado Dennis Wilson para um ataque cardíaco. George decidiu lançar um prêmio memorial em homenagem a Dennis, dado pela equipe de operadores a um companheiro de equipe que exemplifica o que Dennis defendia como um dos primeiros líderes da jornada de melhoria contínua. O Prêmio Memorial Dennis Wilson é concedido a cada seis meses. Quando isso aconteceu, sabíamos que nossa intenção de tornar reconhecimento e celebração uma parte central da nossa cultura estava funcionando; agora, é parte do tecido organizacional, e as pessoas se apropriaram disso.

Capítulo 12

| Educando Líderes |

Mike Davis, da nossa divisão PneumaticScaleAngelus, é um emblemático líder da próxima geração na Barry-Wehmiller: um jovem, talentoso engenheiro em uma organização que muda e cresce rapidamente. Dada a oportunidade, foi natural para ele se matricular no curso de Fundamentos da Liderança. Ele descreveu a sua motivação exatamente como você imaginaria. "Eu quero aprender algumas habilidades para me tornar um líder melhor". Fundamentos de Liderança, no entanto, não é desenhado para transmitir habilidades, mas para ser uma experiência transformadora que inspira as pessoas para verdadeiramente abraçarem essa incrível responsabilidade de liderar. Inspirar profundas mudanças pessoais demanda uma abordagem completamente diferente da educação. Aqui está como Mike descreveu a sua experiência:

> *Conforme as aulas iam avançando, eu mudei meu objetivo de "Como posso me melhorar?" para "Como posso ajudar a melhorar aqueles ao meu redor?" Como líder, e em última análise como mentor, você tem a responsabilidade e o privilégio de desenvolver aqueles ao seu redor e ajudá-los a se tornarem os melhores. Reconheço que minhas experiências na Universidade Barry-Wehmiller ajudaram a me tornar uma pessoa mais acessível e extrovertida. Eu costumava me controlar e agir como um filtro. Percebi que nem sempre é a melhor coisa a fazer. Pessoas querem saber como estão desempenhando. Elas querem saber o que está acontecendo. As aulas me ensinaram a importância de compartilhar com as pessoas como você se sente e como demonstrar apreciação pelo trabalho que fazem. Agora, estou construindo relações*

Todos são Importantes

pessoais com outros. Estou liderando pessoas, não gerenciando. Estou criando parcerias como mentor. Todas essas coisas constroem a confiança que você precisa ter com os membros da sua equipe e parceiros. As experiências na BWU têm um tremendo significado para mim. Todos os dias, eu relembro daquelas experiências, independentemente se estou no trabalho, em casa ou no supermercado. Você tem a chance de impactar as pessoas a cada dia, e o que você faz com essas oportunidades faz quem você é. Essa é a grande coisa dos Fundamentos da Liderança. Não estão só relacionados ao seu ambiente de trabalho. Eu peguei muito do que aprendi e correlacionei com minha vida pessoal, especialmente com o meu relacionamento com a minha esposa. Agora eu posso me abrir mais com ela sobre o que está acontecendo na minha vida no trabalho e como estou me sentindo, e acho que nosso relacionamento cresceu por causa disso. É verdade o que eles nos ensinaram: Você está fazendo uma profunda mudança de comportamento, e você não pode fazê-la em apenas uma parte da sua vida.

A Universidade

A jornada para criar a Universidade Barry-Wehmiller (BWU) para impregnar nosso enfoque único sobre liderança e cultura na organização no longo prazo começou alguns anos antes de a lançarmos formalmente em 2008.

Lembra de Steve Kreimer e a pergunta que ele fez sobre como converter a declaração de cultura que estava pendurada nas nossas paredes em comportamento para nossos líderes? Naquela época, estávamos há poucos anos no processo de combinar as ferramentas de Lean com os Princípios Orientadores da Liderança. Nossos líderes de equipe Lean incorporados em nossas divisões tiveram uma reunião na qual eu perguntei a eles: "Qual é a principal coisa que você precisa para ter sucesso em juntar as ferramentas Lean com os Princípios Orientadores da Liderança?"

Educando Líderes

A resposta deles foi: "Nós realmente precisamos de um treinamento de liderança". Então, eu voltei e desafiei nossa equipe com: "Como podemos criar uma educação de liderança em nossa organização?"

No verdadeiro estilo de equipe Barry-Wehmiller, realizamos uma sessão de visualização. Juntamos uma equipe multifuncional de pessoas para discutir como o ensino de liderança na Barry-Wehmiller poderia ser. Escrevemos um documento curto sobre a visão com apenas dois pontos-chaves:

O primeiro diz que o propósito da Universidade Barry-Wehmiller é desenvolver uma forma integrada, inspiracional e sustentável de viver a nossa visão. Essas três palavras – integrada, inspiracional e sustentável – são o cerne do que a BWU representa. É muito importante para nós que as pessoas sintam que as coisas que falamos na BWU estão completamente integradas em nossas ações diárias, em cada evento de Lean, em cada reunião, em nossas interações diárias, e isso é sempre inspiracional. Também precisa ser sustentável; se for feito da maneira correta, sobreviverá além do tempo de qualquer líder. Precisamos conseguir transmitir aquilo em que verdadeiramente acreditamos para as pessoas de nossa organização.

O segundo é a nossa crença de que podemos usar o poder da empresa para dramaticamente impactar o mundo de forma positiva. Acreditamos profundamente no efeito cascata da liderança. Pensamos que, se dermos para as pessoas as ferramentas que permitam que usem seus talentos e virtudes todos os dias, elas voltarão para casa mais realizadas e interagirão com suas famílias, comunidades e o mundo como pessoas mais preparadas para encarar qualquer desafio. Se as pessoas se sentissem mais realizadas pelo trabalho que realizam, elas estariam melhor equipadas para lidar com os desafios da vida como casamento e paternidade. Se cada empresa fizesse isso, poderíamos transformar o mundo.

Todos são Importantes

Filosofias Principais

Naquela mesma reunião, também decidimos sobre três princípios dos quais não abriríamos mão. O primeiro envolvia **o que** iríamos ensinar: não ensinaríamos conteúdo de outras fontes. Decidimos que desenvolveríamos nosso próprio material, porque queríamos que fosse distintamente Barry-Wehmiller, que evocasse a nossa visão única do mundo e que não estivesse disponível em nenhum outro lugar.

O segundo ponto era sobre **quem** iria ensinar. Decidimos que todo professor seria um membro da equipe da Barry-Wehmiller, ao invés de contratar alguém de fora. Criaríamos um marco na carreira das pessoas para que elas pudessem compartilhar o seu conhecimento e histórias com seus pares. Sentíamos que havia uma autenticidade tremenda nas histórias que poderiam compartilhar, algo que professores externos usando conteúdos de prateleira não podiam nos dar.

Terceiro, decidimos que o processo de **como** ensinaríamos deveria ser inspiracional e transformador desde o começo.

Reconhecemos que a Universidade Barry-Wehmiller é um componente da estratégia geral de cultura. A BWU oferece as habilidades e comportamentos que permitem que as pessoas participem e cresçam em nossa cultura centrada em pessoas. Mas não alcançamos a transformação cultural apenas colocando as pessoas em uma sala de aula; é um componente que se alinha com outros processos de mudança. Sem a jornada de melhoria contínua, sem reconhecimento e celebração, sem o treinamento individual e em equipe, o programa não seria tão relevante nem impactante. Sabemos que as pessoas precisam vivenciar essas coisas para verdadeiramente aprendê-las.

Como em tudo que fazemos, a BWU não é sobre tirar mais das pessoas ou melhorar o desempenho. Não é sobre melhorar a produtividade, e não esperamos nenhum resultado em particular nesse investimento. Não medi-

Educando Líderes

mos esforços para assegurar que as pessoas entendam que a Universidade Barry-Wehmiller existe para melhorar suas habilidades de tocar as vidas das pessoas e equipá-las para terem sucesso com outros tantos dentro como fora da Barry-Wehmiller. Não traçamos uma linha entre comportamentos no ambiente de trabalho e como as pessoas podem aplicá-los em casa. O que surpreende os participantes é que os encorajamos a contar histórias das vidas domésticas tanto quanto falamos sobre as coisas que fazemos em nossos papéis de liderança no trabalho.

Nossos colaboradores ensinam. Quando decidimos seguir por esse caminho, não sabíamos se estávamos totalmente preparados para o que isso iria significar, e se podíamos enfrentar os desafios que estávamos dando para as pessoas, pedindo a elas para virem e ensinarem aos seus pares. É uma oportunidade tremenda, mas também um desafio tremendo. Como você inspira as pessoas a contarem as suas histórias? Como você as ensina a facilitar uma aula?

Elaboramos um programa de desenvolvimento de professores de uma semana, através do qual já preparamos quase 200 pessoas, de dentro e de fora da Barry-Wehmiller, para ensinarem com o nosso estilo. Esse programa está centrado em três grandes ideias. A primeira é que seu trabalho como professor é transmitir a visão, que é diferente de transmitir a informação. A segunda, o seu trabalho é criar um ambiente perfeito para o aprendizado. E a terceira, você deve inspirar a mudança. Isso requer que você pense sobre todos os detalhes, como dinâmica de classe, as revelações a serem compartilhadas com as pessoas, e a configuração de como elas estarão sentadas. Não fazemos muito "treinamento de conscientização"; queremos que as pessoas sejam intensamente impactadas por suas experiências, de modo que isso leve a mudanças significativas de comportamento. Por essa razão, nosso programa mais curto é de três dias, enquanto os mais longos requerem um investimento de duas a três semanas. Queremos que as

Todos são Importantes

pessoas pensem de forma diferente sobre si e sobre seus trabalhos, e nós as pressionamos de forma inflexível para que possam refletir nesse processo.

Alimente os Famintos

Uma pergunta que me fazem com frequência depois das minhas palestras é: "O que você faz com as pessoas que não entendem?"

Minha resposta é frustrante para alguns: "Não focamos nas pessoas que não entendem. Focamos nas pessoas que o fazem". Essa filosofia também se reflete em como completamos as turmas na BWU. Nosso mantra extraoficial é "Alimente os Famintos". **Nenhum** dos nossos treinamentos é obrigatório ou automático; todos que quiserem fazer um curso têm que passar por um processo de seleção.

Não estamos no negócio de conversão; queremos que todos os participantes estejam intrinsecamente motivados. Focamos onde podemos ter o maior impacto. Se você estiver intrinsecamente motivado, você assimila melhor o conhecimento, retém melhor o conhecimento, e aplica o conhecimento com maior frequência e com maior efeito. Considerando o nosso modelo de professor, e que com frequência temos pessoas dando aula pela primeira vez, queremos oferecer a eles uma audiência superior, ansiosa para aprender e crescer. Queremos que a experiência seja boa para todos. Acreditamos que se as pessoas em nossas salas de aula são bem alimentadas com ideias, elas vão sair e estimular mais fome na organização, e, então, poderemos alimentar essas pessoas famintas.

Você também pode pensar nisso em termos da curva de adoção de marketing. Assim como as pessoas fazem fila na porta das lojas da Apple esperando pela última versão do iPhone, temos pessoas em fila quando lançamos um novo programa. Não importa o tema do novo programa, elas

Educando Líderes

estão ansiosas em fazer parte dele. Nós alimentamos essas pessoas famintas.

Uma prática comum em nossa divisão de cursos é fazer uma avaliação no final do programa. Pede-se aos participantes para convidar uma pessoa – pode ser o seu líder ou alguém que eles sintam que o programa poderia ajudar – e compartilhar a experiência com ela. Eles não tentam ensinar o conteúdo, mas tentam transmitir um senso de como é a experiência de passar pelo programa.

As pessoas compartilham suas histórias pessoais usando esquetes, vídeos e outras formas criativas. Escutar essas histórias em primeira mão cria um novo ciclo de demanda, de modo que essas próximas pessoas ficam realmente animadas com a oportunidade de investir três dias ou três semanas naquela oportunidade de aprendizado.

Educação de liderança não é reservada para pessoas com títulos. Focamos em pessoas dispostas a darem o próximo passo na sua jornada de liderança, independentemente do seu título oficial ou papel. Sentimos que o benefício de fazer isso supera o valor de trazer pessoas que, em teoria, têm maior influência, mas não fariam necessariamente as mudanças necessárias. Algumas pessoas prefeririam que levássemos a equipe toda, ou que começássemos com os líderes com mais tempo de casa e fôssemos descendo na hierarquia. É desconfortável para alguns líderes quando alguns membros de sua equipe passam pelo programa de Fundamentos da Liderança antes deles. Mas somos claros: queremos que as pessoas tomem uma decisão pessoal de embarcar nessa jornada quando estiverem prontas para fazê-lo, independentemente de sua posição atual.

Nosso modelo é baseado em uma alta dose de revelação e pessoas voluntariando as suas histórias. No início de cada curso de Fundamentos da Liderança, contamos para os participantes que nosso trabalho é criar um ambiente estimulante, mas que a maior parte do conteúdo virá deles. Na cerimônia de graduação, eles avaliam e percebem que aprenderam mais

Todos são Importantes

dos colegas de turma do que das pessoas na frente da sala. Criar essa experiência e construir o ambiente demanda uma quantidade tremenda de disciplina e reflexão.

Rhonda Spencer relembra uma história sobre "alimentando os famintos":

O presidente do grupo, Tim Sullivan, veio até mim e disse: "Eu preciso participar daquele programa de Fundamentos da Liderança. Eu preciso que cada líder na minha organização passe por esse programa". Eu estava emocionada, porque o programa de Fundamentos da Liderança era relativamente novo e alguns dos líderes de nossa organização estavam céticos quanto ao investimento.

Eu disse: "Uau, Tim, isso é fantástico. O que está motivando essa ideia?"

Tim disse: "Mark Wachal". Mark era um líder da engenharia de fábrica na PCMC, em Green Bay. Ele tinha a reputação de ser um líder duro, mas bom. Depois que Mark completou a primeira parte dos Fundamentos de Liderança, ele voltou e silenciosamente começou a aplicar algumas coisas que aprendeu em sua equipe. Ele percebeu que precisava mudar o seu estilo de comunicação e liderança, em vez de esperar que os outros se adequassem a ele.

Após algumas semanas, os membros da equipe dele disseram: "Eu não sei o que você está fazendo, mas continue a fazer". Eles perceberam as mudanças em Mark. Ele estava escutando mais, tratando as pessoas com respeito.

Minha resposta para Tim foi: "Tim, não temos uma pílula mágica de liderança que estamos dando para as pessoas em Fundamentos da Liderança. O curso é bom, mas não é tão bom. A única explicação para a mudança em Mark é que ele estava pronto para mudar. Nós simplesmente tínhamos ferramentas e ambiente adequados para oferecer a ele no momento certo para ajudá-lo a mudar".

Tim participou do primeiro jantar de graduação do Fundamentos da Liderança para ver Mark se formar. Mark se levantou e falou com lágrimas nos olhos sobre como ele havia sido mudado pela experiência. Eu olhei para Tim, que também estava impactado pela emoção do evento. De fato, não havia nenhum olho seco na casa.

Educando Líderes

O Processo de Seleção

As pessoas precisam se inscrever para participar de qualquer um de nossos cursos presenciais (apesar de termos alguns programas online que estão disponíveis para todos). Selecionamos aqueles que acreditamos ter maior potencial, porque sabemos que querem participar, estão fazendo uma escolha pessoal, e serão grandes embaixadores desse conteúdo. Começamos com aqueles que acreditamos serem fortes o suficiente para fazer uma grande mudança pessoal.

Para Fundamentos de Liderança, existe uma longa fila de espera. O processo de seleção inclui vários fatores: Qual é a sua esfera de influência? Você pode fazer mudanças imediatas? Acreditamos que você pessoalmente tem a capacidade de mudar? Temos um equilíbrio de papéis no grupo de participantes? Temos um equilíbrio entre fábrica e escritório? Temos um equilíbrio entre equipe de frente e líderes? Temos um equilíbrio de gênero? Temos um bom equilíbrio de divisões? Todos estes fatores são considerados na criação da turma.

Pedimos aos participantes para deixarem a identidade de suas organizações para trás durante o curso; eles não sabem se a pessoa ao seu lado é um Diretor Financeiro ou Chefe de Produção. Ao chegarem, os participantes recebem um livro de atividades com a foto de todos e suas respostas para as perguntas que receberam antecipadamente. Você pode ver a linha de raciocínio deles. No início do programa, as pessoas se apresentam; em vez de detalhes biográficos, pedimos que compartilhem suas ideias sobre o líder mais influente nas suas vidas, por que estão aqui, e o que esperam aprender com essa experiência.

Especificamente dizemos: "Por favor, não diga o seu título ou seu trabalho cotidiano. Queremos conhecê-lo como pessoa". Isso os prepara para a jornada de reflexão pela qual passarão durante o programa. Somente

Todos são Importantes

durante jantar ou coquetéis eles podem vir a descobrir o que cada um faz. Nós enfatizamos que o programa é sobre conexões humanas – ver as pessoas como pessoas, não como seus títulos.

Começa com a Comunicação

Depois de estarmos na nossa jornada Lean por alguns anos, começamos a refletir sobre o que poderia estimular uma jornada ainda mais profunda e mais completa na nossa organização. Um dos principais elementos da nossa visão de melhoria contínua é que deveríamos ter encontros diários para compartilhar e escutar; nessas reuniões, as pessoas poderiam falar sobre o trabalho do dia, remover impedimentos, compartilhar ideias de melhoria, e aprofundar a sua conexão um com o outro.

Reunimos um grupo de pessoas e perguntamos: "Qual é a próxima coisa que devemos olhar?" Logo percebemos que estávamos com dificuldade para nos comunicar na organização. Não é que não podíamos escrever e-mails ou fazer apresentações em PowerPoint, mas estávamos com dificuldades para criar relacionamentos fortes através da boa comunicação.

A jornada Lean cria muito mais conversas do que acontecia antes, requerendo que as pessoas trabalhem juntas de uma nova forma em equipes multifuncionais. Estávamos tirando as pessoas do escritório e colocando-as junto dos colaboradores de fábrica. Tudo isso estava criando uma necessidade na cultura de melhores maneiras de interagir e comunicar entre si. Pesquisamos cursos fora, mas nenhum se adequava às nossas necessidades. Assim, decidimos criar um curso próprio, e o resultado foi o nosso programa de Treinamento de Habilidades de Comunicação (THC).

Um mês depois, Bart Hardy participou do programa THC na PCMC em Green Bay, Wisconsin. Na época, Bart era líder de chão de fábrica, com cerca de dez pessoas na sua equipe. Quando o curso foi anunciado, Steve Kemp, presidente da PCMC, sabia que seria algo que ajudaria desenvolver Bart como líder.

"Steve sempre teve muita confiança em mim", disse Bart. "Mas ele também destacou que eu não sabia escutar. Eu sou a pessoa que tenta fazer duas, três coisas ao mesmo tempo, mas escutar nunca foi uma delas".

A jornada de aprendizado na THC é sobre entender que, embora as pessoas pensem que estão comunicando, nunca lhes ensinaram o mecanismo de como comunicar ou o efeito que a sua comunicação tem nos outros. Começa por um mergulho profundo no ciclo de comunicação. O que acontece quando as palavras deixam a minha boca e alcançam a pessoa escutando a mensagem? Depois se aprofunda no porquê e como escutar ativamente, bem como pensar efetivamente sobre confronto.

Alguns anos depois, Bart foi promovido a vice-presidente da Major Machinary, onde ele agora lidera uma equipe de 300 pessoas. Bart assumiu a nova posição na época em que a confiança na liderança da empresa era baixa. "Havia muita tensão", disse Bart. "Eu entrei em um ambiente onde líderes e trabalhadores não estavam na mesma página. Existe uma tensão natural em um ambiente de trabalho, mas isso era muito pior".

Seguindo a sugestão de um dos líderes dos trabalhadores, Bart organizou conversas individuais com cada um dos 300 membros da sua equipe, ao longo de mais de sete meses. Representantes do sindicato estavam na sala para observar, mas a conversa era entre Bart e o membro da equipe. Da sua parte, Bart fazia duas perguntas: "Quais são as suas expectativas da liderança?" e "O que o impede de ter mais sucesso no seu trabalho do que você atualmente tem?" Depois, usando as técnicas que aprendeu no curso de THC, Bart escutava.

"Eu tive umas conversas bastante brutais", ele disse. "Tentei não ficar defensivo sobre nada. Eu queria que eles fossem tão abertos e honestos

Todos são Importantes

quanto possível. Mesmo que eles pudessem apenas desabafar, nós veríamos onde aquilo ia dar".

No THC, o mantra do curso é "Eu sou a mensagem". Nós conversamos sobre como a grande maioria de nossa comunicação é não verbal. Toda parte de quem somos e como nos movemos pelo mundo – nossos gestos, nosso tom de voz – cria uma mensagem que as pessoas recebem, independentemente se queríamos mandá-la ou não. Você precisa ter controle da mensagem que está mandando e pensar sobre como ela impacta as outras pessoas.

A resposta da equipe para um lugar seguro no qual eles pudessem se expressar para um ouvinte completamente engajado foi incrível. Eles aproveitaram completamente a oportunidade de articular os seus sentimentos. O diálogo aberto lentamente começou a estabelecer uma nova confiança. "Imaginei que depois de cinco ou seis pessoas, eu teria uma boa ideia de quais eram os problemas e do que eu precisaria fazer", disse Bart. "Mas o que eu vi foi o impacto que aquilo estava tendo **nelas** – que um líder estava efetivamente dedicando seu tempo para escutar. Era tão energizante. Você podia ver a diferença que aquilo estava fazendo".

Um ano depois, na época de negociar um novo contrato, a Barry-Wehmiller foi conversar com o sindicato e perguntou se o contrato atual poderia ser estendido por três meses em função de problemas acontecendo fora da PCMC. O sindicato ofereceu estendê-lo por mais três anos; a única coisa a negociar foi a escala de salários para o período de vigência.

"É difícil de quantificar confiança", disse Bart, "mas esse tipo de extensão geral raramente acontece com acordos sindicais". "Havia muitas coisas que ajudaram a reconstruir a ponte da confiança. Eu fui apenas uma pequena parte, mas isso demonstra que a escuta pode levar longe". O uso da escuta reflexiva de Bart não só ajudou sua equipe a ter uma voz na mudança no seu local de trabalho, mas também ampliou a sua perspectiva como líder. "Foi bom para eles, eles puderam alugar meu ouvido", disse

Bart. "Mas, no final do dia, eu pude interagir com tantas pessoas e coletar muita informação para trabalhar. Foi fantástico".

A maioria das pessoas vem para o curso THC achando que são grandes ouvintes. Isso na verdade significa: "Eu sou bom em receber informação e repeti-la de volta como um papagaio". Mas a escuta verdadeira e profunda não é sobre formular uma resposta ou ajudar alguém a resolver um problema; é estar presente às necessidades da outra pessoa. Conduzimos os participantes por uma série de exercícios que os ajudam a entender que eles não devem ter um destino em mente quando estão escutando alguém que vem a eles com um problema ou não devem ficar pensando no que irão dizer depois.

O curso é uma profunda experiência pessoal, e ele faz as pessoas perceberem o estrago que causaram nos relacionamentos nas suas vidas. Chama as pessoas para examinarem como estão liderando suas equipes, como pais (o que pode ser bastante perturbador), como cônjuges, e como membros de grupos de suas comunidades.

Marsha Burns, uma de nossas professoras na Universidade Barry-Wehmiller, fez o curso THC durante sua primeira semana na empresa. Foi uma revelação um tanto quanto dura para alguém que se achava uma boa comunicadora, e que havia passado trinta anos antes de se juntar à Barry-Wehmiller ensinando as pessoas como liderar no mundo dos negócios. "Os primeiros dez minutos do curso destacaram que o programa era sobre mim e minha vida, não sobre o meu desempenho", ela disse. "Isso me forçou a olhar para mim e meu comportamento estritamente à luz dos meus valores. Eu não gostei do que vi. Isso mudou o meu casamento; isso mudou a minha vida".

THC ajudou Shayne Roberts, diretor de desenvolvimento de pessoas e cultura da BW Papersystems em Phillips, Wisconsin, a fazer uma mudança muito sutil, mas significativa, na comunicação com sua filha, Caitlin. Na época em que Shayne estava no curso de THC, Caitlin cursava a Universidade de Wisconsin, em Madison. Eles tinham conversas semanais por tele-

Todos são Importantes

fone que Shayne descrevia mais como um exercício de garimpagem de informação do que uma conversa. "Só pela minha natureza, e talvez porque seja típico de qualquer pai, quando eu conversava com ela, tentava resolver meus problemas como um pai preocupado", disse Roberts. "'Como vai a escola?' 'Você está dando conta do trabalho?' 'Você precisa de mais dinheiro?'"

Mas um dia, inspirado pela sua aula de THC, Shayne fez uma coisa diferente. Ele ligou para Caitlin, e quando a ligação caiu na caixa postal, Shayne deixou esta mensagem: "Eu te amo". Alguns minutos depois, Caitlin retornou a ligação e disse que aquela mensagem a fez chorar enquanto caminhava pela rua em Madison.

"Aquilo é algo que vou me lembrar para sempre", disse. "Foi como uma lâmpada acendendo".

Shayne disse que não foi apenas o fato de dizer à sua filha que ele a amava que causou tamanho impacto, uma vez que aquela expressão era comum na família. Mas naquele dia, foi uma mensagem direta e sincera para **ela**; ele não estava esperando nada em troca. Não era para atender à sua necessidade de receber informação, era para atender as dela.

"Escutar os outros é um trabalho difícil", disse Shayne. "Não me vem naturalmente. Ainda não sou muito bom nisso, mas eu costumava ser terrível. Contudo, essa jornada tem sido incrível. Eu quase acho que deveríamos chamar THC de 'Treinamento de Conscientização', porque começa com consciência pessoal. Eu tenho que sempre estar atento se estou ou não verdadeiramente escutando ou volto imediatamente ao meu modelo antigo de comunicação, uma rua de mão única que era somente sobre mim".

Se aqueles que fazem o curso THC conseguem fazer as mudanças que precisam, eles vivenciam um impacto dramático, que cria um terreno fértil para o resto do nosso currículo de liderança enraizar. Mais da metade das pessoas da empresa já fizeram esse curso; em alguns lugares, esse número está entre 90% e 100%. Técnicas e Habilidades de Comunicação tem tido

Educando Líderes

um enorme impacto em nossa cultura e criou um vocabulário compartilhado para reconhecer e evitar armadilhas de comunicação.

A maneira que efetivamos o zelo pelas pessoas é através da escuta empática. É por isso que THC é o fundamento de tudo que ensinamos na Barry-Wehmiller. Se realmente acreditamos que podemos usar o poder da empresa para dramaticamente impactar o mundo de forma positiva, ele deve começar com o entendimento básico das pessoas ao nosso redor. E isso começa com escutar.

Fundamentos da Liderança

Depois de lançar o THC, voltamos nossa atenção para o desenvolvimento de um robusto currículo de liderança ao redor de nosso checklist de liderança. Trabalhamos com Chris Long, um ex-professor da Universidade Washington em St. Louis, agora membro do corpo docente da Universidade Georgetown, que nos ajudou a validar o conteúdo baseado em pesquisas acadêmicas. Desenvolvemos e executamos uma "prova de conceito" com quatro módulos e pedimos comentários dos líderes. O grupo respondeu estrondosamente: "Nós adoramos isso, queremos mais disso. Por favor, desenvolvam esse programa. Acreditamos que precisamos desafiar as pessoas a praticar, então, vamos ensinar isso em três partes: uma semana de aula com o grupo, seis a oito semanas para praticar o que você aprendeu, e depois retornar para uma última parte".

Esse foi o nascimento dos Fundamentos da Liderança. Até agora, ele foi oferecido mais ou menos vinte vezes, com um máximo de vinte e cinco pessoas por turma. Um aspecto muito exclusivo do programa é a forma como ele se desenrola. Uma de nossas decisões iniciais foi focar nos líderes da linha de frente. Sabemos que 80% da nossa organização responde para

Todos são Importantes

aquele nível da linha de frente, então, desde a primeira turma, dissemos: "Queremos os melhores líderes de equipe da organização; para eles, isso seria uma honra tremenda". Com o passar dos anos, percebemos que a demanda por esse programa é bastante diversa, indo de colaboradores individuais aspirantes a líderes a líderes seniores na organização, como CFOs e outros do nível de diretoria.

Matt Whiat é um condecorado ex-oficial da Força Aérea que se juntou ao nosso grupo de Empoderamento Organizacional em 2013. Ele participou do nosso curso de Fundamentos da Liderança e teve a seguinte reação:

Aos militares é confiada a responsabilidade de proteger nossa nação a qualquer custo, até mesmo se isso lhes custar a própria vida. O treinamento de liderança que recebi no meu período como militar refletia esse chamado primordial do dever e se manifestava na motivação oculta do cumprimento da missão. Em outras palavras, zele pelas pessoas para que elas possam zelar pela missão.

O treinamento na Barry-Wehmiller diverge disso logo de início, com a autêntica motivação que chamou para a sua criação. Barry-Wehmiller começa o treinamento de liderança com a chamada coletiva de que a forma como tratamos os membros da nossa equipe na empresa pode ter um papel dramático e profundamente positivo em nossa sociedade, que através da liderança podemos fazer a diferença não apenas no local de trabalho, mas uma diferença dramática em nossa sociedade. E que esse treinamento de liderança não se refere apenas a aumento de lucros, redução de desperdício, redução de custo fixo ou aumento de produtividade dos colaboradores. Ao longo do programa, esses fatores nunca foram mencionados. Ninguém, nem os participantes ou instrutores, mencionou aumento de eficiência ou redução de custos. Nenhuma palavra foi empregada em como isso é "bom para a empresa".

Eu esperava ver exemplos de situações de fábrica onde os empregados não estavam alcançando as suas cotas ou um caso de uma vendedora descontente que não atinge as suas metas e seus colegas são forçados a compensar as suas perdas.

Em lugar disso, a maioria dos exemplos, escritos ou compartilhados pelos participantes e professores, era de fora do trabalho. Eles abordavam a forma com que as pessoas eram tratadas em suas vidas diárias.

Outra diferença monumental: em meus treinamentos na Força Aérea, sempre fui segregado com os meus pares. Eu aprendi com colegas no mesmo estágio de carreira. Meus programas mais avançados foram orientados por minha aceitação em níveis mais altos e posições de liderança. Durante o curso de Fundamentos da Liderança, não só as posições das pessoas na organização não eram conhecidas, elas nem eram discutidas! Apenas através de conversas informais eu descobri que alguns participantes eram do chão de fábrica e construíam máquinas enquanto outro era o CFO de uma das unidades de negócio. Até mesmo as apresentações eram propositalmente desviadas desses rótulos, com cada participante respondendo a perguntas como: "Quem foi o líder mais influente na sua vida?" e "Além de sua família, o que você mais valoriza na vida?"

Depois da primeira parte, eu comentei como estava impressionado com os instrutores, o conteúdo e a motivação pelo curso, que era centrado em desenvolver uma sociedade onde as pessoas zelam primeiro umas pelas outras. Não havia nenhum indício de qualquer motivo oculto. Ter algumas semanas entre as duas partes foi um tempo importante para aplicação e reflexão. A parte dois aproveitou o impulso da primeira parte e nunca desacelerou.

Criar o ambiente para o desenvolvimento dos Princípios Orientadores da Liderança é uma coisa. Encorajar um "checklist de liderança" (por que todas as organizações não têm um desses?) é outro passo ao longo dessa jornada cultural, mas eu estava encantado de fazer parte de um curso que foi desenvolvido para explicar em detalhe todos os pontos desses documentos. Não apenas uma linha sobre ser inspirador, mas discussões anímicas e horas de exercícios nesse conceito. O poder dos participantes todos estarem presentes por vontade própria é incrível. Isso permitiu algumas das discussões mais francas em que já tive oportunidade de participar. Não apenas metas e preocupações, medos e aspirações, mas partici-

Todos são Importantes

pantes dispostos a compartilhar confissões profundas e comoventes, deixando uma trilha quebrada de bravatas e inseguranças em seu rastro.

Tenho estado em posições de liderança a maior parte da minha vida adulta, e esse curso foi tão inconvencional a ponto de me fazer pausar para refletir sobre o passado e o futuro. Como um excelente filme ou livro, este é um sinal de algo muito impactante — que tanto tempo depois de ter deixado para trás as páginas, o teatro, ou a sala de aula, você ainda está ponderando os ensinamentos e as experiências compartilhadas. Mas não considere apenas a minha opinião. Peça as impressões do CFO e de três indivíduos incrivelmente talentosos que desenvolveram e dirigiram organizações de milhões de dólares antes de se juntarem à família Barry-Wehmiller. Eles estavam tão impressionados e comovidos quanto o líder de linha de frente, sentado à minha esquerda, e o engenheiro, à direita. As pessoas não derramam lágrimas e largam suas armaduras de vida por capricho.

Ensinando a Pessoa Completa

Peter Nicholson era um líder de pós-vendas que agora lidera nossa planta de Accraply no Reino Unido. No meio da primeira semana de Fundamentos da Liderança, ele disse para a turma: "Sabe, todos no trabalho me chamam de Peter, mas em casa eu sou Pete, e eu sou uma pessoa completamente diferente. Esta é a primeira vez que me ocorre que tenho a permissão de ser Pete no trabalho". A discussão centrou-se na energia que ele deveria dispender para manter a fachada de Peter no trabalho quando a sua verdadeira essência era ser Pete. Foi uma revelação e um grande alívio para ele poder ser a mesma pessoa nos dois lugares.

Matt Nichols, da nossa organização BW Papersystems em Phillips, Wisconsin, expressou isso assim: "Você sabe o que é se sentir como se tivesse que colocar uma máscara no trabalho? Pela primeira vez na minha car-

Educando Líderes

reira, sinto que não preciso fazer isso, que eu posso ser meu verdadeiro eu".

A forma que criamos essa experiência para as pessoas é através da ideia de revelação. No treinamento para professores, os participantes são treinados para compartilhar suas histórias. Acreditamos que pessoas reais contando histórias reais criam aprendizado real. Fazemos isso de algumas formas: primeiro, simplesmente demonstrando que se você compartilha a sua história, outras pessoas vão querer fazer o mesmo. Usamos um conceito modificado de John Maxwell chamado de "Lei da Tampa". Maxwell, um especialista em liderança, fala sobre como a liderança estabelece um limite superior. Falamos sobre isso em termos da sala de aula. Se você como facilitador está em 4 em termos de auto compartilhamento, sua turma não vai exceder esse limite; eles vão provavelmente ficar em 3 ou abaixo. Se você revelar mais sobre você mesmo e compartilhar suas vitórias e cicatrizes, as coisas boas e as coisas ruins que aconteceram com você como líder, e você está em um 10 no quesito revelação, então você levanta a tampa da sala de aula. Nós também ensinamos *storytelling* (contar histórias): Como você pega uma experiência na sua vida e desenvolve uma história atraente a partir dela?

Um líder de RH com uma mente tradicional que participava do treinamento de professores nos disse: "Vocês não entendem. Cada pedaço do meu treinamento de RH está me dizendo que você não faz isso: Você não provoca intencionalmente esse nível de emoção nas pessoas; você não revela fracassos do passado. Se isso acontecesse em uma reunião em minha empresa, nós mandaríamos essa pessoa embora imediatamente. Se alguém criasse um momento com tamanha emoção, nós encerraríamos imediatamente. E agora vocês estão me dizendo que essa é minha única responsabilidade como professor diante desta sala de aula".

Nossa resposta para aquilo foi: "Sim, isso é exatamente o que estamos dizendo. Como a personificação dos comportamentos de liderança que queremos ensinar, você deve revelar a sua jornada pessoal. Isso frequen-

Todos são Importantes

temente traz uma grande carga emocional". Nossos cursos são repletos de histórias emocionais que fazem as pessoas chorar, além de coisas que são frustrantes ou prazerosas.

Organizações Prósperas são Organizações que Estão Aprendendo

De todas as coisas que fizemos para impregnar, fortalecer e perpetuar nossa cultura única, a Universidade Barry-Wehmiller deve ser a mais significativa. Através desta jornada, desenvolvemos uma crescente apreciação pelo poder do aprendizado contínuo e crescimento das nossas capacidades de liderança. As experiências que as pessoas compartilharam em nossos cursos criaram um tecido conjuntivo profundo que liga a nossa organização com uma força incrível. Através desses cursos, aprendemos uns com os outros, e aprendemos a zelar mais profundamente por todos. Nós conquistamos a confiança dos nossos colegas, que acreditam que o que ensinamos vale ser aprendido.

Recomendamos enfaticamente que cada empresa desenvolva a sua própria versão da BWU. Acreditamos que as diferenças fundamentais em nossa abordagem têm sido primordiais para o nosso sucesso, para o impacto que conseguimos causar na organização e nas suas pessoas: ter os colaboradores dando os treinamentos; usando modelos de voluntariado ao invés de obrigar as pessoas a fazerem certos cursos; criando experiências profundamente interativas e imersivas; e tornando os cursos relevantes para toda a vida das pessoas, não apenas seus trabalhos.

Capítulo 13

| Todos são Realmente Importantes |

Nós abrimos este livro com a história de uma de nossas mais antigas aquisições, a PCMC. Encerramos com a história de Baldwin, uma empresa adquirida como um dos primeiros investimentos feitos pela nossa empresa de investimento "híbrida" Forsyth Capital (apresentada no Capítulo 3) em 2012, e algumas ideias sobre os princípios universais que podem ser compilados a partir de nossa jornada. A história dessa aquisição mostra como nossa abordagem pode ser aplicada com sucesso por uma nova equipe de liderança em um setor diferente globalmente.

—

Rich Bennett era o "gerente" prototípico na fábrica de Baldwin em Lenexa, Kansas, um cara durão com punho de aço, o ditador. Ele gerenciava a sua fábrica com poder inquestionável. Não se passava um dia sem que Rich enfrentasse seus funcionários, sua cuspida secando em suas bochechas e suas ameaças soando em seus ouvidos. As ofensas se resumiam a nada mais do que demorar cinco minutos a mais no bebedouro e perguntar a um colega de trabalho como foi o final de semana. Era uma forma de gestão que o supervisor de Rich havia passado para ele e que ele acabaria passando para outros.

Se algo difícil precisava ser feito, Rich era o homem para fazê-lo – como o dia em que lhe pediram para levar dez pessoas para uma sala de conferência e demiti-las. Ele era durão e focado e entendia o jogo como era

Todos são Importantes

jogado em uma empresa de capital aberto típica e tradicional americana, onde, como ele mesmo define, "apenas os fortes sobrevivem: Você engole os mais jovens e faz o que precisar para se manter empregado".

Rich foi contratado pela Baldwin em 2002, demitido em dezembro de 2004, e recontratado em 2007. Ele relembra: "Não tínhamos cultura. Na realidade, seria mais correto dizer que tínhamos uma cultura terrível. Nossa cultura era que você tinha que ter sucesso para não ser despedido, em vez de ter sucesso pelo bem da empresa. Você pisava em quem fosse necessário pisar, confrontava a situação que tivesse que ser confrontada. Por mais que você odiasse fazer isso e que isso te fizesse mal por dentro, era o que você precisava fazer como parte da equipe de liderança. Eu sempre estava exaurido e apavorado de ir para o trabalho, porque nunca sabia quando a próxima crise iria bater".

Baldwin era uma empresa de quase cem anos de idade com uma orgulhosa herança. Foi fundada em 1918 em Baldwin, Nova Iorque, por um ex-impressor e técnico serviço de imprensa, William Gegenheimer, em sua garagem. Gegenheimer inventou um dispositivo que ele chamou de Baldwin Press Washer, que reduziu o tempo de limpeza das prensas de horas para minutos. A invenção se tornou a chave para o crescimento da impressão offset. Baldwin cresceu para servir o mercado global de impressão de alto volume e alta tiragem, focando em jornais e revistas.

Após o lançamento das ações na bolsa em 1987, a Baldwin entrou em um período de crescimento estável de receita e lucros, ganhando uma forte reputação por inovação, qualidade de produto e atendimento ao cliente. O valor da ação subiu de US$ 2,00 em 1987 para US$ 14,25 em setembro de 1989. Demissões e recontratações vieram e foram com os ciclos da empresa. Em 2009, na sequência do colapso da Lehman, as receitas despencaram e 115 funcionários foram demitidos. No final de 2011, as receitas estavam ainda mais baixas, os lucros eram apenas uma recordação

Todos são Realmente Importantes

distante, e o valor da ação havia caído para US$ 0,48.

A espiral da morte havia começado. O moral estava terrível. A cultura tinha se tornado profundamente tóxica. A empresa estava cortando despesas, vendendo ativos e consolidando plantas. Membros da equipe estavam sendo demitidos, mas as unidades estavam gastando uma exorbitância em frete aéreo de equipamentos para atender os objetivos de faturamento de curto prazo. As unidades de negócio operavam em silos baseados na geografia. A comunicação era pobre e, em sua maior parte, negativa. Informação sobre o que realmente estava acontecendo era de difícil acesso. Era como pilotar um avião através de uma tempestade sem janelas, sem instrumentos e ninguém no rádio. Ninguém queria assumir e liderar. A atmosfera estava repleta de medo e desconfiança.

Como muitas empresas de capital aberto em dificuldades financeiras, a Baldwin concentrou o foco no curto prazo e orientado para as expectativas trimestrais do mercado. A empresa estava fora de conformidade em suas relações com bancos; os banqueiros eram um outro grupo de pessoas, além dos analistas de Wall Street, que os estavam martelando por melhor desempenho. A escrita no muro era clara: se um novo dono não viesse para resgatar a empresa, ela logo estaria em concordata, com pouca esperança de recuperação. Felizmente para as pessoas de Baldwin, a Forsyth comprou a empresa em 2012.

—

Baldwin tinha aguentado vários anos de reestruturação tradicional: vendendo ativos em troca de dinheiro, consolidando instalações, reduzindo a mão-de-obra e sobrecarregando excessivamente os funcionários e fornecedores. Os líderes da Forsyth estavam confiantes de que podiam ajudar Baldwin a formatar um futuro de criação de valor. Em cada uma

Todos são Importantes

das reestruturações anteriores, os associados da Baldwin eram informados de que "desta vez será diferente". Eles estavam compreensivelmente cínicos quando a Forsyth adquiriu a empresa.

A primeira mensagem que a Forsyth transmitiu foi: "Confiem em nós. Estamos nisso para o longo prazo, e as coisas ficarão bem. Nós nos importamos com vocês e seremos pacientes". A mensagem foi música para os ouvidos preocupados das pessoas de Baldwin, mas parecia bom demais para ser verdade.

Alguns líderes que tinham estado na empresa por um tempo disseram: "Vocês estão sendo pacientes demais. As pessoas estão se sentindo seguras demais agora".

Kyle Chapman, diretor geral da Forsyth e agora CEO da Baldwin, respondeu: "Isso não faz nenhum sentido. Não estamos dizendo que vocês não precisam trabalhar. Só estamos dizendo que vocês não precisam temer pelos seus empregos. Queremos que os líderes se apresentem e liderem e assumam riscos e façam coisas que podem ajudar a levar a empresa para frente ao invés de se esconder nos cantos para não serem os próximos na lista de cortes. O ônus está conosco para prover um futuro melhor para essas pessoas. Elas não criaram a situação na qual estão agora. As práticas passadas fizeram isso. Estamos determinados a lhes proporcionar um novo futuro".

A Forsyth focou imediatamente no desenvolvimento de equipes e na criação da identidade de "uma empresa". Eles tratavam as pessoas da mesma maneira, independentemente de serem alemãs, japonesas ou inglesas. Mantendo-se fiel ao livro de regras da Barry-Wehmiller, a Forsyth procurou uma oportunidade para demonstrar rapidamente que as coisas poderiam ser diferentes. Eles não precisaram procurar com muito esforço. A Baldwin produz lâmpadas ultravioleta como parte de sua principal linha de produtos no Reino Unido. A chave para esse negócio é o prazo reduzido para entrega, idealmente inferior a cinco dias. Por causa de um gargalo de produção, o departamento de lâmpadas tinha um prazo médio de quarenta e um dias! Em função disso, eles estavam perdendo muitas vendas, enquanto eram forçados pela direção a crescer as vendas para alcançar a expectativas de mercado.

Os líderes da unidade haviam repetidamente solicitado a aprovação para compra de uma fornalha de US\$ 75.000 que eliminaria o principal gargalo do processo. A solicitação havia sido negada por causa do intenso foco em preservar dinheiro em caixa e cortar custos. Quando Kyle Chapman viu a solicitação, ele a aprovou em sete minutos – antes mesmo que a Forsyth tivesse a posse formal da empresa. Os novos líderes não pararam por aí; eles organizaram um evento de melhoria contínua em torno do processo de fabricação da lâmpada, reduzindo o prazo para três dias. No decorrer no ano seguinte, a receita dessa linha de produção cresceu em 20%.

Kyle relembra: "Fazer aquilo foi simples. Escutamos as pessoas, as empoderamos e confiamos nelas. É claro que nossos prazos reduziram, e nos beneficiamos pelo crescimento e outras melhorias operacionais, mas a quantidade de apreciação e impulso no moral que conseguimos com essa simples ação foi enorme. Essa era uma organização pressionada por resultados e caixa, mas impossibilitada de implementar as iniciativas mais óbvias que podiam começar a gerar valor".

Lembra de Rich Bennett? Ele recebeu uma oferta de emprego de outra empresa pouco antes da aquisição. Os novos líderes reconheceram o seu potencial e fizeram um sério esforço para mantê-lo. Ele concordou em ficar, mas não estava convencido de que as coisas realmente fossem mudar: "Assim que descobri quem Bob Chapman era e o que estava acontecendo, fiz uma busca na internet e assisti a todas as suas palestras. Minha primeira impressão foi: 'Esse cara deve estar louco. Você não pode dirigir uma empresa assim. Esse cara está na Terra do Nunca. Ele não sabe como o mundo real funciona'. Em retrospectiva, ficar foi provavelmente a melhor decisão da minha vida".

Todos são Importantes

Rich era parte de um grupo convidado a visitar várias empresas da Barry-Wehmiller, e seu ceticismo logo desapareceu. "De brincadeira, eu chamei a visita de viagem de lua-de-mel. Ela aconteceu apenas duas semanas após a aquisição; de certa maneira, eles conseguiram juntar dezesseis líderes do Japão, Alemanha, Suécia, Austrália e Reino Unido. Pegamos o jatinho da empresa e fomos de um lugar para outro. Foi bastante exaustivo, mas nos deu muita tranquilidade ver que eles sabiam o que estavam fazendo e que haviam feito isso antes. Havia muito trabalho a ser feito, mas eles nos asseguraram: 'Não se preocupem, rapazes, vai dar tudo certo. Já fizemos isso cinquenta vezes; sabemos o que estamos fazendo. Apenas sigam o plano de jogo'. Aquilo estava 100% exato. Eles fizeram tudo o que disseram que iriam fazer".

Para conseguir que a Baldwin operasse como uma empresa, a Forsyth eliminou os programas de remuneração baseados no desempenho divisional. Eles focaram em criar maior visibilidade de informações financeiras para toda a organização, não para demitir os piores desempenhos, mas para desenvolver estratégias melhores e usar essas medições para treinar e identificar as pessoas fazendo as coisas certas. Eles restauraram um senso de orgulho assegurando que a empresa não iria mais perseguir receitas e fazer coisas estúpidas para alcançá-la. Foi dito para a equipe de vendas: "Não precisamos vencer todos os projetos. Precisamos entrar em relacionamentos responsáveis com pessoas que valorizam o que nós podemos oferecer". Como todas as empresas da Barry-Wehmiller enfatizam, a Baldwin reconectou com seus clientes atuais, melhorou os níveis de serviço, e começou a prestar atenção nos equipamentos instalados por várias décadas.

Em trinta meses, a Baldwin estava bem no seu caminho para a estabilidade e crescimento constante. As pessoas em toda a organização tinham mais esperança e se sentiam muito mais conectadas com a Baldwin do que nunca antes. Eles estão revigorados e quase descrentes dos novos mercados que estão sendo abertos pela Baldwin fora da área de impressão. Antes, eles não podiam fazer viagens para explorar as aplicações para a tecnologia da Baldwin. Hoje, falam para eles: "Vão e abram novas portas, tentem coisas novas. Não se preocupem em falhar".

Fiel à abordagem da Barry-Wehmiller, a Forsyth não trouxe um caminhão cheio de líderes ou alguém de helicóptero de outra indústria para vir e consertar a empresa. Eles disseram que fariam isso com as pessoas de dentro, e assim foi feito. Existe uma quantidade enorme de grandes líderes em todas as empresas que adquirimos; apenas precisamos saber como encontrá-los e liberá-los.

—

Rich Bennett vê seu trabalho hoje como aquele que oferece a todos que passaram pelos maus momentos de Baldwin a oportunidade de fazer o que eles querem pelo resto de suas vidas profissionais. "Se isso significa que você quer o meu emprego, vamos descobrir uma forma de você chegar lá. No meu dia-a-dia e em potenciais aquisições, é isso que eu procuro: Que tipo de oportunidades isso pode trazer para as pessoas de nossa empresa e para suas famílias? Eu sinto que finalmente posso ser eu mesmo no trabalho, parte de um negócio é muito além do que gerar resultados financeiros".

A vida pessoal de Rich também mudou. É a clássica história. "O nível de estresse e o constante pavor de perder o seu emprego – você tenta não levar para casa, mas é claro que você leva. Agora, sinto que a minha vida deu uma guinada de 180 graus e que ganhei na loteria. Minha esposa e eu tiramos férias mais longas do que jamais havíamos tirado, porque sinto que posso ficar longe da empresa".

Kyle Chapman refletiu sobre a experiência e o que ela havia significado para as pessoas da empresa e para ele: "Nosso desempenho e a sustentabi-

Todos são Importantes

lidade do nosso desempenho estão mais saudáveis do que jamais haviam estado. Estamos contratando novamente. O que mais me satisfaz é ouvir como as pessoas se sentem ao virem para o trabalho. Não existe nenhum outro indicador melhor de desempenho do que a satisfação de ouvir as pessoas dizerem que estão felizes e realizadas. Elas adoram vir trabalhar nas segundas-feiras. O senso de satisfação e entusiasmo é muito palpável. O dinheiro obviamente importa, e o lucro é importante, mas não são as únicas coisas que importam. Você tem todas essas outras fontes de energia e inspiração e satisfação. É uma alegria imensa ver uma empresa historicamente grandiosa ressuscitar. É muito gratificante para nós. É como restaurar carros clássicos. Estamos restaurando empresas clássicas, trazendo de volta o senso de orgulho e relevância e criando um futuro".

—

Nós fazemos algumas das melhores máquinas industriais do mundo. Mas eu não vou para o meu túmulo orgulhoso de todas as máquinas que construímos. Em vez disso, eu serei profundamente grato por todas as vidas que tocamos e elevamos ao longo de nossa jornada. As máquinas que construímos são apenas o motor econômico que nos permite tocar vidas. O florescimento dessas vidas é a nossa preocupação suprema.

Escrevemos este livro para compartilhar o conhecimento que fomos afortunados em adquirir em quarenta anos de jornada de liderança, cuja essência pode ser reduzida a três palavras: **Todos são importantes** (*Everybody matters*). Queremos ajudar líderes em todas as áreas, em todos os lugares, a usarem esse conhecimento para serem capazes de liderar vidas de propósito e realização para si e fazer do mundo um lugar melhor para aqueles que são impactados por sua liderança. Queremos mostrar a todos que os negócios podem ser feitos de uma maneira melhor, que quando

Todos são Realmente Importantes

você remunera as pessoas de forma justa e as trata de forma soberba, você pode não apenas competir globalmente, mas também enriquecer e elevar as vidas de **todos** aqueles tocados pela empresa.

Todos realmente importam. Nenhuma ideia poderia ser mais simples ou mais poderosa. É uma ideia que tem potencial ilimitado, porque as pessoas têm potencial ilimitado – para surpreender, encantar e elevar-se, uns aos outros, e a todo o mundo. Escute as palavras de uma jovem senhora chamada Nikki Louder – filha de mãe viciada em drogas, engravidada pelo namorado da mãe, uma fugitiva morando nas ruas, dormindo debaixo dos viadutos, amedrontada, completamente só – que um dia descobriu uma organização chamada Toda Segunda-feira Importa, onde ela finalmente escutou as palavras "você importa":

> As palavras "você importa" mudaram tudo em relação a mim. Eu nunca havia escutado de ninguém que eu tinha importância. Foi o momento de mudança da minha vida de maior significado. Toda criança precisa ouvir que ela é importante. Ela precisa ouvir isso no café da manhã, ela precisa ouvir isso no almoço e ela precisa ouvir isso no jantar. É algo que deveria ser escrito em cartões postais e enviado a todos. Você deveria ter que dizer duas vezes por dia. É literalmente como apenas dizer "Eu te amo"; é essa a intenção. E agora se estiver em cada escola e se estiver com cada criança, agora isso passa para a vida de casa e agora com cada irmão e com cada irmã, e agora é passado para os pais e está com cada mãe e com cada pai, e agora é passado para o local de trabalho e agora está com cada colega de trabalho e chefe. É só esse vírus de amor que pode se espalhar com duas palavras.[39]

É claro que dizer essas palavras "Você importa" é muito poderoso – assim como existe grande valor em contar para alguém que você o ama. Mas isso não significa muito, a não ser que você efetivamente **demonstre** que ama. Na Barry-Wehmiller, nossa declaração de visão nos chama para

Todos são Importantes

medir o sucesso pela forma com que tocamos as vidas dos outros. Vivemos isso diariamente? E está dando certo? Jenny Copanos, a assistente de controladoria em nossa divisão BW Container Systems em Romeoville, Illinois, me fez ver o quão profundo a nossa visão está enraizada quando ela falou sobre o seu tempo na empresa.

Jenny começou a trabalhar na Barry-Wehmiller como temporária quando tinha vinte e cinco anos e estava apenas começando a sua carreira. Ela sempre soube que queria ser uma contadora, mas, além disso, não sabia onde se encaixaria. "Crescendo, eu nunca encontrei o meu lugar", ela compartilhou. "Eu não era muito boa em esportes, não participava de clubes. Eu era uma boa estudante, e só. Eu não tinha muita confiança em mim mesma".

Quando ela começou a trabalhar na organização Barry-Wehmiller, isso começou a mudar. "Meus líderes identificaram potenciais em mim que eu não sabia que tinha", compartilhou Jenny. "Eles me ofereceram trabalho e experiências que me permitiram crescer no meu papel. Eles foram meus mentores e ajudaram a revelar meus talentos e virtudes. Através dos anos, meu líder me falava com frequência que eu valia o meu peso em ouro. Isso foi muito empoderador para mim".

Doze anos depois de ingressar, Jenny lidera uma equipe de seis membros e é professora de Técnicas e Habilidades de Comunicação da Universidade Barry-Wehmiller. Ela diz: "Eu tenho tanta confiança em mim agora. Finalmente entendo o que eu estava destinada a ser. Pensar que as pessoas com quem trabalho viram o que eu procurei a minha vida toda é realmente incrível. Não sei se teria me dado conta disso em qualquer outro lugar".

O casamento de Jenny é mais rico como resultado de seu trabalho. "Eu tenho conseguido baixar algumas guardas e me abrir para meu marido, Nick, de maneiras que eu não conseguia no início do nosso casamento". Também melhorou a relação com a sua mãe. "Minha mãe e eu nos damos ainda melhor agora, porque eu me tornei a pessoa que eu queria ser, não a pessoa que eu pensei que ela queria que eu fosse. Tanto ela como meu pai estão muito orgulhosos das minhas conquistas".

Jenny e Nick têm gêmeos de quase três anos de idade, Jackson e Addison. "Eu aprendi como ser uma comunicadora melhor, uma ouvinte melhor, e isso só vai me ajudar como mãe", ela refletiu. "Eu não chego em casa do trabalho estressada e nervosa; eu realmente tenho um senso de realização".

"Eu me sinto abençoada por trabalhar para esta empresa", diz ela, e seus olhos se enchem de lágrimas. "Eles me oferecem tanto aqui. Faz eu querer oferecer o quanto eu posso para minha equipe. Minha família Barry-Wehmiller esteve comigo ao longo dessa jornada de descoberta do melhor de mim. Eu sempre estava feliz por fora, mas algo estava faltando por dentro. Agora, estou feliz por dentro também".

Como sabemos que a Liderança Verdadeiramente Humanizada está funcionando? Apenas pergunte a Jenny. Ou Nick.

Nossa jornada começou quando percebemos que, todos os dias, temos a oportunidade de demonstrar para as pessoas que nos importamos. Fazemos isso ao lhes oferecer a chance de serem quem elas são destinadas a ser – permitindo que descubram, desenvolvam, compartilhem, e sejam apreciadas pelas suas virtudes, de modo que retornem às suas casas sabendo **quem elas são** e que o que **elas fazem** é importante. Dessa forma, nossas ações diárias de liderança afirmam e demonstram que todos são importantes. Quando demonstramos que nos importamos, isso se torna contagioso; quando as pessoas se sentem cuidadas, elas naturalmente cuidam dos outros.

Por qualquer medida, nossa empresa é hoje uma organização próspera. Nossas pessoas sabem que trabalham para uma empresa que verdadeiramente se importa com elas, uma empresa com um futuro seguro. Elas

Todos são Importantes

são inspiradas diariamente no trabalho e retornam para casa para suas famílias profundamente realizadas. Essa maneira de ser é o que irá criar a sociedade que queremos para nossas crianças. Eu digo para nossas pessoas: "Você não tem apenas um emprego. Você tem a oportunidade de ajudar a criar o mundo onde quer que seus preciosos filhos entrem um dia".

Percebemos que isso é uma jornada. Nossa visão é ambiciosa, e nem sempre a vivemos de forma perfeita. Assim como na nossa jornada de melhoria contínua, a ideia é levantar todos os dias e tentar ser um pouco melhor do que fomos ontem. Trata-se de escutar com humildade, e trabalhar duro todos os dias para fechar as lacunas entre nossa visão e a realidade diária. Com nossa manufatura e mentalidade de engenharia, aplicamos disciplina a tudo que acreditamos. Processos e sistemas nos lembram de fazer as coisas que planejamos fazer diariamente como líderes; é por isso que os checklists nos servem tão bem. Não esperamos que coisas boas aconteçam por acidente ou **desejamos** que o bom trabalho seja sustentável. Trabalhamos duro para assegurar que nossa cultura seja viva e vibrante, da mesma forma que fazemos em relação a qualquer outro aspecto dos nossos negócios.

Steve Kemp é agora o novo presidente da PCMC, a empresa completamente desmoralizada e quase quebrada que a Barry-Wehmiller adquiriu em 2005, sobre a qual relatamos no prólogo. Dez anos depois da aquisição, o apreço de Steve pela nossa abordagem só cresceu: "No final do dia, a mensagem é que Bob Chapman zelou pelas pessoas em Green Bay, Wisconsin. O foco não eram os números. Ele veio para cá com uma mentalidade muito diferente, e acreditou nas nossas pessoas. Ele está constantemente procurando empresas que ele possa ajudar a realizar o potencial e criar um futuro estável para suas pessoas. A maioria das pessoas que adquire uma empresa é como urubus que a rodeiam porque enxergam uma oportunidade de ganhar dinheiro rápido. Quando eles encontram uma empresa que está em dificuldades, veem uma presa fácil e olham como uma oportunidade de entrar e devorá-la para si. Bob também circula ao redor de empresas em dificuldades, mas ele é como um anjo da guarda, pensando: 'Como podemos salvar isso? Como podemos trazer essa empresa de volta para onde ela já esteve? Como podemos liberar o potencial que ainda está ali, que eles nem chegaram perto de atingir, nem mesmo nos seus dias de apogeu?'"

O prefeito de Phillips, Wisconsin, me encabulou uma vez apontando para mim durante uma reunião e dizendo: "Aquele homem salvou a nossa cidade". Não sei se isso é verdade, mas acredito que é certo dizer que a nossa ênfase no florescimento humano tem tido um impacto em várias gerações das comunidades nas quais operamos. A maioria das nossas empresas é uma grande parte de uma pequena comunidade; se elas deixam de existir, isso devastaria a comunidade e poderia, de fato, significar o fim da cidade. Então, a nossa forma de fazer negócio, na qual todos são importantes, tem literalmente resgatado várias comunidades da iminência de um desastre.

Em uma de suas várias visitas à Barry-Wehmiller, Simon Sinek segurou um espelho para nós e disse: "O que vocês têm é o caminho das pedras. O que vocês evoluíram a partir de tentativas e erros é uma visão de que pode existir algo melhor. Agora isso representa um exemplo de uma forma diferente de viver. Não de trabalhar. Uma forma diferente de viver. Uma outra empresa, independentemente de seu tamanho ou setor, vai ver e dizer, 'Isso é interessante.' Não será perfeito e não será fácil, mas eles vão tentar, e depois contar para outra empresa. E eles, por sua vez, vão tentar. Essa nação foi fundada em uma ideia. Não se esqueça que em outros países quando você faz um juramento, você faz o juramento para proteger as fronteiras. Neste país, você faz um juramento para proteger a constituição. Você faz um juramento para proteger uma ideia. Esta empresa é um reflexo da fundação deste país. É uma distinta empresa americana".

Nossa jornada cultural começou com a simples ideia de tornar o trabalho mais divertido. Daquele modesto início, nós moldamos uma cultura que

Todos são Importantes

agora está sendo observada e emulada nacionalmente, e até mundialmente. Avançamos um longo caminho em apenas uma década e meia. Imagine onde poderemos chegar em mais algumas décadas. Mas mais importante ainda, imagine o impacto se essas ideias se enraizarem e nós formos capazes de começar uma epidemia global de zelo, inspiração e celebração.

É Sobre Zelar, Inspirar, Celebrar

Alguns anos atrás, me pediram para falar em um evento organizado por uma empresa de US$ 20 bilhões. Líderes de todo o mundo estavam na plateia. Ao sair, vi duas mulheres de pé próximas ao cameraman, chorando. Eu disse olá para elas e caminhei pelo corredor com uma de nossas executivas de vendas.

Perguntei a ela: "Minha apresentação estava tão ruim assim?"

Ela disse: "Não. Durante a sua apresentação, uma delas inclinou-se e me perguntou: 'Você trabalha para Barry-Wehmiller?' Eu respondi: 'Sim, trabalho.' Ela continuou: 'É realmente assim lá?' Eu respondi: 'É assim mesmo.' Ela começou a chorar e disse: "Como eu gostaria de trabalhar em uma empresa como essa.'"

A fragilidade do mundo hoje é a notícia. Somos inundados vinte e quatro horas por dia com notícias ruins porque o "que sangra comanda" (*what bleeds leads*). Nossa cultura na Barry-Wehmiller é tão cheia de zelo, reconhecimento, celebração e destaque da bondade nas pessoas que a fragilidade é abafada pela benevolência. Eu não sei de nenhuma outra empresa que foque tanto quanto nós na bondade das pessoas ou que acredite tanto nela. Parece existir uma fonte inesgotável disso; quanto mais iluminamos cada canto de nossa organização, buscando por atos de bondade, mais encontramos.

As pessoas frequentemente perguntam: "Bob, como podemos fazer isso?

Todos são Realmente Importantes

Onde começamos?" Tudo começa zelando pelas pessoas que você lidera, o que significa escutá-las profundamente e inspirá-las a compartilhar suas virtudes de forma plena. Então, celebramos suas jornadas na direção dos nossos objetivos compartilhados, de maneiras que são atenciosas, oportunas e equilibradas. Essas três palavras capturam muito do que aprendemos nesta jornada: zelar, inspirar e celebrar.

Nunca olhe para as pessoas as quais lhe foi dado o privilégio de liderar como funções – recepcionistas ou engenheiros ou contadores. Enxergue cada uma como um ser humano completo, o filho precioso de alguém, alguém com potencial infinito, cuja vida você tem a oportunidade de impactar profundamente. Temos uma profunda responsabilidade de sermos bons cuidadores daquela vida. Queremos mandá-las para casa em segurança; queremos que estejam saudáveis, e queremos que estejam realizadas – não apenas felizes, mas realizadas, o que significa que "quem eu sou" é importante e "o que eu faço" é valorizado e reconhecido.

A atitude de zelar pelas pessoas e mandá-las para casa realizadas estimula um espírito de altruísmo; se eu genuinamente zelo por você, você irá genuinamente zelar por Mary, e se você genuinamente zelar por Mary, ela vai genuinamente zelar por Eli, e assim por diante. O ciclo de zelar começa em você.

Zelar não tem hierarquia. Zelar vai à essência de quem somos como seres humanos. Zelar é universal; funciona em locais de trabalho sindicalizados e não sindicalizados, em manufatura e em empresas de serviço, em alta tecnologia e baixa tecnologia. Funciona lindamente em nossas empresas de consultoria com 900 colaboradores, da mesma forma que funciona na Índia, Alemanha, Itália e França.

Nós verdadeiramente medimos o sucesso pela forma que tocamos as vidas das pessoas – não apenas nossos clientes e empregados, mas todos que tocamos. Nós inspiramos pessoas a saírem para as nossas comunidades

Todos são Importantes

e se envolverem com organizações que elas sintam que podem contribuir para transformar essas comunidades em lugares de mais cuidado.

Um membro do conselho da Barry-Wehmiller de longa data recentemente comentou: "As pessoas têm um senso de orgulho em trabalhar aqui. Nós somos bons e nos orgulhamos e agora somos grandes. Mas somos grandes porque somos bons".

Além do Interesse Próprio: Um Fundamento Ético para o Capitalismo

O capitalismo em sua origem foi baseado na moralidade judaico-cristã, já que muitos negócios foram fundados por indivíduos religiosos que trouxeram esses valores para o seu trabalho. Jerry Zandstra, um ministro ordenado e cofundador do grupo The Inno-Versity, destaca: "Existe uma tradição muito antiga entre a relação filosófica moral judaico-cristã e a economia de mercado. Os primeiros economistas foram monges da escola de Salamanca, pensando em como as famílias poderiam se sustentar. No século XVI, João Calvino foi um dos primeiros teólogos a entender que o capital tem um custo e que cobrar juros, dentro do razoável, não era usura, mas realmente uma necessidade para a economia de mercado. Adam Smith (autor do livro "A Riqueza das Nações") não era um economista, mas um filósofo moral. Seu primeiro livro se chamava "A Teoria dos Sentimentos Morais". A revolução industrial impulsionou as coisas para a produção, mas infelizmente também mudou como pensávamos sobre os seres humanos. Eles se tornaram 'recursos' ou 'commodities'. Não mudamos muito desde então".[40]

Conforme avançamos para um mundo mais secular nos séculos XIX e XX, economistas e outros acadêmicos começaram cada vez mais a definir o propósito das empresas puramente em termos de lucro. O capitalismo perdeu sua fundamentação ética e se tornou estritamente amoral (não imoral), fazendo nenhuma referência a "fazer as coisas certas pelas razões corretas." Qualquer senso de moralidade que tenha restado estava limitado a ficar dentro da lei (que varia com o tempo e local). Mas moralidade e legalidade não são ideias equivalentes. Qualquer esfera da atividade humana que toque outros humanos (ou, de fato, outras formas de vida) precisa ter uma fundamentação ética/moral; caso contrário, derivará inexoravelmente para objetificação e exploração. Isso é precisamente o que aconteceu com as empresas e o capitalismo.

Separar mercados da moral foi um desenvolvimento fatal. Causou um enorme sofrimento desnecessário para os indivíduos e suas famílias, e um penoso prejuízo para muitas comunidades, espécies, e ao meio ambiente. É imperativo que reconectemos mercados e moral. Nunca devemos sacrificar valores maiores por valores menores, e o valor mais alto de todos é o florescimento humano. Nossa mensagem é que a moralidade deve anteceder o dinheiro, pessoas e propósito antes do lucro, a primazia do florescimento humano acima de tudo.

Os padrões morais e éticos a que os humanos aderem podem variar de acordo com os ambientes em que se encontram. Os famosos experimentos de Milgram sobre a obediência humana a figuras de autoridade demonstrou que muitas pessoas estão dispostas a engajar em comportamentos que conflitam com a sua própria consciência quando pressionadas a agir assim por aqueles no comando.[41] Nossos demônios internos estão sempre esperando para vir à tona nas circunstâncias corretas, mas assim também estão "os melhores anjos de nossa natureza". Nós humanos somos capazes de atos de destruição arbitrários e imprudentes. Também somos capazes de atos de criação e zelo extraordinários, quase divinos. Tanto as organizações como as famílias podem criar condições que fomentam o último e reprimem o anterior – ou vice-versa.

Todos são Importantes

Para promover o florescimento humano, organizações de todos os tipos e em todas as esferas da atividade humana precisam parar de pensar em si mesmas como entidades desenhadas para **usar** as pessoas em busca de seus objetivos pessoais; em vez disso, elas devem se ver como veículos de. As empresas devem atender aos seus próprios interesses servindo os seus *stakeholders* ao invés de elaborar modelos cada vez mais sofisticados para manipular, gerir e controlar esses *stakeholders*.

Nós vemos vidas quebradas e famílias partidas ao nosso redor e nos perguntamos: "O que está acontecendo com os nossos jovens?" Não é óbvio? Não valorizamos as pessoas o suficiente, e deliberadamente fechamos nossos olhos ao impacto que temos sobre elas. Usamos e abusamos delas e degradamos os seus sensos de valor próprio, levando a danos colaterais em todas as vidas que, por sua vez, elas tocam. Não é nenhum exagero dizer que estamos destruindo nossa civilização permitindo que as organizações sejam apenas sobre produtos, processos e números. Elas precisam ser sobre pessoas, propósito e performance, em profunda harmonia e equilíbrio.

Empresas podem ser o principal veículo para construir um mundo melhor, se respeitarmos e zelarmos pelas pessoas de forma apropriada. Empresas são muito mais que uma máquina de gerar lucros. São um veículo para auto expressão, para sonhar e criar o futuro que desejamos, para realizar juntos o que não conseguimos sozinhos, para criar uma quantidade extraordinária de valor de todas as formas para todos que a empresa toca.

Empresas são um instrumento poderoso que precisamos usar para servir a causa nobre do grande florescimento humano e planetário. Nosso maior desafio é a aceitação generalizada de uma abordagem mercenária e apática de negócios. O lendário cartunista Herb Block disse uma vez: "A pior forma de corrupção é a aceitação da corrupção". As pessoas se tornaram insensíveis e resignadas pela ideia de "é assim mesmo". Existem enormes incentivos financeiros que mantêm o status quo travado. Chegamos ao ponto de ver a conduta injusta, egoísta e desumana como aceitável, normal e até louvável. Não é isso o que somos. Não é isso o que queremos para nossos filhos e netos. Nós podemos e devemos fazer melhor. O que será necessário é liderança corajosa, esclarecida e verdadeiramente humana.

Escute o Mágico Interior

Quando compartilho a história de nossa jornada de liderança com nossos líderes de negócios por todo o país, eu raramente encontro alguém que pense que ser bons zeladores das vidas na sua organização não seja a forma certa de liderar. Contudo, a maioria acha que é difícil, uma jornada quase impossível de se embarcar.

Vários anos atrás, eu estava falando em uma reunião global de executivos de uma grande empresa de produtos de consumo. No final da minha apresentação, um senhor na plateia disse: "Bob, eu concordo plenamente com o que você está dizendo. Mas como você sugere que convençamos nossos líderes corporativos a embarcar? Como fazermos para que eles nos deixem começar?"

Eu respondi: "Desde quando você precisa de uma carta do corporativo lhe dizendo que é aceitável ser um bom zelador das vidas ao seu cuidado?"

Isso me faz lembrar de uma lição do Mágico de Oz. Dorothy, Totó, o Espantalho, o Homem de Lata e o Leão seguem pela estrada dos ladrilhos amarelos em busca do grande Mágico que certamente proveria o que cada um não tinha: uma forma de voltar para o Kansas, um cérebro, um coração e coragem. Eles chegam ao castelo do misterioso e fantástico Mágico e escutam sua voz de trovão explodindo por detrás da cortina. Eles estão assustados, mas entusiasmados com a possibilidade de finalmente descobrir o que estavam procurando. De repente, Totó pula de dentro da cesta

Todos são Importantes

de Dorothy e puxa a cortina, revelando o grande Mágico por trás dela. E eis que ele é apenas um homem comum. Apesar de não ser um feiticeiro mágico, esse homem comum prova ser muito sábio. Ele ajuda Dorothy e seus companheiros a verem que o que eles estavam procurando na verdade estava dentro deles o tempo todo.

Embarque em sua jornada agora. Você não precisa de um memorando do feiticeiro todo-poderoso do corporativo para lhe dizer que é OK fazer a coisa certa. Uma planilha não pode lhe mostrar como tratar as pessoas. Nenhuma ordem executiva é necessária para permitir que você pare a cada dia para ter uma conversa profunda com alguém de sua organização. Escute-os. Demonstre que o que eles fazem e quem eles são importa. Você – e todo mundo em sua organização – já têm tudo dentro de vocês para começar a viver a verdade universal de que todos são importantes.

Epílogo

| É Tudo Sobre as Pessoas |

Enquanto nosso caminho para descobrir o poder da liderança verdadeiramente humanizada tem sido único, repleto de momentos de despertar para novas e poderosas percepções, podemos apontar para certos princípios universais que podem guiar qualquer equipe que embarca nessa jornada. Esses princípios continuarão a nos guiar no futuro:

Todo ser humano é importante, e é único. Nós seres humanos somos dotados de capacidades surpreendentes, quase divinas, e cada um de nós detém o potencial para a grandeza. Viktor Frankl nos ensinou que a pergunta derradeira não é o que esperamos da vida; é o que a vida espera de nós, que é uma realização plena de nosso potencial. Como indivíduos e como líderes, temos a responsabilidade de viver nossas vidas e liderar outros de maneira que a nossa extraordinária capacidade de ação, cuidado e criatividade possam encontrar a expressão de júbilo. Temos pago pessoas pelas suas mãos, e elas teriam nos dado suas mentes e corações de graça se apenas soubéssemos como pedir. Como diz Herb Kelleher, amado CEO de longa data da Southwest Airlines: "O negócio da empresa são pessoas. Ontem, hoje, e sempre".

Evolução tem um propósito. As coisas se desenrolam de determinada maneira por uma razão. O rabino e filósofo da sabedoria integral Marc Gafni escreve: "O universo está se movendo para níveis ainda mais altos de amor, reconhecimento, reciprocidade e aceitação". Martin Luther King Jr. reconheceu que "O arco do universo moral é longo, mas se curva em direção à justiça". Todos somos instrumentos de uma jornada evolucioná-

Todos são Importantes

ria em direção a maiores manifestações do bem, da verdade e da beleza. A cada estágio dessa jornada humana coletiva, somos chamados a representar nosso papel; apenas precisamos ter nossas mentes e corações abertos para podermos estar à altura da ocasião. Peter Koestenbaum expressa isso lindamente: "É o futuro que puxa em vez do passado empurrar". Toda a jornada humana neste planeta pode ser vista como um despertar gradual para nosso próprio potencial e natureza divina. Tem sido uma jornada de elevação da consciência: um círculo ainda maior de zelo, uma maior conscientização de nossa interconectividade e interdependência, um senso mais finamente desenvolvido de certo e errado, maior disposição para assumir responsabilidade por nossas ações, rejeição à violência de todos os tipos, celebrando a nossa diversidade, e vivendo em harmonia com a natureza. Estamos nos tornando mais alinhados com o que Lincoln chamou de "melhores anjos de nossa natureza". Indivíduos e organizações que são ressonantes com essa jornada evolucionária vão prosperar e possibilitar o florescimento de outros, enquanto aqueles que estão em desarmonia com a jornada vão murchar e perecer.

A energia mais poderosa do universo e, portanto, nos seres humanos e nas organizações, é o zelo. Começa com o profundo reconhecimento do impacto que nossas palavras e ações têm nas vidas que temos o privilégio de tocar. Toda organização deveria ser um instrumento a serviço da humanidade, um veículo para os seres humanos vivenciarem e praticarem o verdadeiro cuidar. Nós crescemos e evoluímos e realizamos nosso propósito e destino únicos ao encontrar formas mais ricas de reconhecer nossa singularidade e manifestar nossa natureza zeladora. Não há limite para isso.

Quanto mais conseguirmos combinar trabalho e zelo, mais realizados seremos e mais avançaremos coletivamente. Freud disse que trabalho e amor são pedras fundamentais de nossa humanidade. Adam Smith escreveu sobre os dois principais propulsores do ser humano: interesse próprio e a necessidade de zelar. Viktor Frankl escreveu sobre as

É Tudo Sobre as Pessoas

fontes de onde a verdadeira felicidade emana: realizar trabalho relevante, amar incondicionalmente, e crescer com a adversidade. Precisamos acabar com a separação artificial entre esses dois aspectos essenciais do nosso ser e nos apresentar por inteiro em tudo o que fazemos.

Indivíduos podem optar por operar em um plano mais elevado de consciência ou não. O crescimento da consciência não é automático. Conforme coloca Peter Koestenbaum: "Alcançamos níveis tão explosivos de liberdade que estamos no comando de nossa própria mutação". Quando optamos por evoluir, podemos moldar as organizações para manifestarem maior zelo. Por sua vez, essas organizações alimentam maior zelo nos indivíduos que são tocados por elas. Como disse Winston Churchill: "Primeiro moldamos nossas construções e depois elas nos moldam".

Organizações podem ser construídas para serem resilientes e inspirar o zelo. Podemos desenhar e liderar organizações para que elas estejam alinhadas com as forças positivas da mudança e rejeitem as tentativas de líderes retrógrados de distanciá-las do zelo. Com liderança de zelo sustentada e valores claramente articulados e profundamente enraizados, organizações podem desenvolver uma "imunidade a mudanças negativas," uma dinâmica na qual apenas movimentos de avanço são possíveis.

Esta é uma jornada sem ponto final. Nenhum organismo ou organização pode permanecer saudável se existir em estase. Tanto humanos quanto organizações precisam continuar a crescer e evoluir, ou perecerão. Independentemente de quão refinado se torne o nosso entendimento de liderança verdadeiramente humanizada, devemos continuar a aprofundar e enriquecê-lo.

Embora estes princípios sejam universais, cada indivíduo e organização deve desenvolver a sua expressão única deles e continuar a evoluir ao longo do tempo.

Agradecimentos

Agradecimentos do Bob

Minha profunda gratidão aos membros da equipe da Barry-Wehmiller, do passado e do presente, cujas palavras, ideias e ações foram a inspiração para nosso renascimento cultural e, consequentemente, este livro. Eu aprecio a sinceridade, a dedicação e a disposição de vocês em nos permitir contar suas histórias. Obrigado por me ajudarem a ver que o modo como lidero impacta profundamente a forma como vocês vivem.

Minha jornada não teria sido possível sem meu pai, William Chapman, que confiou em mim quando me pediu para integrar a Barry-Wehmiller em uma posição de liderança. Ele foi uma das primeiras pessoas a me ensinar uma lição valiosa: Merecer confiança começa ao oferecer confiança.

Eu devo mais do que posso expressar a Simon Sinek, amigo, mentor, parceiro, por sua constante confirmação de nossa mensagem e sua determinação inabalável de nos ajudar a mudar o mundo.

Agradecimento especial a Srikumar Rao, que foi um dos primeiros a apontar a nossa responsabilidade de compartilhar nossa mensagem de Liderança Verdadeiramente Humanizada com o mundo. Outros incentivadores especiais que certificaram nossa mensagem e nos encorajaram a compartilhá-la foram Bill Ury, Amy Cuddy, Dr. Charles Denham, Taavo Godtfredsen, Jim Selman, Eric Motley, Jerry Zandstra e Lynne Twist.

Através das contribuições destas pessoas especiais – e muitos outros anônimos ao longo do caminho – minha esperança é que algum dia a Liderança Verdadeiramente Humanizada seja a regra e não a exceção, e que nossos filhos, nossos netos, e todas as gerações futuras de filhos preciosos terão a oportunidade de compartilhar seus talentos em um lugar onde se sintam valorizados, inspirados e apreciados.

— RHC

—

Agradecimentos do Raj

Tive a oportunidade de estudar e aprender de muitas empresas maravilhosas através do meu trabalho no movimento global do Capitalismo Consciente. Considero que a Barry-Wehmiller é única em seu compromisso com as pessoas e no contexto no qual ela consegue oferecer a essas pessoas segurança, propósito e realização. É um farol de esperança e otimismo em um tempo de considerável desespero.

Todo livro é uma jornada de descoberta e crescimento. No processo de trabalho neste livro, procuramos contar a história da Barry-Wehmiller e extrair dela as lições universais que poderiam ajudar a guiar líderes em todas as esferas para criar ambientes de trabalho completamente humanizados. Para mim, o livro expandiu e enriqueceu meu entendimento de dois dos quatro pilares do Capitalismo Consciente: Primeiro, a ideia de que o propósito maior da empresa não precisa estar restrito ao seu produto; toda empresa pode e deve se empenhar em tornar o bem-estar de todas as pessoas que toca parte integral de seu propósito. O segundo ponto é que o impacto da liderança se estende além do horário e do ambiente de trabalho; a forma como as pessoas vivenciam o trabalho tem um impacto direto no bem-estar de suas famílias e comunidades. A bela frase que encapsula a abordagem de liderança e negócios na Barry-Wehmiller – "Medimos o sucesso pela forma que tocamos as vidas das pessoas" – é uma que todas as organizações no mundo fariam bem em seguir.

Eu fui inspirado por inúmeros indivíduos nas diversas unidades da Barry-Wehmiller em diferentes países. Gostaria de agradecer em particular às pessoas que entrevistei para este livro, que generosamente compartilharam suas experiências e conhecimento conosco. Em particular, gostaria de agradecer a Kyle Chapman, Rich Bennett, Sergio Casella, Ken Coppens, Jay Deitz, Randall Fleming, David Ives, Steve Kemp, Bob Lanigan, Bill Morgan, Carol O'Neill, Tim Sullivan e Joe Wilhelm.

Eu também gostaria de agradecer a Mary Rudder, Trevor Macdougall e Matthew Whiat por seu extraordinário compromisso e muitas contribuições a esse projeto. Sou grato às minhas talentosas filhas Priya e Maya, que transcreveram a maiorias das entrevistas e ajudaram com a edição, e agradeço a minha esposa, Shailini, pela detalhada revisão deste manuscrito e por sua paciência e compreensão durante este e outros projetos de livros. Eu também gostaria de agradecer ao Sr. Puran Dang pelo seu encorajamento e comentários profundos sobre o manuscrito.

Por fim, eu gostaria de reconhecer a nossa sorte em trabalhar com uma brilhante equipe na Penguin Portfolio, incluindo Adrian Zackheim e Eric Nelson, nossos editores. Adrian foi quem desde o início acreditou na história da Barry-Wehmiller e advogou incansavelmente para assegurar que a história estaria certa. Eric se juntou ao projeto quando já estava encaminhado e foi responsável por formatar o livro. Obrigado a ambos por compartilhar seus talentos conosco e zelar tanto por este projeto.

— RSS

Toda a receita da edição em português do livro Todos São Importantes – exceto os royalties da editora – será doada ao Instituto Capitalismo Consciente Brasil, uma entidade sem fins lucrativos destinada a gerar prosperidade de forma humanizada através da conscientização, inspiração e educação sobre modelos humanizados de gestão.

Para maiores informações, consulte o site **www.capitalismoconscientebrasil.org** ou o facebook **www.facebook.com/capitalismoconscientebrasil**

Toda a receita da Barry-Wehmiller relativa à edição em inglês do livro *Everybody Matters* será doada a Our Community LISTENS, uma organização sem fins lucrativos dedicada a levar o poderoso Treinamento de Habilidades de Comunicação para comunidades pelos Estados Unidos. Para conhecer mais sobre isso, visite **OurCommunityLISTENS.org**.

Para maiores informações ou assistência em criar uma cultura centrada em pessoas, visite **BWLeadershipInstitute.com**.

Notas

Capítulo 3   Desenvolvendo o Lado Humano

1. Da palestra de Simon Sinek na Barry-Wehmiller. Simon escreve sobre o "círculo da segurança" em seu livro *Leaders Eat Last* (New York: Portfolio/Penguin, 2014)..

Capítulo 4   Liderar é Servir

2. *Maritz Research Hospitality Group 2011 Employee Engagement Poll*, Pesquisa publicada, junho de 2011, http://www.maritz.com/~/media/Files/MaritzDot-Com/White%20 Papers/ExcecutiveSummary_Research.pdf.
3. Anahad O'Connor, "The Claim: Heart Attacks Are More Common on Mondays," *New York Times*, 14 de março de 2006, http://www.nytimes.com/2006/03/14/ health/14real.html.
4. Chronic Diseases and Health Promotion, http://www.cdc.gov/chronicdisease/overview/index.htm.
5. Towers Watson, "Engagement at Risk: Driving Strong Performance in a Volatile Global Environment," 2012 Global Workforce Study, julho de 2012, http://www. towerswatson.com/Insights/IC-Types/Survey-Research   Results/2012/07/2012-Towers-Watson-Global-Workforce-Study.
6. Samantha Cole, "The Terrible Things Your Work Stress Is Doing to Your Health: New Research Reveals How Work- Related Stress Translates to Life-Threatening Conditions— and How Employers' Attitudes Can Make It Worse," *Fast Company*, 4 de março de 2015, baseado no trabalho "The Relationship Between Workplace Stressors and Mortality and Health Costs in the United States," de Joel Goh, Jeffrey Pfeffer, e Stefanos A. Zenios, http://www.fastcompany.com/3043112/the-future-of-work/the-terrible-things-your-work-stress-is-doing-to-your-health.
7. *State of the American Workplace: Employee Engagement Insights for U.S. Business Leaders* (Gallup, Inc., 2013), http://employeeengagement.com/wp- content/uploads/2013/06/

Gallup-2013-State-of-the-American-Workplace-Report.pdf.

8. Comentários de Kamal Sarma na conferência do Capitalismo Consciente Austrália, Sidney, 24 de junho de 2014.

9. Sigal Barsade e Olivia O'Neill, "Employees Who Feel Love Perform Better," HBR Blog Network, 13 de janeiro de 2014, https://hbr.org/2014/01/employees-who-feel-love-perform-better/.

Capitulo 5   Blindando Nossa Cultura

10. Tony Schwartz, "Why Fear Kills Productivity," *New York Times*, 5 de dezembro de 2014.

11. Sigal G. Barsade, "The Ripple Effect: Emotional Contagion and Its Influence on Group Behavior," *Administrative Science Quarterly 47*, no. 4 (2002): 644–75; citação da página 669.

12. C. Goodman e R. Shippy, "Is It Contagious? Affect Similarity Among Spouses," Aging & Mental Health 6, no. 3 (2002): 266–74; Jennifer Katz et al., "Individual and Crossover Effects of Stress on Adjustment in Medical Student Marriages," *Journal of Marital and Family Therapy 26, no.* 3 (2000): 341–51.

13. R. William Doherty et al., "Emotional Contagion: Gender and Occupational Differences," *Psychology of Women Quarterly 19, no. 3* (1995): 355–71.

14. Shirley Wang, "Contagious Behavior," *Observer 19, no. 2* (fevereiro de 2006), http://www.psychologicalscience.org/index.php/publications/observer/2006/february-06/contagious- behavior.html.

15. Barsade, "The Ripple Effect."

16. Ibid.

17. Ibid.

Capitulo 6   Testando Nossa Cultura

18. Samantha Cole, "The Terrible Things Your Work Stress Is Doing to Your Health: New Research Reveals How Work-Related Stress Translates to Life-Threatening Conditions— and How Employers' Attitudes Can Make It Worse," *Fast Company*, 4 de março de 2015, baseado em "The Relationship Between Workplace Stressors

and Mortality and Health Costs in the United States," por Joel Goh, Jeffrey Pfeffer, e Stefanos A. Zenios, http://www.fastcompany.com/3043112/the-future-of-work/the-terrible-things-your-work-stress-is-doing-to-your-health.

19. "Financial Crisis of 2007–08," http://en.wikipedia.org/wiki/Financial_crisis_of_2007%E2%80%9308#Effects_on_the_global_economy.

20. Douglas A. McIntyre, "The Layoff Kings: The Companies That Cut the Most in 2008," 24/7 Wall St., 20 de dezembro de 2008, http://247wallst.com/jobs/2008/12/20/the-lay-off-kin/.

21. Dan Oppenheimer, "George Packer: Don't CEOs Have Any Shame?" 26 de maio de 2013, http://www.salon.com/2013/05/26/george_packer_dont_ceos_have_any_shame/.

Capitulo 7   Antecipando um Futuro Melhor

22. George Land e Beth Jarman, "Future Pull: The Power of Vision and Purpose," *The Futurist*, julho/agosto de 1992, 25.

23. Entrevista em Kim Ann Curtin, *Transforming Wall Street: A Conscious Path for a New Future* (Lake Placid, N.Y.: Aviva Publishing, 2015).

24. Nós calculamos criação de valor usando a metodologia de cálculo do preço de ação "Economic Value Added" desenvolvida por Stern Stewart. Isso permite que nossa equipe "monetize" a sua visão para assegurar que estão criando valor econômico, que nós reconhecemos ser de importância crítica para o cuidado com as vidas de nossos stakeholders.

Capitulo 8   Uma Nova Forma de Liderar

25. John T. James, "A New, Evidence-Based Estimate of Patient Harms Associated with Hospital Care," *Journal of Patient Safety 9, no. 3* (setembro de 2013): 122–28.

26. Atul Gawande, "The Checklist," The New Yorker, 10 de dezembro de 2007, http://www.newyorker.com/magazine/2007/12/10/the-checklist.

27. BG Allen, "Be-Know-Do: The Army's Leadership Model," blog post, 7 de março de 2011, http://bgallen.com/2011/03/07/be-know-do-%E2%80%93-the-army%E2%80%99s-leadership-model/.

28. Kevin Cashman, *Leadership from the Inside Out: Becoming a Leader for Life*, 2a. Edição (San Francisco: Berrett- Koehler, 2008).

Capitulo 9   Humanizando o Processo

29. Citado em Sven Beckert, *Empire of Cotton: A Global History* (New York: Alfred A. Knopf, 2014).
30. Vários relatórios mencionam a taxa extremamente baixa de sucesso do Lean. Por exemplo, veja "If Less Than 1% of Companies Are Successful with Lean," Business901 blog post, http://business901.com/blog1/if- less-than-1-of-companies-are-successful-with-lean-why-are-we-doing-it/; e "What Are the Barriers to Lean Success: Most Companies Are Using Lean, but Not Always So Well," *Supply Chain Digest*, 30 de janeiro de 2013, http://www.scdigest.com/ontarget/13-01-30-2.php?cid=6680.
31. "What Is Lean?" Lean Enterprise Institute, http://www.Lean.org/WhatsLean/.
32. "5S (metodologia)," Wikipedia, http://en.wikipedia.org/wiki/5S_(methodology).

Capitulo 10   Cultivando a Liberdade Responsável

33. Polly Labarre, "Do You Have the Will to Lead? Philosopher Peter Koestenbaum Poses the Truly Big Questions: How Do We Act When Risks Seem Overwhelming? What Does It Mean to Be a Successful Human Being?" *Fast Company*, março de 2000, http://www.fastcompany.com/38853/do-you-have-will-lead.
34. "The Freedom Report: An Empirical Analysis of How Freedom Impacts Business Performance," LRN, 2014, http://pages.lrn.com/the-freedom-report.
35. Daniel Pink, *Drive: The Surprising Truth About What Motivates Us* (New York: Riverhead Books, 2009).
36. David Marquet, *Turn This Ship Around: A True Story of Turning Followers into Leaders* (New York: Portfolio/Penguin, 2013).

Capitulo 11   Reconhecimento e Celebração

37. Polly Labarre, "Marcus Buckingham Thinks Your Boss Has an Attitude Problem," *Fast Company*, agosto de 2001, http://www.fastcompany.com/43419/marcus-buck-

ingham-thinks-your-boss-has-attitude-problem.

38. "Research Tips: Rewards, Recognition, Motivation and Turnover," Business Research Lab, 2013, http://www.busreslab.com/index.php/articles-and-stories/research-tips/employee-satisfaction/rewards-recognition-motivation-and-turnover/.

Capitulo 13   Todos são Realmente Importantes

39. "Nikki's Story," Todas as Segundas-feiras são importantes, https://www.youtube.com/watch?v=nqsLcQNCXgk&feature=youtu.be.
40. Conversa pessoal com Jerry Zandstra.
41. Stanley Milgram, "Behavioral Study of Obedience," *Journal of Abnormal and Social Psychology 67, no. 4* (1963): 371–78. Enquanto os "superiores" diziam que estava OK, as pessoas estavam dispostas a administrar choques elétricos cada vez mais fortes em seres humanos reais. Surpreendentemente, 50 por cento deles estavam dispostos a eletrocutar os indivíduos no experimento até a morte, desde que a diretiva para fazê-lo viesse de uma fonte legítima e os eximisse de responsabilidade pessoal.

Índice

Symbols

7S 174, 175
401(K) 112, 116, 119, 120

A

Abandonadas, 11
Abordagem, 54, 56, 63, 68,
69, 70, 71, 75, 89, 93, 110,
118, 119, 121, 122, 125,
143, 144, 153, 172, 173,
176, 177, 195, 196, 219,
238, 239, 245, 250, 256,
264
Abraham Lincoln, 133
Abstinência, 37
Accraply, 143, 236
Ações tangíveis, 129
Aderência, 62, 114
África do sul, 42
Alegria, 12, 24, 50, 58, 73, 86,
92, 101, 132, 163, 205, 246
Alexis de Tocqueville, 173
Alfred Wehmiller, 26
Alimente os famintos, 224
Alma mater, 78
Altos ideais, 62
Amber Frederick, 119
Amor, viii, ix, 20, 73, 80, 89,
247, 259, 260
Anheuser-Busch, 26, 33
Ano fiscal, 4, 32, 113, 116
Apple, 224
Aquisição, 14, 17, 42, 47, 49,
68, 69, 70, 72, 141, 149,
164, 213, 216, 239, 243,
244, 250
Aquisições, viii, 14, 28, 41, 42,
43, 44, 45, 47, 48, 57, 68,
69, 70, 125, 143, 147, 164,
239, 245
A Riqueza das Nações, 254

Arthur Andersen, 23, 27, 36
Aspen, 73
As pessoas são boas, 162
Aspirações, 26, 62, 140, 235
Ataques cardíacos, 29, 87
Atendimento ao cliente, 29,
49, 50, 51, 52, 53, 54, 55,
92, 95, 197, 206, 240
A teoria dos sentimentos
morais, 254
Austrália, 30, 244, 268
Autenticidade, 13, 112, 222
Avante, viii

B

Baldwin, 239, 240, 241, 242,
244, 245
Baltimore, 16, 17, 54, 108,
149, 150, 163, 167, 169, 179
Bancos, 27, 32, 34, 35, 37, 38,
39, 43, 44, 108, 109, 110,
241
Bank of America, 109
Banqueiros, 34, 35, 36, 37, 43,
60, 241
Barry-Wehmiller, iv, viii, ix,
xiii, xv, 3, 10, 13, 14, 15,
16, 19, 20, 26, 28, 29, 30,
31, 32, 34, 42, 48, 68, 69,
71, 75, 76, 77, 83, 88, 91,
92, 94, 97, 100, 107, 108,
113, 116, 121, 125, 127,
128, 130, 133, 135, 136,
138, 143, 149, 151, 153,
156, 159, 160, 161, 163,
164, 167, 174, 180, 188,
191, 192, 194, 195, 196,
200, 204, 219, 220, 221,
222, 223, 230, 231, 233,
234, 236, 238, 242, 244,
245, 247, 248, 249, 250,
251, 252, 254, 263, 264,
265, 266, 267

Belden, 71
Bemis company, 49
Bemis Packaging Machinery
Company, 143
Berkshire Hathaway, 46, 68
Bernardo Bonjean, viii
Bill Ury, 115, 158, 263
Black Friday, 8
Blindando, xi, 91, 93, 95, 97,
99, 101, 103, 268
Bob Chapman, vii, xiii, 2, 3,
4, 93, 155, 161, 243, 250
Bob Lenigan, 42
Bondade, 83, 84, 85, 90, 126,
127, 204, 205, 206, 207,
252
Bonnie Peterson, 185
Boston, 47, 96
Brett Dexheimer, 215
Brett Favre, 203
Brian Wellinghoff, ix, 93
BW Papersystems, 82, 108,
120, 149, 154, 158, 159,
167, 185, 197, 213, 231, 236
BWU, 213, 220, 221, 222,
224, 238

C

Cabeça baixa, 5, 54, 170
Califórnia, 11
Calvário, 31
Câncer, 114
Capacidade, 43, 89, 91, 137,
189, 202, 227, 259
Capital fechado, 125, 134, 141
Capitalismo Consciente, iv, v,
xiii, xiv, xv, 76, 132, 264,
266, 268
Carlos Bremer, v
Carlsberg, 33, 36
Carolina do Sul, 49, 54, 93,
209
Carol O'neill, 91, 154, 191, 265

Cedar Rapids 23
Celebra, 59, 80, 208
Celebração, 44, 83, 84, 144, 205, 206, 207, 208, 209, 211, 212, 213, 214, 215, 216, 217, 222, 252
Celebre, 20, 129
CEO, vii, viii, xiv, 1, 3, 15, 16, 31, 41, 71, 80, 120, 121, 128, 134, 137, 148, 242, 259
CEOs, 3, 269
Cervejarias, 26, 35
CFO, 36, 39, 235, 236
Checklist, 150, 154, 155, 233, 235, 269
Checklist de liderança, 150, 151, 153, 154, 155, 163, 188, 196, 204
Chevrolet SSR, 83
Chicago, 23, 39
China, 7, 9, 17
Ciclo virtuoso, 133, 135
CIO, 209, 210
Citicorp, 109
Clientes, 34
Colaboradores, vii, 14, 16, 17, 18, 19, 31, 71, 169, 198, 201, 223, 228, 234, 238, 253
Colorado, 42
Comunicação, 19, 59, 156, 195, 228, 232, 248, 266
Comunicação não verbal, 102
Comunicação positiva, 59
Comunidade, xv, 35, 38, 75, 120, 152, 251
Confiança, vii, ix, 1, 2, 13, 14, 15, 16, 29, 42, 44, 47, 59, 63, 64, 65, 66, 76, 91, 105, 116, 118, 141, 143, 144, 148, 152, 157, 159, 189, 191, 194, 195, 196, 200, 201, 220, 229, 230, 238, 248, 263
Consciência, vii, 86, 102, 232, 255, 260, 261
Conscious business, 89
Construir, 15, 49, 69, 70, 93, 109, 118, 122, 128, 129, 133, 134, 136, 180, 196, 198, 200, 226, 256

Contágio emocional, 101, 102, 103
Contribuir, 20, 24, 58, 96, 118, 122, 173, 190, 191, 213, 254
Corajosos, 21, 138
Cornell College, 24
Craig Hergenroether, 209
Crédito fácil, 39
Crescimento, xiv, 9, 13, 20, 32, 33, 34, 35, 36, 37, 38, 41, 44, 45, 48, 49, 52, 60, 63, 68, 69, 87, 93, 113, 133, 134, 136, 137, 138, 139, 152, 154, 162, 179, 238, 240, 243, 244, 261, 264
Cuidado, vii, 10, 13, 77, 78, 79, 87, 88, 89, 90, 101, 107, 111, 112, 115, 126, 129, 140, 150, 151, 156, 162, 189, 195, 214, 254, 257, 259, 269
Cuidar, 76, 86, 87, 89, 97
Culturas, iv, 13, 20, 75, 79, 91, 125, 216
Curiosidade, 29
Custos, 6, 9, 12, 14, 20, 32, 36, 39, 49, 68, 87, 88, 95, 98, 109, 110, 146, 170, 194, 234, 243

D

Daniel Pink, 193, 270
Dan Kundinger, 197
Dave Gianini, 118
David Marquet, 193, 270
Débito, 32
Declaração, 61, 62, 120, 136, 144, 151, 220, 247
Déficit, 194
De-layering, 105
Demandando, 176
Demissões, 6, 7, 8, 11, 18, 69, 105, 106, 107, 109, 117, 120
Denver, 42
Desafia, 59
Desafios, 8, 9, 10, 11, 19, 20, 25, 26, 27, 29, 34, 36, 44, 45, 47, 48, 49, 52, 70, 113, 127, 143, 144, 155, 156,

164, 195, 204, 221, 223
Desafios financeiros, 8, 27, 29
Desconfiança, 8, 9, 64, 65, 194, 241
Desempenho, xiii, xiv, 7, 16, 18, 27, 32, 36, 43, 49, 53, 56, 57, 60, 69, 91, 98, 102, 103, 105, 113, 130, 131, 134, 137, 139, 141, 147, 154, 155, 167, 202, 222, 231, 241, 244, 245, 246
Desenvolvimento pessoal, 59, 130, 152
Design Group, 118, 119, 136, 137, 138, 139, 147
Desperdício, 176
Desrespeito, 65
Diana Hill, 211
Dificuldades financeiras, 20, 47, 241
Dignidade, 65, 172, 173
Dinamarca, 33, 36
Dinheiro, 6, 18, 23, 27, 30, 34, 37, 38, 39, 41, 42, 44, 45, 49, 51, 68, 77, 114, 117, 133, 140, 179, 193, 211, 217, 232, 241, 243, 246, 250, 255
Dinheiro fácil, 37
Divertindo, 50, 52, 53, 197
Dívida, 32, 35, 36, 39, 43
Dívidas, 31
Dov Seidman, 190
Downsizing, 105
Drive, 193, 270
Dr. Pronovost, 150

E

Ecológico, 35
Ed Salmon, 93
Edward Deming, 91
Efficient, 144
Eficiente, 144, 217
Ego, 2
Elaine Hatfield, 101
Empodera, 59, 192
Empoderamento, 93, 94, 189, 234
Empoderamento organizacional, 93, 94, 234

Empoderar, 144, 178
Empower, 144
Empresas podem transformar
o mundo, 82
Engle Martin, 147
Enhance, 144
Enron, 60, 61

F

Falência, 18, 28, 38, 39, 60
Família, 4, 9, 13, 24, 27, 28,
29, 31, 39, 48, 58, 79, 80,
99, 107, 111, 112, 119, 120,
129, 154, 163, 165, 168,
169, 205, 211, 232, 235,
236, 249
Famílias, 23, 53, 78, 83, 85,
88, 89, 90, 99, 100, 106,
107, 111, 120, 121, 135,
204, 205, 221, 245, 250,
254, 255, 256, 264
Fazenda, 23, 24
Feedback, 54
Felizes, 21, 50, 53, 71, 99, 100,
101, 102, 116, 151, 163,
191, 246, 253
Filantropia, 77
Filho precioso de alguém, 73,
79, 86, 253
Filhos, 1, 23, 48, 64, 74, 79,
80, 81, 99, 100, 103, 115,
134, 154, 212, 250, 257,
263
Florescimento, 12, 13, 128,
246, 251, 255, 256, 260
Flórida, 42, 58, 60
Fluir, 185
Foco nas pessoas, 142
Foco nas vidas que você toca,
126
Fofoca, 2, 91, 92
Fofocas, 28, 85, 87, 92, 126
Forsyth 68, 69, 147, 239, 241,
242, 243, 244, 245
Forsyth capital, 68, 69, 147,
239
Forsyth capital investors, 68
Fracasso, 6, 8, 192
Fragilidade financeira, 47
Frank Sinatra, 22

Fred Kofman, 89
Fred Wehmiller, 27
Frustração, 176
Funcionar, 13, 20, 25, 29, 50,
51, 91, 122, 128, 172, 183,
185, 199, 215
Fundo do poço, 12
Futuro, 6, 8, 9, 10, 12, 14, 15,
16, 17, 18, 19, 28, 39, 41,
45, 49, 58, 70, 75, 93, 96,
110, 114, 120, 126, 129,
131, 134, 135, 136, 137,
138, 140, 164, 177, 207,
236, 241, 242, 246, 249,
250, 256, 259, 260

G

Garantia, 36
Garantias, 36
General Electric, 71
General Motors, 109
Genuíno, 13, 77, 89, 117, 128,
210
George Flynn, 1
George Senn, 197, 217
Gerry Hickey, 7, 19
Gestão tradicionais, 8
Getting to Ye, 115
Grande depressão, 23, 108
Grande recessão, 101, 118
Green Bay, 5, 7, 14, 15, 16,
17, 18, 19, 95, 97, 98, 118,
119, 171, 182, 203, 226,
228, 250
Greg Myer, 120

H

Habilidade, 4, 16, 25, 69, 96,
131, 156, 157, 172, 194,
195, 202, 210
Habilidade, 27, 48, 52, 53, 55,
56, 78, 83, 113, 138, 150,
151, 154, 163, 193, 219,
222, 223
Harvard Business School, 44,
48, 201
Hayssen, 49, 63, 143, 209,
212, 216

Hewlett-Packard, 109
Hierarquia, 6, 62, 170, 190,
225, 253
Honestidade bruta, 84, 85,
214
Humanidade, 75, 87, 159, 173,
181, 260

I

Ice bowl, 212
Idealista, 2, 3
Igreja, 30, 81, 82, 93
Incentivos, 55, 137, 144, 256
Independente, 50, 136
Inglaterra, 43, 173
Initial Public Offering, 43
Inspeção eletrônica, 33, 34
Inspiracional, 61, 86, 126,
221, 222
Inspirar, 19, 56, 57, 66, 81,
130, 131, 162, 199, 223,
253, 261
Instabilidade financeira, 28
Instituto Capitalismo
Consciente Brasil, iv, v, xiv,
xv, 266
Instituto EDP, v, vii
Interdependentes, 29
Investimento, 35, 84, 135,
200, 222, 223, 226, 239
Investir, 27, 33, 225
Iowa, 23, 24
iPhone, 224
IPO, 43, 47, 48
Itáli, 110, 216, 253

J

Jack Nicklaus, 130
Jack Welch, 71
Jerry Zandstra, 254, 263, 271
Jim Collins, 71
Jim William, 34
Jim Womack, 96
João Calvino, 254
Joe Wilhelm, 92, 136, 139,
147, 265
Jogo, 5, 25, 50, 51, 52, 53, 54, 55,
72, 190, 203, 212, 239, 244

John Quinn, 147
Johns Hopkins, 150
Johnson & Johnson, 132
John Uelses, 130
Joint-venture, 30
Jornada, ix, xiv, 16, 30, 45,
  51, 52, 57, 59, 63, 67, 78,
  83, 92, 93, 94, 95, 96, 97,
  98, 117, 118, 125, 129, 138,
  141, 158, 159, 160, 161,
  162, 163, 164, 169, 173,
  174, 175, 177, 179, 180,
  192, 196, 197, 198, 204,
  216, 217, 220, 222, 225,
  227, 228, 229, 232, 235,
  237, 238, 239, 246, 249,
  250, 251, 253, 257, 258,
  259, 260, 261, 263, 264

K

Kaizen, 161, 175, 178, 181, 182,
  183
Kansas, 239, 257
Ken Coppens, 5, 19, 265
Ken Hoff, 187
KPMG, 47
Kyle Chapman, 242, 243, 245,
  265

L

L3, 94, 96, 97, 99, 114, 176,
  177, 179, 180, 185
Lado humano, xi, 48, 57, 59,
  61, 63, 65, 67, 69, 71, 267
Lágrimas, 3, 156, 226, 236,
  249
Lambeau Field, 5, 203
Lance Johnson, 199
Larry Smith, 61
Lavadores de garrafas, 34
Lean, 95, 96, 97, 98, 114, 160,
  169, 171, 172, 173, 174, 175,
  176, 177, 178, 179, 180,
  181, 183, 198, 200, 201,
  214, 220, 221, 228, 270
Lean Enterprises Institute, 96
Lean Manufacturing, 95
Lenexa, 239

Lerner's, 23
Libera, 59
Liberdade, 3, 7, 20, 64, 65,
  76, 84, 126, 129, 152, 188,
  189, 190, 191, 192, 193,
  194, 196, 199, 200, 201,
  202, 217, 261
Liberdade responsável, 129,
  152, 188, 189, 190, 191,
  192, 193, 194, 196, 199,
  200, 201, 202, 217
Liderança, xiv, 1, 4, 12, 13,
  18, 19, 20, 25, 26, 27, 28,
  29, 30, 39, 45, 51, 52, 54,
  56, 58, 63, 66, 67, 68, 71,
  74, 75, 78, 79, 81, 82, 83,
  84, 88, 89, 93, 95, 96, 97,
  100, 110, 111, 113, 117, 122,
  126, 127, 128, 130, 132,
  135, 137, 142, 148, 149,
  150, 151, 153, 154, 155,
  156, 162, 163, 177, 180,
  183, 184, 192, 196, 197,
  199, 200, 205, 208, 215,
  216, 220, 221, 223, 225,
  226, 229, 232, 233, 234,
  235, 236, 237, 238, 239,
  240, 246, 249, 257, 259,
  261, 263, 264
Liderança verdadeiramente
  humanizada, 18, 95, 122,
  153, 259, 261
Líderes, xiii, 1, 2, 4, 10, 12,
  20, 43, 55, 56, 57, 60, 61,
  67, 71, 72, 75, 78, 79, 81,
  82, 84, 89, 90, 91, 92, 93,
  94, 95, 97, 100, 102, 106,
  112, 113, 115, 118, 119, 125,
  126, 127, 128, 131, 132,
  136, 138, 139, 142, 145,
  147, 149, 151, 153, 156, 157,
  158, 159, 160, 162, 163,
  169, 170, 176, 177, 183,
  184, 185, 188, 192, 193,
  194, 206, 207, 208, 217,
  220, 225, 226, 227, 229,
  233, 234, 241, 242, 243,
  244, 245, 246, 248, 250,
  257, 259, 261, 264
Limpeza, 3, 174, 240
Linha de crédito, 31, 37, 38
Livro de regras, xii, 123

Lógica, 1, 35
Londres, 43, 44
Lucrativo, 47
Lucro, vii, 20, 32, 35, 43, 49,
  60, 70, 72, 76, 105, 121,
  126, 132, 140, 246, 254, 255

M

Mágico de Oz, 257
Major Machinary, 229
Manchester, 173
Mandamentos, 126
Manufatura enxuta, 95, 160
Maravilhoso, 53, 98, 100
Marc Gafni, 259
March Madness, 49
Marcus Buckingham, 207, 270
Marjorie Estle, 23
Mark Wachal, 226
Maryland, 17, 150, 163, 171
Massachusetts, 47
Matt Nichols, 236
Mat Whiat, 56
Maureen Schloskey, 61
MBA, 25, 70
Mediano, 24, 25, 26
Medições, 49, 244
Melhor, v, viii, xiii, 3, 14, 15,
  18, 19, 21, 28, 32, 39, 41,
  48, 49, 53, 54, 59, 60, 61,
  67, 70, 71, 74, 75, 77, 81,
  84, 86, 92, 95, 99, 111, 113,
  114, 115, 118, 119, 126,
  127, 128, 129, 131, 138,
  140, 143, 145, 148, 153,
  158, 159, 161, 163, 164,
  169, 171, 173, 174, 175,
  182, 183, 185, 190, 191,
  192, 196, 197, 198, 209,
  212, 216, 219, 221, 224,
  241, 242, 243, 246, 248,
  249, 250, 251, 256, 257
Melhoria contínua, 17, 19, 95,
  97, 114, 135, 152, 158, 161,
  169, 170, 171, 172, 173,
  174, 175, 176, 177, 180,
  190, 200, 204, 217, 222,
  228, 243, 250
Metas, 1, 2, 52, 57, 122, 131,
  132, 148, 234, 235

México 7
Michigan, 11, 25, 150
Mike Kwaterski, 119
Mike Wilwerth, 212
Milgram, 255, 271
Milhões, 8, 11, 31, 32, 33, 34,
  36, 37, 42, 43, 44, 45, 47,
  49, 74, 114, 121, 122, 144,
  150, 167, 236
Miller, 33
Missão, 20, 68, 84, 85, 208,
  234
Modus operandi, 72
Monges, 254
Montanha-russa, 7, 44, 45
Moral, xiv, 9, 111, 114, 117,
  121, 190, 241, 243, 254,
  255, 259
Moralidade judaico-cristã,
  254
Mostre, xv
Most Valuable Player, 71
Multifuncionais, 29, 178, 228

N

New York Times, 91, 267, 268
Nikki Louder, 247
Nossas pessoas, 1, 97, 134,
  147, 217, 249
Nova Iorque, 122, 240
Nunca vendemos, 48

O

Obrigatório, 24, 224
Oferta pública inicial, 43
Ohio, 11
Oportunidade, vii, 7, 9, 20,
  27, 33, 42, 43, 44, 49, 70,
  72, 73, 75, 76, 78, 80, 81,
  119, 122, 135, 138, 157,
  161, 163, 164, 169, 173,
  181, 182, 184, 187, 188,
  189, 191, 193, 194, 196,
  198, 200, 205, 219, 223,
  225, 230, 235, 242, 245,
  249, 250, 253, 264
Orgânic, 41, 48
Orgulho, 11, 30, 58, 59, 61, 97,
  135, 168, 213, 244, 246, 254
Otimismo, 19, 107, 127, 129,
  136, 152, 264
Otimista, 24, 49, 72, 167
Ouça, xv, 129
Outro planeta, 15
Owens-Illinois, 42

P

Pablo Casals, 130
Pabst e Schlitz, 33
Paciênci, 4, 20, 129, 156, 157,
  158, 159, 162, 174, 265
Paper Converting Machine
  Company, 5
Paranoia, 1, 2
PCMC, 5, 6, 7, 8, 9, 13, 14,
  15, 16, 17, 18, 19, 98, 101,
  109, 119, 120, 171, 172,
  180, 182, 226, 228, 229,
  230, 239, 250
P&D, 68
Pedro Sirgado, v, vii
Pela forma que tocamos as
  vidas das pessoas, 2, 16, 60,
  111, 117, 121, 146, 253, 264
Pensilvânia, 11
Pergunta certa, 184
Peter Koestenbaum, 188, 260,
  261, 270
Peter Nicholson, 236
Phillips, 16, 17, 82, 116, 158,
  159, 161, 162, 185, 197,
  206, 217, 231, 236, 251
Plano de horizonte, 138
Pneumatic Scale, 47
Pneumaticscaleangelus, 120,
  219
POL, 60, 61, 83, 111, 130,
  147, 158, 205, 206, 207,
  208, 209, 211, 217
Politicagem, 2, 92, 126
Polônia, 7
Porto Rico, 63, 64
Prejuízo, 8, 9, 36, 255
Prêmio Memorial Dennis
  Wilson, 217
Prêmio SSR, 83, 205
Preparação intencional, 142
Price Waterhouse, 25, 26, 112

Princípios orientadores da
  liderança 14, 58, 59, 60,
  62, 63, 64, 66, 67, 69, 70,
  82, 83, 94, 95, 107, 108,
  110, 113, 114, 116, 117, 121,
  130, 149, 151, 153, 155,
  176, 184, 197, 205, 206,
  220, 235
Prioridade, 1, 17, 38
Prioridades, 37, 38, 129, 131,
  198, 200
Privilégio, 67, 79, 155, 219,
  253, 260
Processos vs, 177
Propósito, ix, xv, 12, 13, 24,
  52, 61, 69, 72, 73, 75, 76,
  77, 79, 94, 131, 132, 133,
  140, 148, 152, 163, 193,
  221, 246, 254, 255, 256,
  259, 260, 264

Q

Quarterback, 203
Quebrado, 16, 25, 181
Quincy, 47

R

Randall Fleming, 159, 164, 265
Rank and yank, 71
Rápido, 34, 35, 52, 53, 71, 77,
  93, 138, 171, 185, 188, 250
Realizadas, viii, 20, 79, 82,
  126, 151, 179, 221, 246,
  250, 253
Reconhecer, 19, 30, 47, 68,
  75, 85, 155, 191, 204, 206,
  207, 209, 213, 214, 215,
  233, 260, 265
Reconstruir, 17, 49, 230
Recuperação, 18, 116, 241
Reestruturações, 8, 11, 242
Regras de cultura, 136
Rei, xv
Reino Unido, 216, 236, 242, 244
Rejuvenescedor, 20
Relacionamento, vii, 1, 29,
  79, 99, 156, 160, 161, 178,
  204, 220

Renascimento, 13, 164, 263
Repensar, 20
Reponsabilidade, 31
Resilientes, 261
Reviravolta, 18
Revolução, 12, 20, 173, 254
Rhonda Spencer, ix, 57, 93, 94, 144, 158, 197, 205, 226
Rich Bennett, 239, 243, 245, 265
Right-size, 8
Rightsized, 110
Rightsizing, 105
Riqueza, 45, 77, 78, 108
Ron Campbell, 63

S

Salamanca, 254
Satisfação, 15, 52, 57, 58, 117, 174, 175, 179, 181, 189, 192, 246
Saudável, 18, 29, 32, 76, 92, 113, 128, 129, 139, 148, 261
See You at the Top, 157
Segurança, 3, 12, 16, 27, 91, 110, 114, 116, 117, 131, 134, 135, 143, 145, 146, 150, 152, 174, 178, 199, 214, 253, 264, 267
Seguro, 6, 9, 16, 45, 69, 71, 134, 135, 145, 157, 158, 183, 185, 230, 249
Seres humanos, 2, 12, 13, 26, 70, 74, 99, 193, 253, 254, 259, 260, 271
Ser humano, viii, xiii, 20, 65, 126, 191, 194, 253, 259, 260
Servir, 76, 135, 155, 173, 177, 240, 256
Shayne Roberts, 231
Sigal Barsade, 102, 268
Significado, 12, 63, 73, 79, 94, 117, 140, 147, 212, 214, 220, 245, 247
Significativo, 35, 47, 59, 136, 138, 183, 187, 205, 208, 211, 212, 213
Simon Sinek, xiv, 4, 72, 105, 116, 122, 251, 263, 267
Sindicalizados, 9, 14, 15, 16,

18, 62, 98, 118, 253
Singularidade, 127, 260
Sonho, 19
Srikumar Rao, 100, 263
SSR, 83, 85, 205, 206, 207, 208, 209, 211, 212, 217
Stakeholders, xiii, xv, 11, 12, 20, 56, 68, 70, 109, 117, 122, 131, 132, 134, 195, 256, 269
Star Wars, 159, 187
Steve Barlament, 98
Steve Kemp, 15, 229, 250, 265
Steve Kreimer, 149, 163, 220
St. Louis, 15, 23, 24, 26, 34, 41, 57, 61, 71, 81, 112, 185, 187, 210, 211, 233
Stormtrooper, 159, 162
Streamlining, 105
Sucesso, xiii, xiv, 2, 8, 10, 11, 13, 16, 21, 25, 36, 41, 44, 45, 47, 49, 54, 59, 60, 67, 68, 70, 72, 74, 78, 94, 99, 100, 101, 111, 113, 117, 121, 126, 127, 130, 133, 134, 138, 140, 141, 146, 148, 163, 173, 177, 192, 203, 204, 211, 213, 214, 220, 223, 229, 238, 239, 240, 248, 253, 264, 270
Sustentável, 16, 19, 59, 71, 93, 94, 126, 130, 134, 221, 250

T

Tabus, 121, 140
Tamanho certo, 8, 105
TD Bank, 190
Tecnologias, 33, 35, 41
Terry Pendleton, 71
Thank God it's Friday, 74
THC, 228, 229, 230, 231, 232, 233
The Inno-Versity, 254
Thiele, 61, 143, 215
Thomas Eckschmidt, iv, v
Thomas J. Barry, 26
Tim Sullivan, 108, 211, 226, 265
Tim Wakefield, 161
Todos são importantes, 20, 246
Tony Schwartz, 91, 268
Toyota, 95, 174, 177

Transformação, ix, 16, 19, 52, 55, 62, 121, 125, 127, 157, 162, 201, 222
Trimestre, 4, 51, 55, 122, 202

U

Um dia após o outro, 38
Universidade, 19, 23, 24, 25, 94, 97, 108, 132, 156, 161, 200, 219, 220, 221, 222, 223, 231, 233, 238, 248
Universidade de Iowa, 23

V

Vale do silício, 122
Valor, 1, 3, 11, 12, 13, 18, 20, 25, 29, 43, 44, 46, 47, 48, 52, 55, 56, 57, 68, 69, 75, 86, 89, 95, 105, 122, 131, 132, 133, 134, 135, 142, 143, 154, 156, 163, 168, 171, 174, 180, 182, 183, 195, 204, 211, 225, 240, 241, 243, 247, 255, 256, 269
Valor para os acionistas, 13, 132
Vantagem competitiva, viii, 89, 143
Verdadeiramente humanizada, 13, 18, 95, 122, 153, 259, 261
Vibrante, 20, 47, 134, 137, 250
Vice-presidente executivo, 30
Vidas confiadas a você, 75, 79, 153
Vidas humanas, 13, 87
Vida significativa, 76
Virtudes 54, 55, 56, 57, 58, 71, 73, 75, 76, 86, 127, 128, 133, 173, 191, 221, 248, 249, 253
Visão, xiii, 4, 12, 14, 15, 18, 20, 28, 45, 58, 59, 63, 70, 76, 88, 110, 111, 112, 117, 126, 129, 130, 131, 132, 133, 136, 137, 138, 139, 140, 141, 142, 144, 145, 146, 147, 148, 149, 151, 157, 158, 174, 175, 177, 178, 179, 181, 184, 185, 188,

191, 192, 194, 196, 214,
221, 222, 223, 228, 247,
248, 250, 251, 269
Visualização, 130, 135, 136,
137, 139, 140, 141, 142,
143, 144, 146, 147, 148,
153, 221
Vivendo o legado da liderança,
176, 177
Voluntário, 115, 149, 163
VP, 17, 18, 29, 54, 56, 91, 98,
154, 215
VPs, 28, 97, 98

W

Walking the talk, 117
Wall Street, 2, 241, 269
Warren Buffett, 68
Wendy, 19
West Branch, 23
What bleeds leads, 252
Wilferd Peterson, 21
William Gegenheimer, 240
Wisconsin, 5, 11, 15, 16, 82,
116, 158, 182, 185, 188,
196, 198, 206, 228, 231,
236, 250, 251

Y

You bet you ass, 42
Young Presidents
Organization 48
YPO 48

Z

Zelar, 59, 146, 234, 238, 253,
260, 265
Zero, 36, 68, 136, 150, 174
Zig Zagler, 157

CONHEÇA OUTROS LIVROS DA ALTA BOOKS

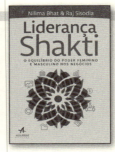
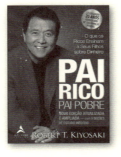

Todas as imagens são meramente ilustrativas.

+ CATEGORIAS

Negócios - Nacionais - Comunicação - Guias de Viagem - Interesse Geral - Informática - Idiomas

---

SEJA AUTOR DA ALTA BOOKS!

Envie a sua proposta para: autoria@altabooks.com.br

Visite também nosso site e nossas redes sociais para conhecer lançamentos e futuras publicações!

www.altabooks.com.br

ALTA BOOKS
EDITORA

/altabooks ▪ /altabooks ▪ /alta_books

Este livro foi impresso nas oficinas gráficas da Editora Vozes Ltda.,
Rua Frei Luís, 100 – Petrópolis, RJ.